能源环境约束下
中国制造业出口增长边际转型研究

刘祥霞◎著

中国经济出版社
CHINA ECONOMIC PUBLISHING HOUSE
北京

图书在版编目（CIP）数据

能源环境约束下中国制造业出口增长边际转型研究 / 刘祥霞著. -- 北京：中国经济出版社，2024. 6.（2025. 4 重印）

ISBN 978-7-5136-7799-8

Ⅰ. F426. 4

中国国家版本馆 CIP 数据核字第 202473XA06 号

组稿编辑　崔姜薇
责任编辑　郭书芳
责任印制　李　伟
封面设计　久品轩

出版发行　中国经济出版社
印 刷 者　北京艾普海德印刷有限公司
经 销 者　各地新华书店
开　　本　710mm×1000mm　1/16
印　　张　16. 5
字　　数　270 千字
版　　次　2024 年 6 月第 1 版
印　　次　2025 年 4 月第 2 次
定　　价　78. 00 元
广告经营许可证　京西工商广字第 8179 号

中国经济出版社 **网址** http://epc. sinopec. com/epc/ **社址** 北京市东城区安定门外大街 58 号 **邮编** 100011
本版图书如存在印装质量问题，请与本社销售中心联系调换（联系电话：010-57512564）

前言
PREFACE

在出口导向战略的指导下，中国货物贸易出口规模不断扩大，逐渐成为拉动国内经济增长的重要力量。在这期间，中国制造业出口也以较快速度增长，并占据中国货物出口的绝大部分比重，同时，在世界制造业出口中的比重也不断提高。从贸易规模来看，中国已经成为重要的制造业出口大国。然而，在中国制造业出口增长高度繁荣的背后，还存在着一些与其发展不对称的现象，主要表现在：第一，中国制造业的出口密集度下降，低于同期制造业出口宏观开放程度，且差距越来越大。这就使得中国制造业在外需疲软、内需不足的情况下，更加凸显产能过剩的结构问题。第二，从中国制造业出口增长速度来看，一旦发生外部冲击，中国制造业出口增长就会出现剧烈波动。第三，在中国制造业出口规模不断扩大的情况下，中国的净贸易条件却呈现出不断恶化的现象。第四，随着资源供给边际增幅下降和环境责任的不断加强，中国制造业出口的机会成本不断提高，以能源和环境为主要代表的"瓶颈"约束逐渐呈现。由此可见，在研究中国制造业出口问题时，不能仅仅局限于对出口增长规模的考察，还应该深入分析中国制造业的出口增长结构。通过增长结构的分析，进一步探讨中国制造业出口增长过程中所凸显的矛盾，寻找保持制造业出口可持续增长的途径。尤其是，随着中国积极融入全球价值链生产体系的速度逐步加快，中国制造业出口可持续增长将会面临新的变数和挑战。因此，如何运用前沿的分析方法科学研究中国制造业出口增长问题，就显得越发重要。

要深入理解中国贸易利益的变化和中国制造业出口增长波动，我们需要着重考察和把握中国制造业出口增长结构。现有的很多研究更多的是从宏观层面解释中国制造业出口快速增长的原因，而从微观层面利用企业以及产品数据进行研究的较少，特别是从现有的研究来看，无论是从宏观角度还是从微观角度，都缺乏对中国制造业出口总量增长进行结构性的分解。以 Melitz 等为代表的学者在 Krugman 的垄断竞争模型中加入企业异质性和生产率差异等新内容，形成了企业异质性贸易模型。该模型不仅通过分析不同生产率水平的企业进行出口扩张、进入或退出海外市场的机制，较好地解释了国际贸易中所存在的零点贸易现象，而且成功地将一个国家的出口增长分解为集约边际和扩展边际，从而给出了国际贸易利得的新来源和出口增长结构分析的新维度。而不同的制造业出口增长边际又蕴含着不同的经济和福利含义，因而，通过相关的经验研究来考察不同的影响因素沿着何种边际、以什么方式对制造业出口产生影响，对理解中国制造业出口增长特征、贸易利得的增减以及制造业生产和出口中亟待解决的问题是十分重要的。

从现有的研究数据来看，中国制造业出口的持续高速增长更多的是以生产要素包含不可再生能源的投入为支撑，具有高投入、高消耗、高污染、低效益的发展特征。当全球性能源逐渐枯竭的现实来临时，制造业发展对能源高度依赖的状况将无法继续维持。能源短缺、环境承载力不足，已逐渐成为影响中国制造业出口可持续发展的主要因素之一。中国作为全球最大的制造业产品出口国更要充分考虑能源投入和环境承载力对制造业出口增长的约束，使中国制造业出口增长从注重“量”的扩张转到“质”的提升轨道上，推动制造业出口增长边际转型升级，最终实现制造业出口稳定、持续增长。

本书以中国制造业出口增长边际为总体研究对象，在充分吸纳和借鉴国内外相关研究成果的基础上，研究能源环境约束、中国制造业出口增长速度和出口增长边际转型的动态作用路径。通过分析能源环境约束与中国制造业出口增长边际的相互影响特征，寻找中国制造业出口增长边际转型与能源环境效率改善协同发展的模式和路径。本书总共分为八章。首先，借助经济增长、可持续发展和系统发展理论等，探讨了能源、环境与制造业出口增长的相互作用机理；其次，分析了中国制造业出口贸易发展的现状，并利用 HK 指数对中国制造业出口增长边际进行分解，验证和探讨了中国制造业出口增长的特点和出口增长的源泉；再次，在充分考虑能源约束与环境约束的双重条件下，加入 DEA-SSBM 模型测度的绿色全要素能源效率指标，利用因子分析法形成能源环境约束指数并进行了综合评价；最后，通过构建时变参数向量自回归模型，研究了能源环境约束、制造业出口增长速度与出口增长边际转型的动态作用路径，为实现制造业出口持续增长和能源环境协调发展提供政策建议。

通过客观描述，以及理论和实证分析，本书的主要结论可以概括如下：

第一，在中国制造业出口增长中，数量边际的贡献度最大，扩展边际次之，价格边际的贡献度最小。并且，中国制造业出口的数量边际和集约边际增幅明显，但扩展边际和价格边际增长变化相对较小。

第二，无论是从制造业整体还是从细分行业的角度来看，煤炭、原油和焦炭仍然是制造业能源消费的主要构成部分，新兴能源和清洁能源的消费比例仍然较低。同时，传统全要素能源效率整体高于绿色全要素能源效率，说明碳排放等非期望产出会让制造业能源效率有所损失。而制造业绿色全要素能源效率并未随着国内的制造业快速发展而出现明显改善，反而处在不断恶化的下降阶段。

第三，中国制造业行业全要素能源效率整体偏低，各行业普遍存在能源“无效率”现象，并且各行业间的能源效率存在较大差距，分布十分不均。从行业特征来看，绿色全要素能源效率较低的行业多属于高耗能、高污染的行业。同时，在考虑环境污染情况下，技术进步是全要素能源效率增长的主要源泉，也是引起行业间能源效率差异的主要原因，技术规模提升的相对贡献次之，纯技术效率的恶化和规模效率的下降遏制了绿色全要素能源效率的增长。

第四，2002—2021 年，中国制造业能源环境约束指数呈现明显下降的趋势，表明中国制造业发展受能源环境约束的程度在不断减弱。从行业角度来看，技术含量较高、产品附加值较大的行业以及轻工业受能源环境约束程度相对较低，而传统资源密集型行业受能源环境约束程度相对较高。

第五，能源环境约束、制造业出口增长边际和制造业出口增长速度之间的相互影响，在方向及影响程度大小上具有一定的时变特征。总体来看，制造业出口集约边际对能源环境约束冲击的响应具有阶段性，且长期效应相对更加明显；而外部需求高涨和国家稳外贸政策，在一定程度上可以抵消能源环境约束带来的负向影响。能源环境约束在短期内会提高企业出口成本，改变进入国际市场的门槛效率，从而使扩展边际下降；但从长期来看，能源环境约束会激励企业为弥补生产成本上升而进行技术创新，从而使扩展边际增长。能源环境约束在短期内会成为制造业出口增长速度提升的“瓶颈”，但从长期来看，能源环境约束对企业技术创新和产品结构调整的“倒逼”反而有助于稳定和提升制造业出口增长速度。能源环境约束对制造业出口价格边际的影响具有阶段性特征，但能源环境约束对制造业出口价格边际的影响主要表现为负向冲击。能源环境约束对制造业出口数量边际的影响程度相对要高，并且其作用机制存在结构性变化。2010 年之前，能源环境约束对制造业出口数量边际的影响主要表现为短期正向效应；2010 年之后，能源环境约束对制造业出口数量边际的影响主要表现为持续的长期负向效应。

第六，当前中国制造业出口集约边际增长中以低能耗、低污染、高技术的行业为主，从而使得集约边际增长长期推动了能源效率及环境状况的改善。但当前中国制造业出口扩展边际增长中以中低端产业为主，从而使得扩展边际增长并没有对能源效率提高及环境状况改善产生积极的影响。制造业出口增长速度对能源环境约束存在非对称性影响，其提升所产生的规模效应会给能源环境约束带来正反两方面的影响。制造业出口价格边际影响能源环境约束的作用机制没有发生结构性转变，其对能源环境约束产生了持续的正向影响，且随着时间的推移不断扩大。制造业出口数量边际对能源环境约束的作用机制也没有发生结构性转变，其对能源环境约束产生了持续的负向影响，且随着时间的推移不断扩大。

与现有的研究相比，本书的创新性探索主要体现在以下几个方面：

1. 本书基于现有研究有关集约边际和扩展边际的分解方法，进一步加入数量边际、价格边际的测度指标，可以为分析制造业出口增长结构提供更加合理的研究框架。另外，在对中国制造业出口增长边际的分解中，不仅包含时间变动的纵向特征，还包含分行业、不同技术密集度、国家和地区组别的横截面特征。同时，在制造业出口增长边际分解后，还借助核密度估计方法，进一步论证了中国制造业出口增长的源泉和变动情况。

2. 在充分考虑能源投入和非合意产出对制造业生产过程的外在约束条件下，对中国制造业整体行业和分行业的全要素能源效率进行测算，能准确反映中国制造业整体行业和各行业的能源环境效率水平，据此可以判断中国制造业发展所面临的能源环境约束程度和行业差异。

3. 基于能源环境约束与中国制造业出口增长边际的相互作用机理，构建了时变参数向量自回归模型，对能源环境约束、制造业出口增长速度和出口增长边际的动态效应进行了深入研究，实证检验了三者之间的动态作用路径，对相关政策效果做出的合理的预期和评价更具有现实指导意义。

目 录
CONTENTS

图目录

表目录

第一章　导论

一、问题的提出

能源和环境是人类赖以生存的必要物质基础，也是社会经济发展的重要推动力量。能源、环境约束之所以会存在，主要是由于经济发展对能源、环境需求的无限性和能源供给、环境承载力的有限性之间存在矛盾。高投入、高消耗的经济发展模式，造成了不可再生能源的日益短缺，也导致了全球性环境质量持续恶化。1972 年，罗马俱乐部发表了《增长的极限》，将人口增长、工业发展、环境污染、粮食生产和资源消耗五个因素的变动放到长期经济增长的影响机制里分析，并提出经济的增长会使自然资源消耗的速度倍增和环境污染的程度加深，从而使经济增长达到极限。这使得我们认识到经济增长和能源、环境不是独立的命题，经济增长规模和速度还要受到能源、环境的刚性约束，从而引发了对片面追求生产总值增长速度的反思。能源、环境和经济增长之间存在密切关联且相互影响、相互制约的关系。随着经济规模的不断扩展，各部门对能源的需求也会持续增长，能源供需矛盾和生态环境的制约将会长期存在。经济增长并不能以过度消耗资源和破坏人类生存居住的环境为代价，如何实现能源、环境和经济的可持续发展已经成为学术界和各国政府关注的热点问题。随着人类对经济和能源、环境问题研究的不断深入，对作为开放经济领域一项重要内容的国际贸易与能源、环境之间关系的研究也开始不断增多。其中，世界贸易组织（WTO）认为，贸易增长并不会天然地提升自然资源包括能源的利用效率，也不会必然地带来更好的环境质量，甚至其可能在一定程度上会加剧自然资源枯竭、环境恶化的状况。但也有很多学者认为，国际贸易有利于加速先进生产技术在全球的扩散，推动技术创新，从而使得发展中国家和地区能够利用较少的资源和承担较低的污染成本来实现快速的经济扩张。因而，正确认识国际贸易、能源与环境之间的辩证关系，是各国经济发展过程中必须重视并需要努力攻克的难题。若一味追求贸易数量和速度将会导致能源枯竭、环境恶化，但过分地强调节能环保又可能反过来制约贸易的发展。显然，为了保护环境而放弃对外开放和贸易增长速度是行不通的，而以牺牲环境为代价的贸易增长也必将难以持续。

进入21世纪，随着中国加入WTO使得多边贸易自由化得到进一步推动，中国货物贸易出口规模进一步扩大。2002—2007年，中国货物贸易出口年均增速更是高达24.19%，远高于同期世界货物贸易出口总额14.29%的年均增速。这一时期，中国货物贸易出口额占国内生产总值的年均比例也提高到37.81%，成为拉动国内经济增长的重要力量。2008年，由美国次贷危机所引发的国际金融危机全面爆发后，中国货物贸易出口增速开始出现明显下滑，到2009年，甚至出现了15%的负增长。但2009年，中国货物出口总额占世界货物出口总额的比重仍达到11.58%，且在世界出口贸易榜上的排名上升到第一。截至2021年，中国已连续13年成为世界第一大货物出口国。而在中国货物出口规模不断扩大的情况下，中国制造业出口也以年均12.29%的速度略快于整个货物出口总额增长，其占货物出口总额的比重不断上升。2002年，中国制造业出口总额为4308亿美元，占货物出口总额的比重为95.16%；到2021年，中国制造业出口总额为32480亿美元，占货物出口总额的比重为97.30%。由此可见，中国货物出口近乎表现为制造业出口，中国货物出口贸易规模在世界排名上的提升，也可以理解为中国制造业出口在世界排名上的提升。从制造业出口增速以及占世界制造业出口的比重来看，中国已经成为世界重要的制造业出口大国。

高速增长的制造业出口极大地推动了中国经济的发展，但在制造业出口快速增长的过程中，也出现了很多与制造业出口增长不协调的问题，并逐渐成为影响社会经济长期、稳定发展的因素之一。这些不协调的问题主要包括：一是在中国制造业生产规模不断扩大的情况下，其出口密集度却低于同期制造业出口依存度，且双方差距越来越明显。若国内市场不能消化这些产能，在外部市场疲软的情况下，制造业产能过剩的结构问题会不断凸显出来。二是中国制造业出口对外部环境非常敏感，其发展过程中表现出了明显的不稳定性。一旦遭遇外部冲击，中国制造业出口增长速度就会出现剧烈的波动。很多经验研究表明，在国际分割生产大背景下，出口对外部经济环境变化的敏感性将会不断增强。三是在中国制造业出口规模不断扩大的情况下，中国的净贸易条件却呈现出不断恶化的现象。中国制造业长期以数量扩张为目标的粗放型增长模式不仅使得企业出口效益不断下降，也使得制造业发展陷入了贫困化增长的困境。四是中国制造业出口的持续高速增长更多的是以生产要素包含不可再生能源的投入为支撑，具有高投入、高消耗、高污染、低效益的发展特征。当全球性能源逐渐枯竭的现实来临时，制造业发展对能源高度依赖的状况将无法维持。能源短缺、环境承载力不足，已逐渐成为影响中国制造业出口可持续发展的主要因素之一。

尽管中国已经成为全球第一制造业大国，但随着人口红利的丧失，其传统竞争优势正在逐步削弱，新的竞争优势尚未形成。而在金融危机爆发后，全球经济持续低迷，使得世界各国开始重新审视制造业的价值，认识到实体经济，尤其是制造业发展对拉动国内就业和经济增长起着重要的作用。为此，各国纷纷制定了一系列重整制造业的政策措施。在这样的背景下，中国制造业陷入了发达国家“高端回流”和发展中国家“中低端分流”两端挤压的境地。再加上突如其来的新冠疫情在全球扩散蔓延，使得制造业产品的全球供给端和需求端都受到了显著的冲击，这进一步加剧了中国制造业出口增长的不确定性，未来制造业出口增长的风险不断增大。为了应对国外制造业竞争、培育新的竞争优势，必须实现制造业出口增长模式的转变，这也是当前中国经济稳增长、调结构的重要内容之一。目前，中国制造业出口仍未改变粗放型增长模式，主要特征表现为依靠增加资源投入来推动出口数量扩张。这种模式需要大量要素投入，会导致能源效率低下和环境恶化，使得出口增长的可持续性受到很大的限制。而集约型出口增长模式的主要特征是强调依靠技术进步和提高劳动生产率来推动出口质量和出口效益的提升。这种模式会使要素投入降低，提高能源效率和改善环境质量，有助于实现出口增长的可持续性。因此，要维持中国制造业出口长期持续、稳定发展，不能仅限于追求出口产品数量的增长，而应更多关注出口结构转型升级和出口产品质量提升，使制造业出口增长从以要素投入为主的“粗放型”向以技术进步为主的“集约型”转变。可以说，深入分析中国制造业出口增长的结构，仍是我们实现出口稳定增长和经济可持续发展的重要基础。

由于出口增长是国际贸易领域中一个重要的研究对象，因而历来受到国内外学者的关注，但不同的贸易理论对其解释却不尽相同。如传统贸易理论在分析一个国家的出口增长时，更强调劳动成本差异或要素禀赋差异所带来的比较优势的作用。由于其假定产品同质和消费者偏好相同，因而由比较优势所带来的出口增长，实际上仅是一个国家利用比较优势从事专业化分工生产后所带来的单一产品在数量上的扩张，并未考虑出口产品种类的扩展或从事出口的企业数目的变化。在学者研究分析中，将已有产品的出口扩张（集约边际）作为国家出口增长的唯一途径。以 Krugman 等为代表的新贸易理论打破了传统贸易理论的一些严格的假设条件，在垄断竞争模型分析中引入了规模经济、差异化产品等新的内容，较好地解释了“二战”后日益增多的产业内贸易。该理论认为消费者偏好是存在多样性的，因而每个企业所出口的产品会存在差异。随着外部经济环境的不同变化，消费者的消费数量和生产规模都会发生变化，必然引起从事出口企业的数目发生变化。这一理论将产品差异化和出口企业数目增减变化引入分析模型中，赋予了出口增长一个新的边际，即扩展边际。尽管传统贸易理论和新贸易理论都从不同角度解释了出口增长的来源，但面对目前复杂化的全球价值链、对产品差异的关注以及以企业为中心的国际贸易新格局，这两种理论都只是单一地回应了其所处时期贸易现象的个别方面，缺乏对现有贸易现象的全面解释。进入 21 世纪，以企业异质性为研究对象的新新贸易理论，开创了目前对于国际贸易出口增长理论研究的新前沿。以 Melitz（2003）为代表的新新贸易理论，在 Krugman 的垄断竞争模型中加入企业异质性和生产率差异等新内容，形成了企业异质性贸易模型。这一模型通过分析不同生产率水平的企业进行出口扩张、进入或退出海外市场的机制，较好地解释了上述两种理论没有解释的国际贸易中所存在的零点贸易现象，而且成功地将一个国家的出口增长分解为两个边际（集约边际和扩展边际），从而给出了国际贸易利得的新的来源。根据企业异质性贸易模型的分解，一个国家出口增长或者来源于现有出口产品或企业在单一方向上量的增加（集约边际），或者来源于出口产品种类和新的企业进入国际市场的增加（扩展边际）。由于其所分解出的集约边际和扩展边际相比传统贸易理论和新贸易理论更能全面地解释双边贸易流量的各个方面，因而引起国内外学者对于出口增长边际进行研究的浓厚兴趣。随着新新贸易理论的进一步发展和完善，对于出口增长边际的经验研究也开始不断增多，而贸易增长边际的结构分解方式也逐渐成为理解一个国家出口增长模式存在差异的重要框架。

由于出口增长边际蕴含着不同的经济和福利含义，因而从贸易增长边际角度分解一个国家的出口增长将是评价一个国家的出口增长机制优劣程度的基础。然而，长期以来，国内外的学者在研究中国制造业出口增长问题时，多数是从宏观层面进行的，缺乏对中国制造业出口总量增长进行结构性分解的微观研究。以 Melitz（2003）为代表所提出的企业异质性贸易模型，不仅为我们从微观角度进行出口增长分解提供了理论基础，也打破了企业同质性的假设，为我们分析不同企业出口贸易行为差异提供了理论基础，使我们在分析出口增长时，可以考察双边产品贸易矩阵中贸易流量从零变为正向出口、价格和质量得以提升的机制，从而对出口结构优化问题的研究更为全面、准确。从前面的分析中，我们得知，在中国制造业出口增长良好数据的背后隐藏着制造业产能过剩、出口增长不稳定、贸易福利损失、能源与环境等问题。借助出口增长边际的分解模式，我们可以从微观角度来分析和评价中国制造业出口增长的机制，并探讨制造业出口增长的源泉。而不同的制造业出口增长边际又蕴含着不同的经济和福利含义，那么，通过相关的经验研究来考察不同的影响因素主要沿着何种边际、以什么方式对制造业总贸易量产生影响，对理解中国制造业出口增长特征、贸易利得的增减以及制造业生产和出口中亟待解决的问题是十分重要的。

能源、环境和制造业出口增长统一于制造业生产过程，能源投入是制造业生产过程中重要的物质投入，是实现制造业出口增长的必不可缺的物质条件。尽管中国制造业的能源消费结构已经有所调整，但煤炭等传统化石能源的比重仍然较高。由于传统化石能源具有不可再生性和可耗竭性的特征，因而随着能源需求的扩大，能源对制造业生产和出口增长的约束就不断凸显出来，维持制造业生产和出口规模扩大的成本代价就越来越昂贵。同时，相较于风能、太阳能、水能、生物质能等清洁能源而言，传统化石能源投入制造业生产中更容易产生大量的污染排放物。这也使得中国不仅成为世界上最大的能源消费国，也成为世界上最大的碳排放国。虽然在工业化快速发展时期，中国制造业生产和出口产品能耗增加、污染物排放增多，在一定程度上具有合理性，但这并不能成为我们浪费能源、破坏环境的理由。需要注意的是，中国制造业规模扩张长期依赖于高投入、高能耗、高排放，本身也从另一个侧面说明了中国制造业的行业结构不高级、企业生产和出口增长过程中的生产效率较低。如果我们不能改变传统的制造业生产模式和出口增长结构，势必会加剧能源短缺、环境质量恶化的状况，最终会影响国内经济长期稳定发展。因而，随着中国工业化进程的不断深入，制造业可持续增长也需要用资源节约和环境友好的发展方式来支撑。制造业快速扩张不能再以严重的环境污染和高能耗为代价，必须遵循节约能源和保护环境的基本国策，通过技术进步、结构调整、政策调控等手段来逐渐保证节能减排和绿色协调发展目标的实现。由此，中国未来制造业发展拥有了新的内涵：既要保证制造业的合理稳定增长，又要保障生态环境的健康。同时，在党的十八届五中全会上，政府提出了“创新、协调、绿色、开放、共享”的发展理念，要求对内深化供给侧结构性改革，提高供给体系质量，对外发展更高层次的开放型经济和更高质量的对外贸易。因而，随着中国经济发展进入增速巩固稳定期和结构改革调整期，中国制造业出口贸易的节能、绿色发展就成为中国经济转型的重要一环。如何在扭转环境恶化局面的同时，促进制造业贸易强国战略的实现，将是未来我们的主要关注点，而要推动中国制造业由贸易大国迈向贸易强国，必然要改变原先粗放型的出口增长模式。一个国家的出口增长模式既受初始资源禀赋状况、技术水平的制约，反过来也会推动国内技术创新和要素供给结构发生变动。因此，现阶段中国制造业出口增长边际转型面临的问题就是能源—环境—出口三者协调发展的问题。如何在出口增长边际、能源、环境三者之间取得综合平衡的发展态势，减小制造业出口增长对能源、环境的负面影响，并逐渐弱化能源、环境对制造业出口增长的刚性约束，处理好能源利用、环境保护和出口增长边际转型的关系，是未来实现制造业可持续发展的重要一环。可以说，对能源和环境约束下制造业出口增长速度和增长边际转型的研究已成为一项重要的课题。如何消除不可再生能源和环境污染对制造业出口增长结构转型升级的约束，以及如何调整制造业出口结构、提高制造业出口增长质量，从而缓解与能源环境的矛盾已成为亟待解决的问题。中国制造业出口必须注重出口结构的优化和出口质量的提升，摆脱原先只追求出口总量增长的束缚。

目前，国内外学者对能源和环境约束下的经济增长问题展开了大量的研究。如一些学者通过拓展经济增长模型，力求科学地分析能源、环境与经济增长的关系，以期实现能源、环境与经济增长的协调发展。但国内外学者对能源、环境与出口增长之间关系的研究相对较少。在能源短缺、环境污染和可持续发展的背景下，拓展和完善能源、环境与经济增长之间关系的研究，科学、合理地实证分析中国制造业出口增长与能源、环境之间的真实关系有其紧迫性和必要性。本书将以中国制造业为总体研究对象，在充分吸纳和借鉴国内外相关研究成果的基础上，借助经济增长理论、贸易理论、外部经济理论、环境规制理论、可持续发展和系统发展理论等内容，分别从制造业出口增长速度和出口增长边际两个角度出发，分析能源环境约束与制造业出口增长速度和出口增长边际的相互影响机制，并通过构建实证模型来探讨能源环境约束、中国制造业出口增长速度和出口增长边际相互作用的动态路径。在此基础上，通过总结能源环境约束与中国制造业出口增长边际的相互影响特征，寻找中国制造业出口增长边际转型与能源环境效率改善协同发展的路径。

总之，在中国较长时间出口导向战略的指导下，中国制造业出口呈现出了“爆炸型”增长。随着资源供给边际增幅下降和环境责任的不断加强，中国制造业出口的机会成本将会不断提高，以能源和环境为主要代表的“瓶颈”约束逐渐呈现。在当今世界经济低迷、全球贸易政策不确定增强以及国内经济下行压力背景下，保持中国制造业出口增速平稳发展、出口产品质量提升，已经成为稳定国内经济的重要手段之一。在这种背景下，如何实现出口产品能源消耗降低，环境污染减少，同时保证制造业出口产品质量提升、增速平稳，就成为亟待解决的问题。中国制造业要获得长远发展，一定要充分考虑能源总量和环境承载力对出口增长的约束，使中国制造业出口增长从注重“量”的扩张转到“质”的提升轨道上，从而推动制造业出口增长边际转型升级，实现制造业可持续发展。

二、研究的意义

目前，中国经济增长已经进入新常态阶段，经济发展由注重速度逐渐转向高质量发展。高质量发展将有利于减少资源浪费、提高经济效益，因而从长远来看，更有助于实现中国经济良性增长。在经济高质量发展的追求过程中，将会推动中国经济发展逐渐由投资驱动转向创新驱动，使得企业的科技创新能力不断提高。技术创新能够提高能源利用效率和推动清洁能源的高效使用，对治理环境污染、节约不可再生能源具有重大的积极意义。鉴于制造业在中国经济增长中的重要地位，以及其巨大的能源消费数量，深入研究能源环境约束与制造业出口增长边际的相互影响机制具有重要的理论意义，对贯彻绿色发展新理念、建设制造业强国目标具有重要的现实意义。如前所述，尽管国内外学者对能源和环境约束下经济增长问题进行了大量的研究，但对能源、环境、出口增长之间关系的研究相对缺乏。本书研究的主要目的是在前人研究的基础上对有关能源、环境、贸易问题的研究理论和方法进行完善和优化，为有关能源、环境和制造业出口增长关系的实证研究提供更丰富的研究成果，并为实现三者的可持续发展提供理论依据和现实指导。具体来看，本书的研究主要体现了以下两个价值：

1. 学术价值

从产品角度界定了出口增长边际的分析框架，并利用核密度估计方法，更全面、真实地揭示中国制造业出口增长的模式；在对能源环境约束、制造业出口增长速度和出口增长边际转型的相互影响关系分析中，不仅研究了能源环境约束对中国制造业出口增长速度和出口增长边际的动态作用路径，还研究了出口增长速度和出口增长边际对能源及环境效率改善的动态作用路径，进一步丰富和完善了有关能源环境与出口贸易关系的研究。

2. 应用价值

将能源、环境以及技术指标纳入中国制造业发展分析中，构建了能源环境约束指数、制造业出口增长速度和出口增长边际的时变参数向量自回归模型，重点研究了能源环境约束对中国制造业出口增长速度和出口增长边际以及中国制造业出口增长边际结构变动对能源环境效率改善的动态作用路径。该研究不仅有助于实现能源环境、制造业出口增长速度和制造业出口结构优化的动态均衡，而且有助于提高制造业出口竞争力和出口效益，实现中国制造业出口可持续增长。

制造业出口增长既应该包括数量增长也应该包括价格、产品种类增长。中国出口导向战略的推行，使得中国制造业出口实现了大规模的数量扩张，并逐渐成为全球最大的制造业出口国。但制造业出口高速增长依赖着高投入、高能耗的粗放型经济增长模式，制造业出口增长的品质与内涵并没有得到充分的提升。这就使得制造业发展过程中所产生的能源效率低下和环境保护不足问题日渐凸显。随着全球经济环境不确定性增强，中国制造业出口增长也逐渐放缓，在能源环境约束成为制造业出口增长的现实约束条件的背景下，对能源环境约束与中国制造业出口增长边际转型进行研究具有时代急需性和现实急迫性。因此，本书从能源、环境两个因素入手，探究在这两个因素约束下中国制造业出口增长结构优化升级的途径，为促进中国制造业出口增长结构优化调整提供了新的研究视角。可以说，能源、环境与出口三者之间存在着相互制约、相互促进的关系。从三者协调发展的视角探讨中国制造业和经济可持续发展是经济领域研究的一个重要课题。

三、主要研究方法

本书根据中国制造业发展现状以及所面临的能源、环境问题，综合运用了国际经济学、资源环境经济学、发展经济学、计量经济学等多门学科的理论和方法，测度和归纳了中国制造业出口增长边际、能源效率、污染排放的典型特征，构建了计量模型，分析了能源环境约束、制造业出口增长边际以及制造业出口增长速度之间的动态作用路径。其中涉及的具体研究方法如下：

（一）定性和定量相结合的方法

为了更好地把握能源、环境与制造业出口增长之间的关系，本书查阅了国内外大量的相关文献，梳理和归纳了国内外学者的众多研究成果，对制造业出口增长边际测算、数据包络分析、TVP-VAR 模型等的实证和经验研究有了一个较为全面的把握，并结合中国制造业出口的现实特征，对能源环境约束与中国制造业出口增长边际相互影响的作用路径进行了定性分析。

为了更深入、直观地分析制造业出口增长结构和所面临的能源、环境状况，本书利用 Stata13.0、SPSS、EViews、MaxDEA 等各种统计软件，借助计量、数据包络分析、加权平均等方法对研究对象进行了量化。具体包括：

1. 三元边际的分析框架和核密度估计方法

首先，本书选用 HK 指数分解了中国制造业出口增长的扩展边际、数量边际和价格边际。其次，本书引入了核密度估计方法，对不同时期的出口总值、数量、价格指数进行了核密度估计，进一步探讨了中国制造业出口增长的源泉。

2. DEA-Malmquist 生产率指数法

非合意产出本身构成了生产过程的外在环境约束，使得合意产出的生产往往伴随着非合意产出这种污染“副产品”的出现。因此，本书考虑到非合意产出作为环境成本，符合越少越好的原则，选择了 DEA-SSBM 模型进行制造业能源效率测算。超效率 SBM 模型（SSBM），将被评价的 DMU 从参考集中剔除，这样就允许有效 DMU 的效率值大于 1，从而能对有效 DMU 进行再排序。在此基础上，本书借鉴齐亚伟和陶长琪（2012）、许光清等（2020）的指数分解方法构建了全局全要素生产率指数（Global Malmquist-Luenberger, GML），从全局角度出发，将全要素能源效率变动进一步分解为纯技术效率变化、规模效率变化、纯技术进步变化、技术规模变化，以便更深刻地研究中国制造业全要素能源效率变动的源泉。

3. 因子分析法

因子分析法是主成分分析法的一种扩展，主要是利用降维的思想，从众多影响能源、环境的指标中提取少量的不相关指标进行问题分析。

这是一个对问题分析的简化过程，但必须保证提取的指标具有代表性，不会产生过多的信息丢失，之后将提取的指标作为公共因子进行分析，并根据公共因子对实测变量的贡献率（方差贡献率）确定权重，就可以计算出能源环境约束综合指数。本书通过因子分析法，将相关能源约束、环境约束、技术支持指标拟合成一个综合的能源环境约束指数，来反映制造业出口增长中的能源环境约束程度。

（二）理论分析和实证分析相结合的方法

出口增长边际的分析模式是基于企业异质性贸易理论发展而来的，因而本书在研究中国制造业出口增长边际时以此作为基本的理论支撑。同时，本书将经济增长、国际贸易、环境经济学中有关能源环境约束与产业结构演进的相关理论进行了梳理，探讨了能源环境约束与制造业出口增长结构演进的相互作用机理。

在实证研究中，本书选用了时变参数向量自回归（Time-Varying Parameter Vector Auto Regression，TVP-VAR）模型来研究能源环境约束、制造业出口增长边际和制造业出口增长速度之间的动态作用关系。TVP-VAR 模型能够分析各变量之间影响系数的时变特征，并可以估计出两类脉冲响应函数：一类是能反映各变量之间在不同时点上的脉冲响应路径的时点脉冲响应函数；另一类是能反映各变量之间在不同滞后期的脉冲响应路径的等间隔脉冲响应函数。

（三）比较分析方法

本书在进行统计测度和计量回归中，对研究对象进行了较多的比较分析，具体体现在四个方面：

一是本书不仅分析了制造业出口增长各个边际的时序特征，而且分析了27 个行业、不同技术密集型行业、不同出口目的国和地区的各个边际的变化情况，从而得出了制造业出口增长结构的横截面特征。同时，通过核密度估计方法，不仅说明了数量边际、扩展边际、价格边际对制造业出口增长的贡献作用，还就其各自的分布情况和变动趋势做了比较分析。

二是本书不仅分析了制造业绿色全要素能源效率（GTFEE）的整体变动情况，而且分析了27个行业、不同技术密集型行业的绿色全要素能源效率变动情况。同时，在对绿色全要素能源效率进行指数分解后，还对比分析了不同行业纯技术效率变化、规模效率变化、纯技术进步变化、技术规模变化对绿色全要素能源效率变动的贡献。

三是本书在利用因子分析法合成能源环境约束指数后，比较分析了不同时期、不同行业的能源环境约束程度的强弱。

四是本书在构建了时变参数向量自回归模型后，通过等间隔脉冲响应函数、时点脉冲响应函数，对比分析了不同提前期、不同时点上的能源环境约束、制造业出口增长边际和制造业出口增长速度之间的脉冲响应路径。

四、研究的主要思路和内容

（一）研究的主要思路

本书从能源环境约束与中国制造业出口增长边际转型的相互作用机理出发，综合运用经济理论、贸易理论等分析中国制造业出口增长结构，并对制造业出口增长中的能源环境约束进行评价；通过构建时变参数向量自回归模型，研究能源环境约束、制造业出口增长速度与出口增长边际转型的动态作用路径，为稳定中国制造业出口增长速度、优化出口增长结构、提高能源环境效率、实现制造业出口增长和能源环境协调发展，提出相应的政策建议（见图1-1）。

（二）研究的主要内容

本书以中国制造业出口增长边际为总体研究对象，在充分吸纳和借鉴国内外相关研究成果的基础上，研究了能源环境约束、中国制造业出口增长速度和出口增长边际转型的动态作用路径。通过分析能源环境约束与中国制造业出口增长边际的相互影响特征，寻找中国制造业出口增长边际转型与能源环境效率改善协同发展的路径。本书的具体内容安排如下：

第一章　导论。首先根据国内外能源、环境现状以及国内制造业发展背景提出研究的问题，说明研究的学术价值和应用价值，然后介绍开展研究需要的方法、主要的思路、研究技术路线图、研究的内容、研究的重点和难点以及可能的创新点等。

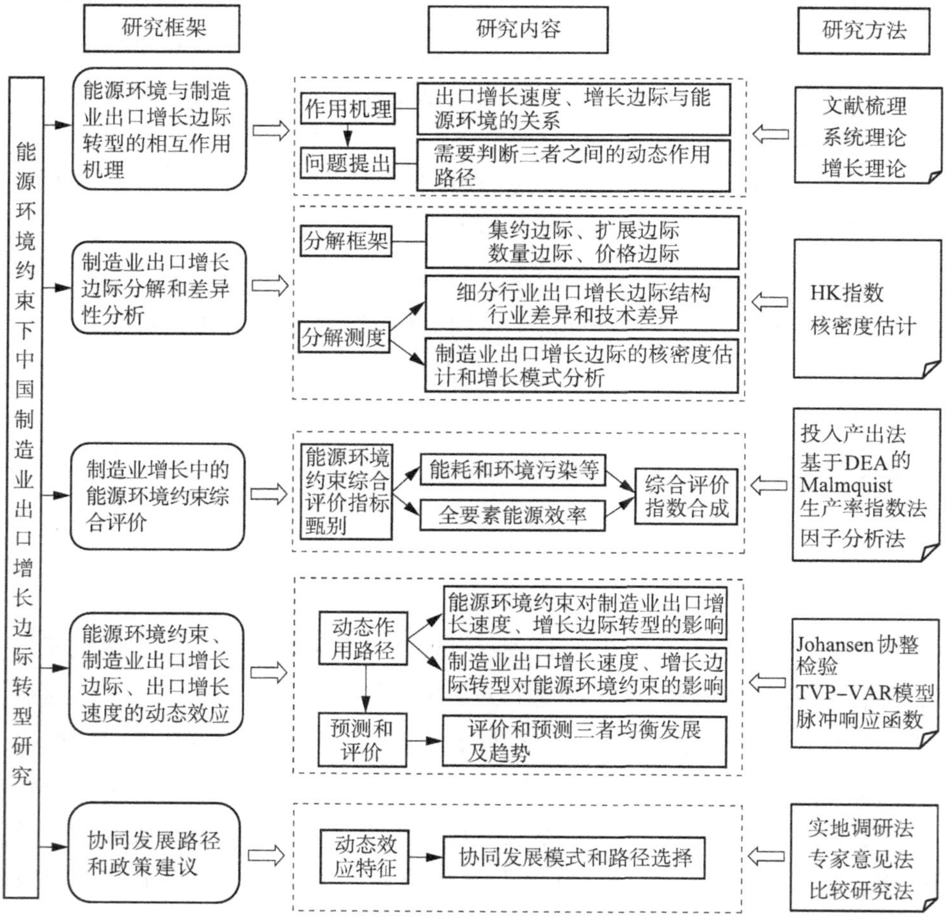

图 1-1　研究技术路线

第二章　文献综述。从能源环境约束、出口增长边际两个角度梳理和总结国内外的相关研究，指出现有研究中存在的不足，为后文的分析铺垫理论基础、指明研究方向。其中，对于能源环境约束问题的研究梳理和总结又分为能源环境约束与经济增长之间的关系研究、能源环境约束与出口贸易之间的关系研究两部分。对于出口增长边际的研究梳理和总结又分为出口增长边际的理论解释、出口增长边际的界定和测度、出口增长边际的经验研究三部分。

第三章　能源环境与制造业出口增长的相互作用机理。中国制造业出口可持续增长是由出口增长速度、出口增长结构和出口增长效益决定的。本部分借助经济增长理论、外部经济理论、环境规制理论、可持续发展理论和系统发展理论等内容，探讨能源、环境与制造业出口增长的相互作用关系，进而得到能源环境与中国制造业出口增长边际转型的相互作用机理。

第四章　中国制造业出口贸易发展状况。本部分使用历史数据，从制造业出口规模、出口增长速度、净贸易条件、出口依存度、出口密集度和出口结构等方面分析中国制造业出口发展的现状及典型事实，并利用显性比较优势指标和贸易竞争力指数，分析中国制造业出口比较优势的变动。最后，通过编制区分制造业和非制造业的非竞争型投入占用产出模型，从国内增值和劳动生产率的角度分析中国制造业出口产品的获利能力以及全球竞争力变动趋势。

第五章　中国制造业出口增长边际分解和差异性分析。首先，利用CEPII BACI国际贸易数据库中的 HS 6 分位数据，从产品层面界定出口增长边际。其次，利用 HK 指数将中国制造业出口增长分解为集约边际增长和扩展边际增长，并结合三元边际的分析框架，将制造业出口增长分解为数量边际、价格边际、扩展边际。最后，根据本部分的分解框架，分行业、不同技术密度、国家和地区组别研究中国制造业出口增长边际结构以及行业和双边差异，并利用核密度估计方法，探讨中国制造业出口增长的源泉和变动情况。

第六章　中国制造业增长中的能源环境约束综合评价。首先，本部分在对制造业整体能源消费结构和细分行业能源消费结构进行分析的基础上，将碳排放量这一环境指标作为生产过程中的非期望产出纳入能源效率测度框架，使用 DEA-SSBM 模型测度制造业分行业、不同技术密集型行业在规模报酬可变条件下的绿色全要素能源效率和传统全要素能源效率。其次，运用非参数 DEA-Malmquist 生产率指数法，构建全局全要素生产率指数，分析引起全要素能源效率变动的原因。最后，在充分考虑能源约束与环境约束的双重条件下，加入绿色全要素能源效率指标，利用因子分析法形成能源环境约束指数，并对制造业增长中的能源环境约束状况进行综合评价。

第七章　能源环境约束、制造业出口增长边际、出口增长速度的动态效应。本部分利用 Johansen 协整检验模型分别对能源环境约束、制造业出口增长边际与制造业出口增长速度进行协整关系检验，构建包含能源环境约束指数、制造业出口增长边际、制造业出口增长速度等变量在内的 TVP-VAR 模型，重点分析研究能源环境约束指数对中国制造业出口增长速度和出口增长边际转型的动态作用路径，以及制造业出口增长速度、出口增长边际转型对能源环境效率改善的动态作用路径。

第八章　协同发展路径和政策建议。本部分通过第七章实证分析得出的能源环境约束与制造业出口增长速度、出口增长边际转型的短期和长期动态效应特征，寻求中国制造业出口产品多样化、质量提升与能源环境效率提高的协同发展路径，从而为实现能源、环境与制造业出口增长的和谐统一提出相应的政策建议。

五、研究的重点、难点和主要目标

（一）研究的重点和难点

本书在梳理和总结国内外学者的研究成果中，确定了研究的方向以及需要关注的重点问题和难点问题：

1. 重点问题

一是通过梳理前人文献，拓展制造业出口增长边际分析维度。二是研究能源环境约束、制造业出口增长速度和出口增长边际转型之间的动态作用路径，分析三者之间存在的长期和短期动态效应特征。

2. 难点问题

一是选择合理的度量能源环境约束的细分类指标，并利用统计软件对相关细分类指标进行因子分析，综合成能源环境约束指数。二是构建 TVP-VAR 模型，估计出反映能源环境约束指数、制造业出口增长速度与出口增长边际相互影响的脉冲响应函数。

（二）主要目标

一是通过运用非参数的 DEA-Malmquist 生产率指数法，测算加入环境约束的中国制造业出口行业的全要素能源效率，并利用因子分析法，结合制造业出口行业的能源强度、能源消费弹性系数、环境污染、绿色全要素能源效率等形成能源环境约束综合指数。

二是基于三元边际的分析框架，深入探讨中国制造业出口增长的结构，揭示中国制造业出口增长的路径依赖和结构优化转型的必要性。

三是通过对能源环境约束指数、制造业出口增长速度与出口增长边际转型的动态效应的研究，论证能源效率的提高和污染排放的减少不但能够稳定中国制造业出口增长速度，而且能够优化中国制造业出口增长结构；中国制造业出口增长结构的优化会对中国能源效率的提高和污染排放的减少起到积极作用。

六、研究的主要创新点

本书将能源、环境问题结合到了制造业出口增长结构转型研究中，分析视角具有创新性。除此之外，本书的创新点还体现在以下几个方面：

一是突破了现有研究中只分解集约边际和扩展边际的局限，进一步加入数量边际、价格边际的测度指标和分解，可以为分析制造业出口增长结构提供更加合理的研究框架。另外，在对中国制造业出口增长边际结构的分解中不仅包含时间变动的纵向特征，还包含分行业、不同技术密集度、国家和地区组别的横截面特征。同时，在制造业出口增长边际分解后，还借助核密度估计方法，进一步论证了中国制造业出口增长的源泉和变动情况。

二是在充分考虑能源投入和非合意产出对制造业生产过程的外在约束条件下，对中国制造业整体行业和分行业的全要素能源效率进行测算，可以准确反映中国制造业整体和各行业的能源环境效率水平，并据此判断中国制造业发展所面临的能源环境约束程度和行业差异。

三是基于能源环境约束与中国制造业出口增长边际的相互作用机理，构建时变参数向量自回归模型，对能源环境约束、制造业出口增长速度和出口增长边际转型的动态效应进行深入研究，实证检验了三者之间的动态作用路径，对相关政策效果做出了合理的预期和评价，具有现实指导意义。

第二章　文献综述

能源约束问题是资源约束领域的一个重要分支，出口增长问题是经济增长领域的一个重要分支。目前，学术界对于能源环境约束的研究大部分与经济增长有关，且研究主要集中在能源与经济增长的相互作用关系上。然而，能源、环境以及出口增长都是一个国家经济发展过程中需要重点关注的问题。尽管有不少学者对出口增长模式和源泉进行了探讨，但直接研究能源约束与出口增长关系的文献很少。随着资源供给边际增幅下降和环境责任的不断加强，产品出口的机会成本将会不断提高，出口贸易活动中的能源和环境约束问题也逐渐凸显出来。中国是全球最大的制造业产品出口国，要实现制造业出口稳定、持续增长，更要充分考虑能源投入和环境承载力对制造业出口增长的约束，使中国制造业出口增长从注重“量”的扩张转到“质”的提升轨道上。为此，本书整理了一些国内外的重要文献，主要从能源约束与经济增长的关系、能源约束与出口贸易的关系以及出口增长边际的理论和经验研究等方面进行梳理和总结，为能源环境与制造业出口增长边际的研究明确方向。

一、关于能源环境约束问题的研究

（一）能源环境约束与经济增长

能源是现代制造业发展的主要动力来源，也是人类赖以生存和发展的物质基础，但很长一段时间内人们对能源的稀缺性认识以及其对经济增长的影响关注不足。直到罗马俱乐部于 1972 年发表了《增长的极限》一书，才引发了人们对能源、环境与经济增长之间的关系的思考。20 世纪 70 年代的石油危机使人们认识到，能源并不是可以无限供给的，在经济发展中会面临能源短缺的严重制约。此后，国内外学者从理论和实证两方面对能源与经济增长的关系展开了研究。Rasche 和 Tatom（1977）开始将能源要素引入柯布–道格拉斯函数，以实物资本与能源间存在不变的替代弹性为假设前提，研究能源价格调整对企业成本、生产、产品价格和就业的影响。Kraft J 和 Kraft A（1978）利用美国 1947—1974 年的数据，对美国能源消费与 GNP 之间的关系进行了格兰杰因果检验，结果表明，二者之间存在单向的因果关系。Yu 和 Choi（1985）选取处于不同发展阶段的 5 个国家来检验国内生产总值与能源之间的因果关系，结果发现，因果关系检验的结果对样本相当敏感，二者之间的关系会因国家不同而存在差异。Nordhaus 等（1992）构建了附加资源约束的新古典增长模型，求解出稳态人均产出增长率的差额即增长尾效，并指出人均产出增长的阻力来自要素报酬的递减和可耗竭资源。Stern（1993）构建 VAR 模型，对美国 1947—1990 年 GDP、能源消费、资本存量和就业之间的因果关系进行了格兰杰检验，结果表明，能源消费总量并不能使得经济增长，但最终能源消费结构的变动却是经济增长的格兰杰原因。Moon 和 Sonn（1996）构建了开放经济条件下的跨期内生增长模型，认为经济增长率随着生产性能源消耗的增长将呈先上升后下降的趋势，并指出，当世界能源市场的不完全竞争使经济偏离最优状态时，政府可以促使私人部门转换能源利用方式，但当世界能源市场处于完全竞争时，政府控制下的能源价格扭曲，从长远来看，不利于经济的长期运行。Romer（2001）将自然资源、土地资源引入柯布-道格拉斯生产函数，指出资源的限制会使单位劳动力平均资源下降，从而引起单位劳动力平均产出的下降，最终会成为经济增长的“瓶颈”。Hondroyiannis 等（2002）利用向量误差修正模型，研究了希腊 1960—1996 年能源消费、实际 GDP 与价格发展之间的关系，经验研究证明，三个变量之间存在长期的协整关系，并指出旨在刺激经济效率的适当结构性政策可以在不妨碍经济增长的情况下促进能源节约。Mahadevan 和 Asafu-Adjaye（2007）利用面板误差修正模型，研究了 20 个能源净进口国家 1971—2002 年能源消费与 GDP 增长之间的关系，经验研究表明，发达国家的经济增长与能源消费之间在短期和长期都存在双向因果关系，而发展中国家的能源消费只能在短期内刺激经济增长，并指出，发达国家能源消费增加对经济增长的弹性反应较大。Arbex 和 Perobelli（2010）通过在增长模型的生产函数中加入能源投入，在投入产出模型中加入资本、劳动、可再生和不可再生能源的冲击，采用巴西 11 个经济部门的数据，模拟实验了技术进步增长率、可再生和不可再生能源的开采和再生率以及人口增长率的变化对部门产出增长率的影响。Mathur 等（2016）利用多种面板数据估计方法，对 18 个发展中国家、16 个转型国家和

18个发达国家1980—2013年的人均能源消费、能源效率、二氧化碳排放与经济增长之间的关系进行了回归检验，经验研究表明，人均能源消费对发展中国家和转型经济体的人均GDP增长存在负面影响，但对发达国家存在正面影响。国内学者对能源约束与经济增长的关系的研究起步较晚，隗斌贤（1996）利用能源可供性、能源对经济增长的影响度和能源耗竭程度三个指标测度和分析了经济增长中的能源障碍问题，并指出能源耗竭从长远来看会成为经济增长的重要制约。韩智勇等（2004）较早关注经济结构变动对中国能源强度的影响，其通过对1998—2000年能源强度中的结构份额和效率份额进行测度发现，各产业能源效率的提高会带动整体能源强度的下降，特别是通过降低工业能源强度更有利于推动总体能源强度下降。陈林生和李刚（2004）利用中国2001年各省区能源资源数据，基于大宗产品理论，研究了能源资源与区域经济增长之间的相关关系，并指出自然资源丰裕度与区域经济GDP的相关系数为负。蔡勇和刘先忠（2005）将能源约束引入“干中学”和“知识外溢”的内生经济增长模型中，探讨能源约束对经济增长的影响，结果发现，只有技术进步和能源效率的提高才是突破能源环境约束、实现长期经济增长的唯一方法。张彬和左晖（2007）将能源环境约束引入内生经济增长模型中，研究了在能源和环境的双重约束下经济实现可持续增长的条件，并指出技术进步和人力资本积累能提高能源利用效率、开发可再生能源、改善环境，从而推动经济实现可持续增长。赵进文和范继涛（2007）利用中国1953—2005年相关数据和STR模型技术对能源消费与经济增长之间的非线性关系进行了研究，经验研究表明，当GDP增长出现绝对下降时，能源消费下降速度更快，且GDP增长对能源消费的影响在不同时段具备不同的特征。王昱等（2008）通过构建能源与GDP增长的误差修正模型，利用脉冲响应函数分析了节能政策条件下中国能源与经济增长之间的动态演进关系，结果发现，经济快速增长在短期内会拉动能源消费急剧增加，但能源消费的增加对经济增长的刺激作用不显著，且近期节能政策的冲击存在明显的滞后效应。李影和沈坤荣（2010）基于Romer的增长尾效假说和CD生产函数，对中国经济增长中的能源结构性约束进行了测算，结果表明，经济增长的阻碍主要来源于能源结构性矛盾，而不是能源总量。李国璋和霍宗杰（2010）使用自回归分布滞后（ARDL）模型，实证分析了中国1978—2007年能源消费量、能源消费结构与经济增长之间的关系，结果发现，经济增长对能源消费量和能源消费结构无论长期还是短期都有显著影响，但能源消费量和能源消费结构对经济增长只存在短期影响。张士杰（2013）基于经济增长尾效假说和经济增长模型，运用2000—2011年皖江城市带的面板数据，研究得出，能源约束会导致皖江城市带的经济增速下降，且不同能源种类对经济增长的制约程度有着明显的差异性，能源的结构仍是皖江城市带经济增长的主要制约。左文鼎（2014）借鉴Romer的内生技术进步经济增长模型，基于数理角度分析了中国能源消费变动影响中国经济增长稳态水平的机制，并指出提高能源的再生速度是经济增长的重要一环。蔡海霞（2014）通过构建最终产品生产部门、研发部门以及能源生产部门的三部门内生增长模型，论证了稳态经济增长路径上的经济增长率等于技术进步增长率和能源增长率的加权和，指出克服能源的短缺，保持经济的可持续最优增长，必须有足够的人力资本积累和技术进步。李影（2015）基于Romer的资源约束模型，构建了包含一次性能源的资源约束区域经济增长模型，经验研究表明，能源资源对东部、中部、西部三大区域的经济发展具有明显的制约性且呈现一定的区域差异性。谢品杰等（2019）通过测算中国省际1997—2016年各期能源尾效，探究了能源尾效对经济发展的约束与空间效应，结果发现，各省份普遍存在着能源尾效对经济发展的约束，且具有显著的空间自相关性。潘苏楠等（2020）利用中国2000—2017年数据，运用全排列多边形综合图示法，构建了绿色创新、产业升级、能源消费和经济发展的可持续指数，研究发现，只有升级产业结构、优化能源结构、进行绿色技术创新，才能突破资源环境的约束，实现中国经济的可持续发展。李鹏和王蕾（2023）通过对中国30个省份的面板数据研究发现，总体上，中国可再生能源与工业经济增长呈现明显的“U”型关系，各省份均处于“U”型曲线的左侧，可再生能源对工业经济仍处于抑制阶段，且可再生能源与工业经济之间表现出显著的区域和发展阶段的异质性。

能源作为生产中的重要投入，其对一个国家的经济增长起着不可忽视的重要作用，并会对环境产生重要的影响（Mehrara，2007；吴巧生等，2008；王琛伟等，2014；Apergis和Payne，2015；林伯强等，2015）。国内外学者开始在经济学理论框架下研究能源、环境与经济增长的关系。Aghion和Howitt（1998）基于跨期效用最大化的目标，构建了同时纳入不可再生资源与环境因素的动态模型，借助熊彼特理论的逻辑框架，分别探讨了加入环境污染或不可再生资源约束后最优经济增长路径求解问题。Schou（2000）将不可再生资源和环境污染作为生产要素引入Uzawa-Lucas模型中，分析了能源的有限性对长期经济增长的制约作用，但是其并没有发现环境污染对经济增长的制约作用。Soytas 和 Sari（2009）通过控制固定资本形成总额和劳动力，计量分析了土耳其经济增长、碳排放与能源消费之间的关系，结果表明，能源消耗是碳排放增加的原因，但经济增长与碳排放之间却不存在长期因果关系。Lu（2018）分析了 12 个亚太经济体的碳排放、能源消耗、贸易与经济增长之间的关系后发现，碳排放、能源消费、贸易和经济增长之间存在四种长期均衡关系，支持了倒“U”型环境库兹涅茨假说。Li 和 Lin（2019）利用非径向方向距离函数测度了新兴经济体可持续的全要素生产率（STFP），发现新兴经济体在剔除能源和环境贡献后的 STFP 增长缓慢。随着对能源问题的关注，国内学者也开始探讨能源、环境与经济增长之间的关系。王海建（2000）基于卢卡斯的人力资本积累内生经济增长模型，探讨了可耗竭性资源与经济增长之间的关系，并指出维持可持续消费的前提是人力资本增长率必须满足一定的条件。王庆晓等（2009）在内生增长理论的框架下，通过构建能源与环境双重约束下的经济增长模型，分析了经济增长与能源强度、环境质量之间的关系，结果发现，能源强度与经济增长呈长期负相关关系，但环境的自净能力增强会使能源对经济增长产生较大的促进作用。牛叔文等（2010）利用亚太八国 1971—2005 年的面板数据，分析了能耗、GDP 和碳排放三者之间的关系，结果表明，GDP 增长会使能耗增加，而能耗会提高碳排放量。邹朋飞和谢国斌（2014）认为，经济增长率会受到能源、环境的双重约束，高消耗、高污染的投入会导致经济增长率下降。吴鸣然和赵敏（2016）基于 1990—2014 年时间序列数据，通过建立向量自回归（VAR）模型、脉冲响应函数（IRF）和方差分解函数（VD），揭示了中国能源消费、环境污染和经济增长之间存在长期稳定和协调的关系。米国芳和长青（2017）计算了中国 1990—2014 年能源结构和碳排放同时约束下的增长“尾效值”，结果表明，经济增长受碳排放量与能源结构的共同约束会有不同程度的降低，并指出能源消费结构的矛盾仍然是制约国内经济增长的主要因素。黄慧微（2018）在详细分析“环境—能源—经济”理论模型、能源和环境与经济增长三者之间复杂关系的基础上，测算了 2006—2016 年中国不同区域的全要素能源效率，并比较分析了各地区能源经济效率与经济增长之间的协调关系。师博和姚峰（2018）基于两部门内生增长理论，通过纳入环境污染拥挤效应定量分析了中国经济增长的能源尾效，研究发现，环境污染会导致经济稳态增长率下滑，并指出能源供需结构失衡和环境污染对经济增长的拖累较为显著。牟勇和苗成林（2019）运用空间杜宾模型（Spatial Durbin Model，SDM）实证分析了 2000—

2015 年经济、能源、环境的协同关系，经验研究表明，经济与能源都是环境改变的原因，而经济与能源互为因果关系。关伟和金一（2020）构建了能源利用、经济增长和生态环境评价指标体系，在对三者进行时序演进性分析的基础上，探讨了能源利用、经济增长对生态环境的冲击程度。李世祥等（2020）根据 Romer 内生增长理论，放宽规模报酬不变的假定，基于中国 21 个相对贫困省份 2000—2017 年数据测算了贫困地区能源与环境约束下经济增长尾效，结果发现，样本期内各研究省份普遍存在能源与 CO_2 排放对经济增长的约束效应，但从整体来看，贫困地区经济增长的能源约束趋强而碳排放约束趋弱。武晓利等（2022）构建了包含能源使用效率的三部门动态随机一般均衡模型，研究发现，能源使用效率的提高能够提升环保技术、能源价格及政府治污支出对生态环境的改善效果，但也增强了其对经济的负效应。

此外，资源环境约束下的工业化也已经引起了国内理论界的重视。金碚（2005）认为，中国工业发展所受到的资源和环境约束比世界上其他国家更为显著。张艳辉（2005）认为，制造业对资源与环境的依赖性更强，中国实现工业化、现代化必须发展资源节约型制造业，使其在生态环境和资源双重约束下实现转型升级（尤宏兵等，2014）。因此，一些学者在制造业增长和结构转型中，构建了包含能源和环境约束的全要素生产率函数。王建喜和屈小娥（2011）采用非参数的环境生产前沿方法，将污染排放物作为产出纳入环境技术效率评价模型中，研究了在现有技术条件和资源环境约束下制造业增长模式转变的可行性。王燕和谢蕊蕊（2012）采用数据包络分析方法，比较分析了加入环境因素和不加入环境因素的全要素生产率，结果发现，环境污染增加会在一定程度上降低中国工业的投入产出效率。曲晨瑶等（2016）在研究中国 2003—2013 年环境约束下制造业全要素能源效率的影响因素时发现，行业内竞争、技术进步会推动制造业能源效率提升，而能源消费结构、对外开放以及环境规制会制约制造业能源效率提升。赵磊（2018）认为，作为中国国民经济支柱产业的制造业，更需要在环境规制的约束下通过技术创新实现转型升级。李平和丁世豪（2019）从行业层面实证检验了进口技术溢出对全要素能源效率的影响，结果发现，进口技术溢出显著促进了能源效率提高，且二者之间的关系具有非线性特征。陈亚等（2019）从地区和细分行业双重视角出发，运用数据包络分析方法测度了中国 9 个省份 19 个制造业细分行业的全要素能源效率，比较分析了轻重工业之间的能源效率差异。李冬和杨万平（2023）考虑经济增长、结构优化、社会公平和环境协调等多重诉求，构建了面向经济高质量发展的全要素生产率研究框架，提出两期修正混合距离Luenberger生产率指数，揭示出中国全要素生产率协同差异不断缩小，来自投入集约效应的差异贡献较大，且环境建设和数据的差异贡献不断上升。

综上可知，目前国内外对能源与经济增长的关系研究更多偏向于实证研究，而已有的理论研究又多是建立在封闭经济条件下，对开放条件下的能源与经济增长的关系的研究相对较少。因此，在开放经济条件下，结合出口贸易问题，研究能源约束与经济增长之间的关系，具有十分重要的意义。同时，目前研究大多数是从能源环境约束的角度来探讨经济增长的影响，对于制造业发展中的能源环境约束研究较少，而制造业是国民经济的支柱产业，只有在能源环境的约束下，通过选择科学合理的路径进行转型升级，制造业才能够继续前进并对中国经济的发展发挥促进作用。

（二）能源环境约束与出口贸易

贸易活动使全球经济联系日益密切的同时，也使得能源消耗和环境污染问题日益突出。从某种程度上讲，贸易可能会使各种资源枯竭，加剧环境恶化。贸易增长并不会天然地提升资源的利用效率，也不会必然地带来更好的环境质量。从长期来看，处理贸易与环境的关系需要重新审视环境保护和自由贸易两种体系中的相关因素，最终形成一个相互协调发展的综合体系。目前，对于直接研究能源环境约束与出口贸易关系的文献相对较少，有关能源环境与贸易之间的关系研究主要可归纳为两方面：一是研究出口贸易对能源环境的影响，二是研究能源环境对出口贸易的影响。

1. 出口贸易对能源环境的影响

随着人类环保意识的不断增强，贸易与能源、环境之间的关系受到越来越多的关注，贸易对能源消耗与环境影响的争论也随之产生。对这一问题的研究，主要集中在出口贸易对能源消耗和污染排放的影响、出口贸易对能源环境效率的影响。部分学者研究认为，出口贸易的发展促进了全球资源的合理配置和环保意识的增强，提升了一个国家的环境质量；还有一部分学者研究认为，出口增长引起了生产规模的扩张，从而造成能源消耗增加以及环境污染加剧。国内外学者关于出口贸易对能源环境的影响研究主要有以下两种代表性观点。

（1）出口贸易对能源环境会产生积极影响

Dean（1992）从动态的联立方程角度研究发现，对外开放程度在长期能够以间接的方式对环境质量下降起到抑制作用，从而使得贸易发展与环境保护之间呈正相关关系（Antweiler 等，2001）。Grossman 和 Krueger（1995）从引起污染指标变化的角度出发，将贸易对环境的影响分解为三种效应：规模效应、结构效应和技术效应，并通过综合以上三者的影响结果得到贸易和环境的关系。研究结果显示，当收入达到一定水平时，一些学者认为负向的规模效应将会被正向的结构效应与技术效应之和抵消，贸易发展与环境质量的关系最终表现为正相关关系，从而提出了长期贸易自由化的发展是有利于环境质量提升的观点。Antweiler 等（2001）认为，贸易因受各国比较优势的影响，其和污染并非简单的线性关系，在使用 SO_2 浓度作为指标进行检验时，发现贸易有利于降低污染程度，但对国家结构效应的影响较小。Dietzenbacher 和 Mukhopadhyay（2007）利用投入产出模型考察了印度和欧盟、印度与其他国家的贸易对其环境的影响，研究发现，对外贸易能够推动印度的环境质量提升。国内学者也逐渐利用中国进出口数据和投入产出法，测算了中国出口贸易中的隐含能和隐含碳，并构建了结构分解模型，揭示了中国出口贸易隐含能消耗和隐含碳排放不断增长的主要原因（李坤望等，2008；齐晔等，2008；魏本勇等，2009；罗思平等，2010；赵玉焕等，2011；张纪录，2012）。张友国（2009）通过构建可比价格投入产出表，并以此为基础，测算了贸易对中国能源消耗和 SO_2 排放的影响。还有一些国内相关学者，利用投入产出模型等研究方法，基于中国作为发展中国家的背景，论证了在贸易全球化的进程中“污染避难所”假说在中国并不成立；出口企业的国际市场竞争力会伴随着出口贸易的发展而增强，并推动其自身污染治理技术的进步；同时，规模效应、结构效应及技术效应均有利于推动清洁型行业的发展，一个国家的贸易发展与环境保护并不相悖（彭水军等，2010；何洁，2010；俞海峰等，2015）。此外，作为制造业大国，中国出口规模的扩大使能源消耗量日渐增多，但对外贸易的发展能够带动国内企业的技术革新，企业借助技术知识外溢与学习效应可以有效提升中国能源利用效率（张皓，2018），并降低由此产生的污染物排放，缓解环境污染压力，从而实现能源环境与贸易的“双赢”。陈钊和陈乔伊（2019）利用企业微观数据分析了细分工业行业的能源效率差异，并验证了出口贸易对企业能源效率存在显著正向作用，究其原因是“出口中学习”效应和发达国家所设置的跨境碳关税和环保标准的“倒逼”作用使得企业技术水平提升。

（2）出口贸易对能源环境会产生消极影响

另一部分学者则对贸易与能源环境的正相关关系持相反观点，Lee 和 Roland-Holst（1993）提出了“贸易含污量”（Embodied Effluent Trade，EET）概念，用以表征一个国家为生产出口产品所耗费的资源。由于全球气候变暖问题日益凸显，之后的国外大多数关于贸易含污量的研究集中在能耗和 CO_2 的排放研究上（Christopher 等，2007；Kahrl 等，2008）。Copeland 和 Taylor（1994）将世界作为整体分析了贸易与环境的关系，发现贸易与产品生产过程中所产生的污染物总量可能是成正比的，贸易自由化在一定程度上对环境质量构成威胁。Ropke（1994）认为，国际贸易会在某些方面导致环境质量的下降，尤其是对于经济不发达的发展中国家而言，经济发展中的环境代价更大，因此应该减少贸易活动以保护环境。Wheeler（2001）通过分析美国、中国、巴西和墨西哥 4 个国家的空气质量变动趋势，发现全球化进程的加快会降低空气质量，由此得出了自由贸易将导致环境质量恶化的结论。Dean（2002）通过一个动态的联立方程模型进行研究，结果发现，贸易对环境污染存在短期影响，但从长期来看，会减少环境破坏。O'Bannon 等（2013）研究农业生产的环境成本与虚拟水转移之间的关系，发现随着虚拟水交易的增加，各国之间污染外部化的程度非常不平等，且污染全球化程度越来越高。此外，环境库兹涅茨曲线（EKC）表明，在收入水平较低时，随着收入水平的提高，贸易对环境产生的负面影响也在加大；在最高点之后，随着收入水平的提高，贸易对环境的负面影响逐渐减小。就目前发展状况而言，中国仍然位于 EKC 的左侧，即出口贸易对中国环境质量的负面影响会随着中国人均 GDP 的增加而加大。作为加工贸易大国，伴随着中国出口贸易的扩大，生产排污量与资源消耗量有所增加，而对外贸易是加剧中国环境质量下降的主要影响因素（孔淑红等，2012）。王美昌和徐康宁（2015）构建了包含 33 个国家 5 个变量的 GVAR 模型，以 1980—2010 年的季度数据为样本，研究了贸易开放、经济增长和 CO_2 排放的动态关系，并指出中国的贸易开放增加了国内 CO_2 排放。张文城和盛斌（2017）在对中国出口增加值排污强度分析中发现，尽管近年来中国出口贸易实现了快速增长，但由此带来的环境问题却是十分严峻的。唐剑和周雪莲（2017）认为，中国外贸结构和模式会对中国环境造成负面影响。刘叶（2018）认为，中间产品贸易与能源效率之间具有显著的相关关系，中间产品进口有助于提升能源效率，而中间产品出口会使我们落入“污染天堂”。

2. 能源环境对出口贸易的影响

关于能源环境对出口贸易的影响，传统学派和修正学派分别持有不同观点。传统学派认为，能源环境约束不利于对外贸易发展。由于能源环境约束的存在，企业用于生产投入的能源成本、降低污染排放的资金投入及更新生产设备的资金投入等支出会不断增加，从而会提高企业的生产成本，阻碍企业生产率与竞争力的提高。企业国际竞争力的下降带来的是出口规模和贸易收益的下降。而以 Porter（1991）为代表的修正学派则认为，适当的环境约束措施会提高企业的生产经营标准，从而激励受约束的厂商进行创新，严格的环境约束措施与产业国际竞争力的提高存在一定的因果关系，即能源环境约束的存在有利于提升出口产品的国际市场竞争力。修正学派认为，能源环境约束长期带来的创新补偿效应大于因管制所产生的短期损失，并在一定程度上刺激了新产业优势的出现；同时，环境约束对出口贸易的影响也会因政府干预等因素而存在不确定性，进而可知，较为严厉的环境约束措施的实施，对出口国不一定存在负面影响（Poter 等，1995；Beers 等，1997）。

目前，国内研究主要集中在能源消费和能源环境约束等对贸易的影响上。王军（2004）在对二者相互关系的论述中认为，环境约束与企业出口竞争力二者之间的关系并没有相关研究支持。环境规制对出口国的影响不一定是消极的，同时，在能源环境约束下，受限企业可能会刺激其自身实现由能源环境输出向环境修复的转变，激励其环境技术创新，实现环境与贸易的“双赢”（王玉婧，2010）。董斌昌和杜希垚（2006）通过建立自回归分布滞后模型，研究了 1978—2004 年中国出口贸易对于能源的依赖程度，结果发现，能源消费对于出口贸易有着重要的影响（朱启荣，2007；吴国兵，2008）；陈刚和余燕春（2009）以能源价格为基础，定义了能源约束量化指标，并构建了能源约束对出口贸易结构影响的动态计量模型，研究显示，能源约束对贸易结构优化存在短期推动作用，但长期影响方向不确定。林伯强和刘泓汛（2015）在考察对外贸易对能源环境效率的影响中指出，能源环境效率高的行业会更积极地参与对外贸易。任力和黄崇杰（2015）研究了环境规制强度对中国出口贸易的影响，结果显示，中国的环境规制强度与出口贸易之间具有显著的负相关关系，环境规制强度越高，对出口贸易的负面影响越大。伴随着理论与研究成果的逐渐成熟，学术界对该问题的研究也逐渐细化。杨雪（2015）

就中国资源环境约束下的钢铁产业出口研究发现，资源环境约束与该产业的出口竞争力之间存在反向作用关系。环境约束在短期对出口贸易的发展表现为抑制作用，但在长期表现为促进作用，即环境约束与出口贸易之间存在“U”型关系；且现阶段大多数出口企业处于拐点左侧，即具有显著的负相关关系。同时，环境约束对出口贸易的作用存在滞后性，即在环境约束实施初期，因约束强度较低而不足以刺激企业增加对创新活动的投入。但在长期，环境约束能够对出口贸易与绿色生产率发挥正向调节作用，从而有助于刺激企业增加对环保技术创新的研发投入，促进绿色贸易的发展（李玉楠等，2012；李平等，2013；任力等，2015；肖晓军等，2020）。此外，能源环境约束措施的实施会使企业的生产成本增加，从而提高出口企业在某一市场中的进入门槛并间接地对产业结构进行调整。

通过对以上文献的分类梳理发现，学术界对能源环境与对外贸易的关系分别从理论与实证两个方面进行了论证，但都未形成一致的观点。首先，就贸易对能源环境的影响，相关文献主要分析了对外贸易的发展对技术革新、能源利用率及环境污染程度等方面的影响，而对外贸易的发展对能源环境的作用效果应由以上三者的综合结果体现，仅考虑其中一方面的影响将使所得结果较为片面。其次，有关能源环境对贸易的影响，研究主要就能源环境约束能否促进外贸企业生产技术的提高展开论证。传统学派认为，能源环境约束的存在会挤占企业的研发投入；而修正学派则认为，约束的存在会激励企业进行技术革新。以上观点主要是由于研究主体及其约束实施阶段的不同而存在分歧，但能源环境约束强度会受政府调控的影响，同时，约束强度的强弱也会对企业技术创新产生不同的作用效果。总之，随着中国制造业出口规模的不断扩大，能源环境问题也将日益凸显，加强出口贸易与能源环境方面的相关研究将显得尤为重要。

二、关于出口增长边际的研究

出口增长一直是国际贸易领域重点关注的问题，而对于它的研究，不同的时期是存在差异的。传统贸易理论在对其进行解释时，将注意力放在了已有产品或企业在单一方向上的出口扩张，即集约边际增长。新贸易理论在对其进行解释时，将注意力放在了出口产品种类多样化或新的企业进入国际市场，即扩展边际增长。企业异质性贸易理论在对其进行解释时，不仅将注意力放在了集约边际增长上，且更多地关注了在双边贸易中贸易流量从零变为正的出口变化过程，即扩展边际增长。可以说，这一理论更接近于当前国际贸易发展的现实状况，也是当前学者在国际贸易增长中重点关注的研究领域。考虑到本书的研究主题和内容，本章主要围绕出口增长边际这一新的研究维度，通过对目前相关研究文献的梳理来阐明二元边际视角分析框架所依据的理论，并分类汇总国内外有关二元边际的经验研究成果，做出简要评述，从而提出本书的研究方向以及可能的创新。

（一）出口增长边际的理论解释

国际贸易理论经历了传统贸易理论、新贸易理论以及新新贸易理论的发展递延。这些理论在一定的假设条件下，针对当时的国际贸易现象做出了深层次的探讨并取得了丰富的研究成果，也成为指导各国贸易政策制定的理论基础。但其中对于出口增长问题，各个理论的解释存在较大差异。

1. 传统贸易理论对出口增长边际的解释

传统贸易理论主要包括古典贸易理论和新古典贸易理论，经历了从亚当·斯密的绝对优势理论、大卫·李嘉图的比较优势理论到赫克歇尔-俄林的要素禀赋理论的发展。这些理论都假设市场是完全竞争的、消费者的偏好相同、不存在规模经济、所生产的产品是同质没有差异的。在这一系列严格的静态假设条件下，这些理论认为，分工的基础是产业间劳动效率的差异和要素禀赋的差异，这些差异造成了各国产业具备不同的比较优势，从而较好地解释了“二战”之前国家间的垂直分工形式和产业间贸易。只是新古典贸易理论相对于古典贸易理论，更进一步揭示了要素禀赋差异是比较优势来源的基础。由于在上述理论中，假定产品是同质的，消费者消费这些产品的效用完全相同，所以比较优势所带来的专业化分工和贸易增长实际上是同类产品在数量上的扩张，并未考虑贸易品种扩展或贸易企业数目的变化。同时，由于消费者消费同种产品时效用完全相同，其对于同种产品所愿意支付的价格也不会存在差异，因此要增加产品出口，只能通过压低产品的价格来实现。既然一个国家扩大出口只能通过产品数量的扩张和价格的降低来实现，势必造成一个国家贸易条件的恶化。传统贸易理论主要以大卫·李嘉图的比较优势理论为基础，认为现有产品的出口增长（集约边际）是出口扩张的唯一途径。

由此可见，传统贸易理论从古典发展到新古典，都是从相同产品数量扩张这个单一维度展开的，没有考虑产品种类（企业数目）的相应变化，这实际上体现了一种出口集约边际的增长。

2. 新贸易理论对出口增长边际的解释

从20世纪70年代末开始，Krugman（1979，1980）在经济学的一般均衡框架中引入垄断竞争模型，放宽了长期以来对产品同质性的假设，引入了产品差异化的内容，在规模报酬递增和不完全竞争市场的分析框架下，改变了原先以比较优势进行分工的模式，提出了国际分工和贸易产生的新基础，由此开创了新贸易理论，为解释贸易增长展开了新思路。垄断竞争模型较好地解释了“二战”之后发达国家之间的水平分工以及产业内贸易的发展。在Krugman的垄断竞争模型中，消费者的消费偏好是多样性的，在预算约束下会选择每种产品的消费量以达到效用的最大化。为了满足消费者多样化的消费偏好，企业会扩大生产不同种类的产品，即差异产品的生产。因此，根据这一模型的解释，每个企业出口的产品种类并不完全相同，出口产品也存在差异。在开放经济条件下，假设两个规模相当的国家进行国际贸易，则因为消费数量的增加，每个国家的企业都会扩大生产更多的产品种类来满足更多的消费者的多层次需求，进而实现增加一个国家出口增长的目的。由此可知，在自由贸易条件下，两国生产产品种类的总和将会超过贸易前任何单个国家的产品种类。但是在相对封闭的经济条件下，由于消费者数量固定不变，因而企业生产规模的扩大，意味着每个国家生产企业的数量会减少，所以每个国家生产的产品种类数目必然会下降。因而，垄断竞争模型既能说明贸易增长的新来源，又有助于解释企业的优胜劣汰和出口企业数目的变化，可以被视为出口增长由集约边际拓展到扩展边际的一个基础。

Krugman模型的核心特征是同时考虑了企业的规模经济和消费者的多样性偏好，由此暗含的寓意是贸易扩张既可能源自原有贸易产品数量的增加，又可能源自新产品种类的增加，据此使得扩展边际成为解释出口扩张的新渠道。

而作为新贸易理论的另一个分支，以Flam和Helpman（1987）为代表的垂直产业内贸易理论在阐述南北贸易时也认为，同一产业内部垂直分工和贸易的基础是因为同一产业内部的产品是存在差异性的。但其认为，这种相同产业内部产品的差异性并不是由消费者的多样化偏好引起的，而是由产业内部生产的产品本身质量的差异引起的。该理论认为，相对富裕的国家由于收入水平相对较高，因而其生产和出口的产品质量更高。为了提高产品的质量，国家将会在生产和管理中投入更多的人力和物力，因而其生产和出口的产品价格也相对较高。收入水平相对较低的国家，将生产并出口质量和价格相对较低的产品。因此，垂直产业内贸易增长是由价格来推动的。每个国家并不会将产品出口到所有的市场，因而必然存在很多潜在的贸易流量为零的现象。

由于上述新贸易理论将产品差异化、规模经济和出口企业的优胜劣汰引入贸易增长研究中，进一步发展了传统贸易理论。因而，在很长一段时间内，新贸易理论成为国际贸易领域研究的重点和基础。该理论考虑了产品出口种类的多样性以及出口企业数目的变化，从而为探讨贸易利得的源泉又提供了一个新的维度，实际上体现了一种出口扩展边际的增长。

3. 企业异质性贸易理论对出口增长边际的解释

直至 Melitz（2003）提出企业异质性模型将生产率高低作为企业进入出口市场的门槛条件，既决定着出口企业的数量（扩展边际），也决定着出口企业的平均出口量（集约边际），贸易扩张的“二元边际”才逐渐受到贸易经济学研究领域的重视，并迅速成为国际贸易理论研究的新热点。

以 Melitz（2003）为代表的新新贸易理论，在 Krugman 的垄断竞争模型中加入企业异质性和生产率差异等新内容，形成了我们所看到的企业异质性贸易模型。Melitz（2003）模型认为：在开放经济条件下，企业会面临两种贸易成本，一种是冰山运输成本 τ，另一种是固定成本 FC。由于冰山成本的存在，企业在向海外市场出口时所制定的价格要更高。因而，企业在国内市场和海外市场会分别获得不同的利润：$\pi_d(\varphi)$ 和 $\pi_x(\varphi)$，其中在海外市场获得的利润为 $\pi_x(\varphi)=\tau^{1-\sigma}\pi_d(\varphi)$，其中 σ 为不同产品之间的替代弹性。这样，企业 m 所获得的总利润就可以推导出：

$$\pi^m(\varphi)=\pi_d^m(\varphi)+\max[0,\ n\pi_x^m(\varphi)] \tag{2-1}$$

这时，企业 m 就会面临这两个不同的临界点：

$$\bar{\varphi}=\inf[\varphi:\ v(\varphi)>0] \tag{2-2}$$

$$\bar{\varphi}_x=\inf[\varphi:\ \varphi\geqslant\bar{\varphi},\ \text{并且}\ \pi_x^m(\varphi)>0] \tag{2-3}$$

式（2-2）中，$\bar{\varphi}$ 表示的是企业 m 在国内的零利润生产率水平，$v(\varphi)$ 表示的是企业 m 所具备的价值函数；而式（2-3）中，$\bar{\varphi}_x$ 表示的是企业 m 向海外出口时的零利润生产率水平。由上可知，当国内市场达到均衡时，会存在一个企业进入的生产率门槛 $\overline{\varphi}$，而对应的企业会有一个进入该市场所能获取的平均利润 $\overline{\pi}$。平均利润 $\overline{\pi}$ 也被称作零利润临界点，与进入该市场的生产率门槛值 $\overline{\varphi}$ 之间存在递减关系。这样，我们可以在图 2-1 中画出零利润临界均衡条件 ZCP（Zero Cutoff Profit）曲线。同时，如果假定企业能自由进出某一特定市场，只要利润为正，则企业就会选择进入，一直到利润降为 0。这样在自由进入某一市场的均衡条件下，同样可以得到平均利润 $\overline{\pi}$ 与进入该市场的生产率门槛值 $\overline{\varphi}$ 之间的关系。二者之间呈单调递增，在图 2-1 中，以 FE（Free Entry）曲线表示。这样就可以借助这两条曲线来分析企业进行扩张以及退出、进入市场的行为。同时，无论是在封闭经济中还是在开放经济中，企业自由进入某一市场的条件都不会发生变化。因此，当企业进入市场的成本下降时，就会使得 ZCP 曲线向上移动，由 ZCP_1 平移到 ZCP_2。这样企业进入该市场的均衡利润和均衡生产率就会发生变动，分别由 $\overline{\pi}_1$ 点移到 $\overline{\pi}_2$ 点，由 $\overline{\varphi}_1$ 点移到 $\overline{\varphi}_2$ 点。因而可以看出，企业不需要提高新的技术，只要能降低单位成本，就可以提高企业的平均利润。这为企业参与自由贸易提供了理论基础。由于企业之间存在差异，生产率低于门槛值的企业会因无利可图而选择退出市场，生产率高于门槛值的企业则选择进入市场，特别是当 $\varphi>\overline{\varphi}_x$ 时，企业不仅会在国内销售产品还会选择到国外销售。这种市场份额的变动就产生了优胜劣汰的机制，使得资源可以在企业之间重新进行分配，从而提高整体行业的生产率水平，增加一个国家的福利。

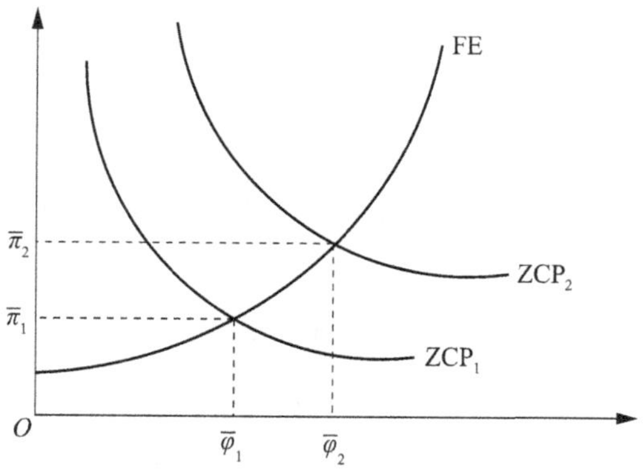

图 2-1　单位成本下降对均衡状态的影响

可以说，Melitz 的企业异质性贸易模型不仅通过分析不同生产率水平的企业进行出口扩张、退出或进入海外市场的机制，较好地解释了上述两个理论没有解释的国际贸易中存在零点贸易的现象，而且在对竞争所带来的优胜劣汰机制分析过程中，还成功地将出口增长分解为两个边际：一是现有出口产品或企业在单一方向量的增加（集约边际）；二是出口产品种类和新的企业进入国际市场的增加（扩展边际），从而给出了国际贸易利得新的来源，开创了对出口增长进行研究的新的理论前沿。

（二）出口增长边际的界定和测度

从现有的国内外文献来看，由于各个学者对这一问题的研究侧重点存在差异，因而对于出口增长边际的界定和测度也有所不同。

1. 从市场层面上进行界定

一些学者从双边贸易关系和贸易流量变化的角度对出口增长边际进行了界定。如 Felbermayr 和 Kohler（2006）、Eaton 等（2007）、Helpman 等（2008）、Besedes 和 Prusa（2010）都关注了市场层面出口增长边际的界定，指出出口增长可以从双边贸易关系的变化来进行分解。他们将集约边际定义为现有的国家双边贸易关系的维持和加深，即产品在原有出口市场的增长，而将扩展边际定义为新建立的双边贸易关系。也就是说，一个国家出口扩展边际的实现可以通过将产品出口到以前没有出口过的国家来达到。

2. 从企业层面上进行界定

企业层面的界定是从 Melitz（2003）建立的企业异质性贸易模型发展而来的。根据这一模型可知，一个国家内部各企业之间的生产率是存在差异的，只有企业的生产率水平达到并高于出口门槛值时，才能进入海外市场，低于这一门槛值的企业只能退出。通过这种企业进入、退出市场的自选择机制，来改变企业进入海外市场的数目，从而反映出集约边际和扩展边际的变化。如 Eaton 等（2004）利用法国企业层面的数据分析了该国出口增长结构，发现其出口贸易量的变化主要因为出口企业数量发生了变化，即扩展边际出口增长。Kancs（2007）基于一个企业异质性贸易模型，从理论上推导出了集约边际和扩张边际函数，通过建立计量模型，利用东南欧国家的企业异质性参数对该地区的出口增长边际结构进行了分析。Helpman 等（2008）则是把引力模型和企业异质性贸易模型相结合，通过使用参数、半参数和非参数的估计方法，从企业层面上测算了一个国家出口增长的集约边际和扩展边际。同样，Lawless（2008）、Chaney（2008）、Bernard 等（2009）借助企业的相关贸易数据来分解出口增长边际，将集约边际定义为现有企业出口贸易量的变化，将扩展边际定义为现有企业退出市场所导致的出口贸易量的变化或新的企业进入市场。由于基于企业层面的研究对数据的要求相对较高，因此目前从企业层面界定出口增长边际的研究主要针对的是发达国家。

3. 从产品层面上进行界定

目前，大多数的研究是从产品层面来界定出口增长边际的。这种方法一般是利用高分位的贸易数据来进行分解，且数据的可获得性和出口增长边际分解的准确性相对来说更好。因此，从产品层面对出口增长边际进行界定的方法受到学术界的更多欢迎。如 Ruhl（2003）、Hummels 和 Klenow（2005）都从这一角度进行了界定，将集约边际定义为已有出口产品在单一方向上量的扩张，将扩展边际定义为新产品的出口贸易量的增加。同时，Hummels 和 Klenow（2005）还实现了对出口增长的三元边际分解，将集约边际又分解为数量边际和价格边际，利用 126 个出口国家和 59 个进口国家的 5000 多种产品的贸易数据进行研究，发现贸易大国 60%的出口增长是由扩展边际（出口种类多样化）带来的，且集约边际的增长取决于数量的增长而非单位产品价格的提升。

4. 从产品—市场角度界定

由于一个国家在出口过程中至少会涉及出口企业、出口产品以及出口市场三个要素，因而上述三个层面的定义具有局限性，仅是单一角度的界定，没有将其相互联系起来。为此，一些学者开始尝试将产品扩展和市场扩展两个维度联系起来，从产品—市场的角度对出口增长二元边际进行界定。如 Amurgo-Pacheco 和 Pierola（2008）在对出口增长边际进行产品界定时，就将市场因素引入。他们将出口产品划分为新产品（NP）和老产品（OP），将出口市场划分为老市场（OD）和新市场（ND）。这样，就可以将一个国家的出口分解为老产品对老市场的出口（OPOD）、老产品对新市场的出口（OPND）、新产品对老市场的出口（NPOD）、新产品对新市场的出口（NPND）。其中，OPOD 就是指的一个国家出口的集约边际；OPND+NPOD+NPND 就是指的一个国家出口的扩展边际。同时，结合产品和市场两个维度，他们将一个国家扩展边际出口又分解为 NPOD+NPND（产品的扩展边际出口）、OPND+NPND（市场的扩展边际出口）。与此类似，Matías B（2011）也从这两个维度同时对一个国家出口增长结构进行了分解。与 Amurgo-Pacheco

和 Pierola（2008）不同的是，其在产品和市场分解中，除了考虑已有产品、旧市场和新产品、新市场的变动，还加入对消失的产品或市场的考察。因此，其认为一个国家贸易增长可以分解为集约边际贸易、扩展边际贸易和消失的贸易三部分。

综上，尽管国外现有的经验研究中对出口增长边际存在着不同的界定方式，但其出发点仍然都是企业和产品，可以归纳为两类：一类是利用分类较细的产品数据或可获得的企业数据，从微观角度来分解出口增长的集约边际和扩展边际，以说明两种边际对出口增长的贡献。另一类不是从产品或企业数据的统计上来进行出口增长边际分解，而是从计量的角度来估计出相关参数，并借助这些变量来分析一个国家出口增长边际结构。尽管研究方法存在差异，但一个国家出口增长边际研究实质上就是对出口企业和出口产品的增长变动的研究。通过上面的界定，本书认为，出口增长的集约边际实际上就意味着已有出口企业和出口产品在单一方向上量的扩张；而扩展边际则意味着出口产品种类的增加以及新的企业进入出口市场。由于从企业层面进行界定和测度时，需要微观企业层面的出口数据作为支撑，因而，考虑中国企业出口数据获得较为困难，本书选择从产品角度来界定集约边际和扩展边际，并依此对中国制造业出口增长边际分解进行拓展。

（三）出口增长边际的经验研究

随着新新贸易理论的进一步发展和完善，国内外对于出口增长边际的经验研究越来越丰富，主要体现在以下几个方面：

1. 出口增长边际的性质及福利研究

尽管一个国家出口增长是由集约边际和扩展边际共同推动的，但大多数学者将出口增长边际研究的侧重点放在了扩展边际上。这主要是因为，学者们认为集约边际和扩展边际增长带来了不同的经济效应。现有文献对二元边际所产生的经济效应的分析主要集中在两个方面：一方面是对经济增长和波动的影响，另一方面是对贸易条件的影响。

首先，由于扩展边际对经济增长的影响主要通过提高生产率获得，因此很多研究聚焦于扩展边际对生产率的影响。如 Feenstra 和 Kee（2004）利用 34 个发达国家和发展中国家 1982—1997 年的相关数据进行研究时发现，尽管扩展边际只能解释 2%的国家间生产率差异，但是却能解释 13%的国家内部生产率水平差异。Bernard 等（2007）指出，企业异质性贸易模型与传统贸易理论解释不同的是，生产率较低的企业进行收缩或退出市场以及生产率较高企业进行扩张或进入出口市场的行为会带来资源在企业间的重新配置，从而可以提高行业的平均生产率水平。Feenstra 和 Kee（2008）利用企业异质性贸易模型在估算 1980—2000 年 44 个国家间生产率水平以及产品种类随时间变动的关系时，同样发现，这一时期出口产品种类数增长了 8 倍，而出口国生产率水平总体上也上升了 10%，且出口产品种类的变动可以有效地说明一个国家生产率水平的变动，即扩展边际增长对出口国的生产率进步有重要的影响。Atolia 和 Kurokawa（2016）采用 1987—1994 年数据研究发现，墨西哥与美国的制成品贸易扩展边际的增加可以使墨西哥技术溢价实际增长 12%左右。Cho 等（2018）从行业和产品两个层面分析了 10 个转型国家加入欧盟期间的出口增长边际变化，发现转型经济体的生产率增长与扩展边际之间存在正相关关系。

其次，借助二元边际分解结构可以分析一个国家出口增长的波动。如 Bernard 等（2009）在二元边际分解研究中发现，从长期来看，贸易伙伴之间的出口波动主要是由一个国家出口的扩展边际引起的，而短期（一般为 1 年时间）内，贸易伙伴之间的出口波动主要由集约边际引起。Besedes 和 Prusa（2010）经过数据调查，比较分析了发展中国家和发达国家的二元边际结构，结果发现，扩展边际一般不会扩大国家之间长期增长率的相对差异。

此外，Hummels 和 Klenow（2005）、Broda 和 Weinstein（2006）、Galstyan 和 Lane（2008）、Hesse（2008）利用二元边际的分析框架，通过不同的计量方法分别阐述了二元边际与贸易条件的关系，指出扩展边际的增长对消除贸易条件恶化、降低出口不稳定发挥着重要的作用。而 Dimaranan 等（2007）利用 Hummels 和 Klenow（2005）的参数估计方法分析了 1972—1997 年各国产品种类的变动对全球总体福利变化的影响，结果发现，全球产品多样化的增强对世界总体福利的提升存在显著的正向影响。

2. 出口增长边际的影响因素研究

从国外已有的文献来看，目前对于出口增长边际影响因素的研究主要集中在以下几个方面：

（1）贸易成本

贸易成本一般包括国内的交易成本、行政手续、运输费用、固定进入成本、关税水平和非关税壁垒等。其中国外较早的研究是针对贸易壁垒的削减对贸易增长边际的影响。如 Eaton 和 Kortum（2002）、Melitz（2003）在企业异质性贸易模型的分析基础上，得出了贸易壁垒的降低会影响一个国家贸易增长二元边际的结论。Ruhl（2003）采用详细的产品层面数据进行研究时发现，如果国家能下调永久性关税，将会促使更多的新企业进入出口市场带来扩展边际增长；而关税和配额等贸易壁垒的下降，使出口份额仅有 10%的产品在贸易自由化后，其出口份额高达 40%，说明贸易壁垒的削减对扩展边际有着重要的影响。Eaton 等（2004）利用法国企业数据进行分析，模拟发现贸易壁垒的削减会使法国的贸易额大幅增长。Chaney（2008）拓展了企业异质性贸易模型，研究表明，贸易壁垒对一个国家出口增长集约边际的影响非常明显，而对出口增长扩展边际的影响不显著。

实际上，贸易壁垒削减所带来的贸易自由化就意味着出口成本的下降，因而，相比其他的成本因素，固定成本和可变贸易成本的下降对贸易增长边际的影响更能引起国外学者的关注。Kancs（2007）通过拓展经典的企业异质性贸易模型，并借助东南欧国家的出口数据进行了实证分析，结果发现，就平均而言，可变贸易成本下降 10%，可以促进集约边际和扩展边际分别增长 38.0%和 74.4%；而固定成本下降 10%，可以促进集约边际和扩展边际分别增长 0 和 20.5%，即认为贸易成本的下降对扩展边际增长影响更大。Andersson（2007）利用瑞典企业层面的出口数据，检验了市场进入的固定成本对于二元边际的作用，特别指出其对扩展边际的影响更大。Lawless（2008）考察了一系列能够刻画贸易成本的相关变量对一个国家出口增长边际的不同影响，结果发现，运输距离对集约边际和扩展边际都会产生负向影响，但对扩展边际的影响相对更为显著。Chaney（2008）通过拓展的引力模型，在企业异质性贸易模型的基础上分析了可变贸易成本对二元边际的作用，结果发现，可变贸易成本可以改变进入海外市场所需的最低生产率水平，从而使进入海外市场的企业数目发生变化。Crozet 和 Koenig（2010）在研究中特别区分了地理距离和关税这两种贸易成本对二元边际的影响，并得出地理距离对一个国家出口增长扩展边际影响更显著的结论。Elhiraika 和 Mbate（2014）在研究中发现，如果区域内各国统一了贸易政策、实行相同的关税制度，会使得区域内各国出口的商品种类变得丰富。Matthee 和 Santana-Gallego（2017）认为，造成南非出口更多依赖于集约边际的原因是缺乏市场信息、基础设施薄弱以及受制度环境等相关出口成本影响。Kamal 和 Zaki（2018）采用固定效应的引力模型，估计了技术性贸易壁垒对集约边际和扩展边际、企业退出和进入的可能性以及对产品和市场多样化的影响，结果表明，技术贸易壁垒会导致固定成本上升，且对集约边际的影响不显著，对扩展边际有负面影响。

（2）汇率制度和货币政策等金融因素

由于金融和贸易发展密切相关，不管是从国家层面还是从企业层面，越来越多的学者选择从金融发展的角度来研究汇率制度、货币政策等对一个国家出口增长二元边际的影响。如 Freund 和 Pierola（2008）在研究汇率对一个国家出口激增的影响程度时发现，汇率对扩展边际会产生重要作用。Muûls（2008）利用比利时的出口数据进行研究时发现，流动性约束会使企业进入出口市场的概率降低，从而使得企业可选择的出口目的地范围变窄，即其对扩展边际的影响相对更大。Minetti 和 Zhu（2011）则基于意大利制造业企业数据研究了信贷约束对出口的影响，结果发现，信贷约束不但会抑制一个国家出口量的增长，也会影响企业的出口选择。Muûls（2015）从企业层面将出口边际分解为扩展边际和集约边际，认为融资约束较低的企业出口可能性更高，融资约束与企业的出口二元边际负相关。

（3）区域贸易安排

随着全球贸易自由化的推进，国外经验研究开始关注区域贸易协定对出口流量的影响。如 Hillberry 和 McDaniel（2002）对北美自由贸易协议（NAFTA）实施后对北美贸易增长的影响进行了实证检验，结果表明，在实施 NAFTA 之后，美国与成员之间发生了更多的出口贸易，其中扩展边际在成员间贸易中占有重要比重，且远高于同期出口至其他地区的比重。Amurgo-Pacheco 和 Pierola（2008）在分析 1990—2005 年发展中国家的出口增长结构时发现，加入自由贸易协定（FTA）对发展中国家以及北方国家的出口增长都产生了积极促进作用。Dutt 等（2011）研究认为，世界贸易组织体制对扩展边际出口会产生显著影响，但对集约边际影响甚微。Kehoe 等（2013）在研究由 NAFTA、FTA、中国加入 WTO 等所带来的贸易自由化对区域成员扩展边际的影响时发现，随着自由化的推进，扩展边际有明显增长，即双边或多边贸易协定的签订对扩展边际的作用明显。Salvador 等（2016）研究发现，加入关税及贸易总协定（GATT）或 WTO 对成员方的双边贸易产生了重大的经济影响，但这种影响主要通过贸易增长边际实现，且主要影响集约边际。

（4）其他因素

国外学者除了对上述列出的一些影响因素进行了探讨外，还选择了另外一些角度进行了研究。如 Ruhl（2003）以企业异质性贸易模型为基础进行动态分析时发现，暂时性的经济冲击更多地使出口增长集中于集约边际，而在永久性的经济冲击下，集约边际和扩展边际出口都会发生调整。D'Addona 和 Cavallari（2020）在研究不同汇率制度下贸易边际对外部冲击的反应时发现，扩展边际对外部生产率的冲击反应明显，而集约边际主要对外部需求冲击反应明显，且反应的程度会受到汇率制度的影响。Luong 和 Chen（2016）研究了技术劳动力和非技术劳动力供给的变化对不同出口边际的影响，结果表明，技术劳动力主要影响集约边际出口，而非技术劳动力主要影响扩展边际出口。Ahmad 和 Mahmood（2020）认为，企业的出口决策受到不确定性以及企业的风险承担行为的影响，企业特有的不确定性也会对贸易的集约边际产生不利影响。

3. 聚焦于中国出口增长二元边际的经验研究

一些国外学者利用中国的出口数据来分解中国出口增长边际结构。如 Hummels 和 Klenow（2005）在对集约边际和扩展边际表达式进行界定时，就测算了 1995 年中国的出口深度、广度以及价格和数量，但由于其只测算了中国一年的出口增长结构，因而无法从时间变动角度来分析中国贸易增长的模式。Feenstra 和 Kee（2008）在分析关税下降对一个国家出口增长边际的影响时，研究了 1990—2001 年中国对美国出口二元边际扩张的影响，发现其使得中国对美国出口的扩展边际以年均 3.7%的速度增加。Amiti 和 Freund（2007）利用 HS 10 位编码的中美贸易数据，研究了中国对美国的出口增长结构，结果发现，自 1992 年以来，尽管中国对美国出口产品种类有了较大幅度的拓宽，但中国对美国的出口增长仍然以集约边际为主，并且中国对美国的出口价格下降较快。据其统计，这一时期中国对美国的出口价格年均下降了 1.5%，这使得中国对美国出口的贸易利得不断减少。Manova 和 Zhang（2009）采用 2003—2005 年中国企业层面贸易数据分解了中国贸易增长结构，发现在中国贸易增长中，几乎有一半是由存活企业在其存活产品方面对其原来相同的贸易伙伴的贸易扩张所带来的。Tian 等（2016）在研究中国农产品出口主要沿着集约边际增长的来源、模式及其影响因素时发现，相对质量升级解释了沿集约边际增长的大部分原因，相对价格下降对集约边际增长的负贡献微不足道。同时，相对质量提升和相对产品价格下降对于沿集约边际数量扩张较大的差异化产品的影响更为显著。Sun 和 Li（2018）利用 2000—

2015 年 HS 6 位编码的农产品贸易数据研究了中国对东盟的农产品出口边际的影响因素，结果表明，中国—东盟自由贸易区（CAFTA）的成立更有助于推动集约边际增长，经济规模、人口规模、农产品出口能力、贸易一体化、国际金融危机、共同边界等因素显著影响中国对东盟农产品出口增长边际。

随着国外学者在这一领域研究的深入，国内学者也开始从出口增长边际的分析视角来研究中国出口增长问题。如钱学峰（2008）在借鉴 Kancs（2007）的分析框架下，对 2003—2006 年中国出口增长进行产品层面的二元边际分解，研究发现，中国的出口增长主要来自集约边际而不是扩展边际，之后进一步分析了影响二元边际的不同因素。经过其实证检验发现，贸易成本的下降主要影响扩展边际；特别是在实证中发现，出口固定成本的下降比可变贸易成本的下降更能促进扩展边际增长；若两种贸易成本同时下降 10%，将促使中国出口总量、集约边际和扩展边际分别增长 6. 63%、3. 28%、18. 47%。钱学峰和熊平（2010）基于企业异质性贸易模型，进一步考察了 1995—2005 年中国出口增长的二元结构。研究发现，这一时期中国的出口增长不论是从多边还是从双边层次分析，几乎是依靠集约边际来拉动的，扩展边际对出口增长仅贡献了很小的比例。同时，他们利用 Tobit 模型的经验研究，发现了经济规模、贸易成本、多边阻力、生产率水平、区域经济一体化等因素对集约边际和扩展边际有着不同的影响机制，并分析了这些因素对二元边际影响程度的差异。施炳展（2010）将二元边际分解模式扩展到三元边际的分解模式，利用中国 1995—2004 年 HS 6 位编码的贸易数据，对出口增长进行了广度、数量和价格增长的分解，并使用核密度估计这种非参数估计方法进一步研究了中国出口增长模式（高越等，2014；曹亮等，2014；刘恩专等，2014；杨逢珉等，2015；田晖等，2015）。结果发现，在中国出口增长中，数量增长速度最快、广度增长速度次之，而价格增长速度非常缓慢，几乎对中国出口增长没有贡献。李未无（2010）则以中国对日本的出口产品种类的变动为基础，借助 2002—2008 年中国对日本出口 HS 9 位编码的产品数据和 Feenstra 指数，从总体和细分部门两个层面将中国对日本出口增长分解为出口深度和出口广度。在研究中发现，2005 年以来，中国对日本出口增长来自出口深度的贡献在不断减少，而来自出口广度的贡献却在加速增长；同时，在研究外贸调控政策对二元边际的影响中发现，贸易调控政策对二元边际的变动产生了显著的效果。项松林（2011）利用 Tobit 模型分析了 1995—2009 年中国对 123 个国家出口二元边际结构的影响因素，指出经济规模、贸易成本、人民币升值、农业剩余劳动力等变量对二元边际的影响机制存在差异，并提出了中国依此进行结构转型和稳定出口的建议。许斌和韩高峰（2011）参照 HK 指数，在将一个国家的出口份额分解为出口广度边际、出口价格边际和出口数量边际后，定义了出口质量边际，并重点考察了不同汇率体制对出口边际的影响差异。陈勇兵等（2012）利用 2000—2005 年中国海关数据，从企业层面将中国出口增长分解为扩展边际与集约边际，并描述了中国企业出口动态和出口增长的二元边际结构。在研究中发现，这一时期，尽管中国企业出口扩展边际的波动幅度远大于集约边际，但企业出口增长的大部分仍然是由持续出口企业的贸易量扩张来推动的，并且其在二元边际影响因素的考察中发现，经济规模、距离和贸易成本主要通过扩展边际来影响企业出口流量。李显戈和孙林（2012）基于 Kancs 的企业异质性贸易模型分析框架，分析了 2006—2009 年中国对东盟出口增长的二元边际结构。在研究中发现，这一时期中国对东盟国家的出口增长主要源于扩展边际，而不是集约边际。同时指出，自由贸易协定的签订使得中国对东盟的出口不再仅仅集中于少数规模大、生产率高的企业，而是使得更多企业因为壁垒的降低进入东盟市场。高越等（2014）基于 HK 指数，分析得出 1995—2010 年中国出口的扩展边际和价格边际对出口的贡献度有下降的趋势，而数量边际对出口增长的贡献度仍在提高。王孝松等（2014）考察了中国出口产品遭遇的反倾销壁垒对出口增长的二元边际所产生的影响，结果表明，贸易伙伴发起的反倾销措施显著抑制了中国出口增长的内涵边际和外延边际，并且反倾销措施对外延边际的抑制效应要大于对内涵边际的抑制效应。余子良等（2015）重点研究了贸易信贷对企业出口边际的影响，并指出贸易信贷在金融危机冲击的情况下会通过缓解融资约束促进民营和外资企业的出口。鲁晓东等（2016）通过构建出口的多重边际分析框架，借助基于交易信息的出口商—产品—目标国—贸易方式的微观数据，研究了中国企业出口的市场扩展边际和产品扩展边际，同时从所有权结构、贸易方式以及企业特征等维度解读了企业出口扩展边际的差异。杨连星和侯亚景（2016）基于 1996—2013 年中国文化贸易 HS 6 位编码的产品数据，构建了文化贸易出口的二元边际和贸易持续期变量计量模型，实证分析发现，中国的文化产品出口主要依赖于集约边际，且贸易出口持续期对出口的集约边际存在正向影响，对扩展边际存在负向影响。薛冰和卫平（2017）采用中国与 54 个主要贸易伙伴的 HS 6 位编码数据，通过构建解决“多贸易零值”问题的零膨胀负二项回归模型，研究了各细分贸易成本变量对中国出口二元边际的影响，并比较分析了不同类型国家和农产品在贸易成本影响上的差异。田聪颖和肖海峰（2018）利用1992—2015年HS 6位编码的产品层面贸易数据，借助HK的三元边际分解方法考察了中韩双边贸易增长结构，并通过测算三者的贡献率分析了双边出口的主要推动力，同时实证研究了关税削减对双边出口三元边际的影响差异。林僖和鲍晓华（2019）采用Chaney（2008）二元边际引力模型分析框架和泊松拟极大似然估计技术，对区域服务贸易协定的差异化服务出口二元边际促进效应进行实证检验。实证结果显示，区域服务贸易协定对服务出口二元边际均有显著的促进作用，但是对集约边际的影响程度略高于扩展边际。刘雪梅和董银果（2019）利用2000—2017年中国农产品对美国出口数据，采用核密度估计和贡献率测度方法，从静态和动态两个角度分析了数量边际和质量边际对中国农产品出口增长的贡献作用。李亮等（2019）利用2000—2017年UN Comtrade数据库中SITC 5位编码的贸易数据，借助三元边际分解方法客观分析了中国向26国出口机械运输设备的扩展边际、数量边际和价格边际，并在此基础上运用核密度估计刻画了三元边际动态演进，同时采用非参数检验对拉动出口增长的边际因素进行了统计检验。项松林（2020）使用全球150个经济体1995—2017年的样本数据研究了经济结构转型对贸易增长二元边际的影响，结果表明，农业剩余劳动力非农转移更有利于出口集约边际增长，而不利于出口扩展边际增长。张少军和丁晓强（2023）构建了省际调出增长的边际分解框架，从贸易总额和市场份额两个维度考察1987—2017年中国省际调出的增长模式，结果发现，中国各省份省际调出总额的增长主要归因于集约边际，扩展边际的作用为负，其增长模式亟须实现从“数额型”增长向“种类型”增长的转变。

三、小结

综上所述，国内外学者关于出口增长边际、能源环境与出口贸易关系的研究有了较为丰富的研究成果。这些研究成果为本书明确了研究方向，也为后文的分析奠定了良好的基础。但通过文献梳理可以看到，现有研究中尚存在一些不足：

一是国内外研究大多数是从能源环境约束的角度来探讨其对经济增长的影响，对于制造业发展中的能源环境约束研究较少。

二是现有文献对于出口增长边际影响因素的研究主要集中于对贸易成本的考察，忽略了对能源环境约束的考察。

三是直接研究能源、环境约束与出口贸易的文献相对较少，且对于能源环境与出口贸易的研究，大部分学者将重点放在了出口贸易对于能源消耗和 CO_2 排放的研究上，对于能源环境如何作用于出口贸易的机制分析较少。

因此，本书将采用三元边际的分析框架，揭示中国制造业出口增长结构转型的必要性，并基于能源环境与中国制造业出口增长边际转型的相互作用机理，实证分析能源环境约束、中国制造业出口增长速度和出口增长边际转型的动态效应，从中寻求中国制造业出口产品多样化、质量提升与能源环境效率提升的协同发展路径。

第三章　能源环境与制造业出口增长的相互作用机理

制造业结构的演进受到多种因素的影响，其中不能忽视的两个客观条件一个是对外贸易，另一个是能源与环境。对外贸易以商品为载体，使生产要素能够在国家之间流动，并通过全球分工将各个国家密切联系在一起，使制造业结构的演进受到国内外市场供求变动的影响和制约；而能源与环境在制造业结构形成及演进过程中发挥了重要的作用，不但决定了一个国家制造业结构形成的初始状态，还直接关系到制造业结构的整体发展水平。随着中国制造业出口规模的扩大，能源环境约束对制造业结构演进的影响不断深化，也使得制造业出口增长结构问题成为制造业结构研究中的重要组成部分。能源与环境双重约束下制造业出口增长的问题，不仅包括制造业出口增速稳定，还包括制造业出口增长结构转型，制造业出口增长边际是衡量制造业出口增长结构转型的重要指标。在目前经济增速趋缓的背景下，全球气候变化使能源环境约束趋紧。因此，紧紧围绕绿色发展理念，以制造业出口增长边际为重要的变量，考察能源、环境与制造业出口增长的关系，对实现制造业结构转型升级，推动经济可持续发展具有重要的现实意义。本部分先对经济增长、国际贸易、环境经济学中有关能源环境约束与产业结构演进的相关理论进行梳理，为后面探讨能源环境约束与制造业出口增长结构演进的相互作用机理奠定理论基础。然后，在此基础上，探讨能源、环境与制造业出口增长的相互作用关系。通过分析能源环境约束与制造业出口增长速度和出口增长边际的相互影响机制，进而得到能源环境与中国制造业出口增长边际转型的相互作用机理。

一、理论基础

（一）经济增长理论

经济增长理论是运用均衡分析的方法，通过建立经济模型以考察经济在长期增长的动态过程中以及实现稳定状态的均衡增长所需具备的均衡条件。有关经济增长的相关理论研究成果已经非常完善，其经历了从古典经济增长理论、新古典经济增长理论到内生经济增长理论的发展进程。

1. 古典经济增长理论

古典经济增长理论是现代经济增长理论的思想渊源，其在批判重商主义的基础上，将经济研究的重点由流通领域转向实际生产领域，并开始探索影响长期经济增长的因素与机制。古典经济增长理论最早是由亚当·斯密提出，并经大卫·李嘉图、马尔萨斯、马歇尔等人进一步发展。

亚当·斯密在其1776年发表的《国富论》一书中指出，金银货币不能成为一个国家财富的代表，人民所能获取的必需品和便利品才是真实的财富体现。也就是说，一个国家的经济增长应该表现为总产出或人均产出的增加，从而确立了经济增长的研究应该集中于实际生产领域的观点。而后亚当·斯密对经济增长的推动力做了进一步分析。他认为，经济增长取决于劳动分工水平和劳动人数的增加，而劳动分工的增进又取决于资本积累。随着资本积累，劳动分工会进一步深化，从而使就业人数和产出增加，引起人均收入和消费水平提升，国民财富增加。而国民财富的增加，会进一步提高储蓄率，从而形成更大规模的资本积累，并让资本流向最有效率的生产领域，由此形成经济增长的循环过程。大卫·李嘉图继承和发展了亚当·斯密的理论，并强调了收入分配与经济增长的联系。他对经济增长的分析建立在边际生产力递减规律基础上，运用这一规律形成了级差地租理论和分配理论，并发展了资本积累理论，从而得出经济增长会长期收敛于某一静止状态的结论。他认为，在资本积累和扩大生产的过程中，就业和工资将会增加，从而推动农产品需求提升。土地资源给定以及劳动边际生产力递减，会推动农产品相对价格上升，从而使工业生产成本上涨，企业利润下降。整体利润率的下降最终会消除资本积累的作用，从而使经济增长处于停滞状态。此外，马尔萨斯强调了人口增长因素在经济增长过程中的重要性，并指出人口增长率与经济增长率之间会存在一种均衡，并形成稳定的生存收入水平。马歇尔通过外部经济将动态的规模报酬递增纳入古典经济学的静态分析体系中，探讨了长期经济增长的收益递增问题，从而进一步拓展了古典经济增长理论。

综上可知，古典经济增长理论认为资本积累和劳动分工的相互作用推动了经济增长。在经济发展过程中，坚持发挥市场对资源配置的作用，保持资本积累的良性循环，才能更好地推动经济增长。尽管资本积累的扩大是经济增长的根本原因，但当所有的土地资源都被利用了以后，资本积累率下降，从而对劳动的需求下降，农业中的报酬递减趋势将会压制工业中的报酬递增趋势，于是经济增速便会放慢，直至进入人口和资本增长的停滞状态。由此，古典经济增长理论认为，经济增长将因土地资源稀缺和人口过快增长而趋于停滞，即经济增长会受制于自然资源约束。但大卫·李嘉图也认为，这种资源短缺属于相对稀缺，通过科技进步、对外贸易等途径可以缓解资源对经济增长的最终约束。

2. *新古典经济增长理论*

在古典经济增长理论的基础上，新古典经济学派在经济增长领域的研究推动了经济增长理论的成熟与发展。基于对哈罗德-多马经济增长理论的修正，索洛和斯旺推翻了前者有关技术进步保持不变以及资本与劳动两种要素之间不可替代的假设，并提出劳动投入、资本投入及技术进步是促进经济增长的动力。在设定新古典主义生产函数的基础上，创立了新古典增长模型，又称之为索洛-斯旺经济增长模型。该模型的基本假设包括储蓄能顺利转化为投资、规模报酬不变、边际收益递减、资本产出比可变，并假定储蓄率、资本折旧率、人口增长率和技术进步率为该模型的外生变量，投资为内生变量。在这一系列的假设前提下，该模型推导出一个国家可以通过改变资本与劳动比实现经济稳定增长，并且长期资本积累将会以经济的平衡增长路径来实现最终收敛的目标。资本积累一旦实现最终收敛，经济也将会实现平衡增长。其中，新古典经济增长模型将资源稀缺作为一个既定的分析前提，而偏重研究在此前提下的资源最优配置问题，并强调了资本积累的作用及实现经济稳定增长的路径和源泉。从经济总量来看，推动经济长期稳定增长的动力在于技术进步和人口增长；从长期来看，技术进步是实现人均产出增长的唯一动力。

3. 内生经济增长理论

由于人们意识到长期的经济增长较短期的增长更为关键，必须突破新古典增长模型中外生技术进步率对人均增长率的限制，因此，在 20 世纪 80 年代，对经济增长的研究进入一个新的发展阶段，提出了内生经济增长理论。内生经济增长理论模型打破了规模收益不变这一假设，并通过对知识外溢、人力资本、收益递增、研发、边干边学、劳动分工等问题的研究，得出决定经济增长率的技术是由经济系统自身所决定的内生变量的结论，从而揭示了经济长期增长的内在机理，实现了外生经济理论向内生经济理论的转变。有关内生经济增长理论的模型较多，其中最具有代表性的是知识溢出模型、研究开发模型以及人力资本溢出模型。

Arrow（1962）假定技术进步是在生产新产品过程中的无意识结果，并将这种结果称为“干中学”现象。“干中学”模型将知识经验作为外部变量引入，并假定生产有递增的规模效应，同时劳动和资本是可以相互替代的，因此，其认为当资本积累到足够大，知识经验也足够丰富时，不需要劳动力就可以完成生产过程。这种“干中学”模型逐渐成为内生经济增长理论模型的基础。在此基础上，Romer（1986）将技术进步内生化，并将关于生产的各种专业化知识作为内生变量引入模型中，建立了内生增长模型。在其看来，知识与劳动和资本等要素一样，也是影响经济增长的一种生产要素。知识本身具有不对称性和排他性，知识溢出及知识收益递增等特性能够保持物质资本使用率的不断提高，并通过增加规模收益来实现经济增长。技术进步是驱动经济实现长期增长的动力，而知识的生产推动了技术的进步，越是初始产出水平及知识存量较高的国家，越倾向于增加用于技术进步的投入，也因而更容易实现经济的快速增长。1990 年，Romer 在其发表的《内生技术变化》一文中，又对经济增长模型做了进一步的改进。该模型在不完全竞争的假设条件下，将投入要素分为资本、劳动、人力资本和技术水平四类，将生产部门分为中间产品、最终产品和新增研发三个部门。最终该模型推导出用于研发投入的人力资本才是决定经济增长率的主要因素。这一模型的突出贡献就在于将技术进步内生处理，并得出推动经济增长的源泉是技术进步的结论。

而 Lucas（1988）构建了人力资本溢出模型，将人力资本变量作为一个独立的要素引入，以分析其对经济增长的影响。他认为，可以通过两种方式进行人力资本积累：一种是通过正常的学校教育获取知识，实现人力资本积累的增加；另一种是以“干中学”的方式，在实际生产中积累学习经验。该模型得出了关于专业化的人力资本积累是经济可持续增长源泉的重要结论，并指出人力资本的提升有助于提高技术进步率和生产效率，在递增收益作用下使经济增长加速。因而，拥有较高人力资本水平的国家的人力资本积累的速度会越快，其相应的资本收益率会越高。

通过对以上经济增长理论的梳理可以发现，无论是古典、新古典经济增长理论，还是内生经济增长理论，都未将资源和环境作为经济增长的决定因素，而是普遍认为人力、资本、技术等才是生产过程中的重要投入，经济增长理论仅仅把资源环境问题看作单纯的生产成本问题，认为资源能够相互替代或被其他生产要素替代，只要在生产实践中实现各个投入要素的有效配置就可以提高生产效率，从而推动经济的持续性增长。但随着资源和环境问题在人类经济发展过程中的影响不断凸显，国内外很多学者开始尝试将资源、环境因素引入上述经济增长模型中，以求解最优经济增长率，从而拓展了经济增长理论的内涵。

（二）外部经济理论

外部经济理论最早由马歇尔在其1890年出版的《经济学原理》一书中提出，1924年经济学家庇古在《福利经济学》一书中对该理论做了进一步的完善，并形成了对外部性的解释。根据庇古的理论，所谓外部性，是指某一经济主体的活动对其他经济主体造成的外部影响，可分为正外部性和负外部性。当某种经济活动给其他经济主体带来了损失而其未获得相应的货币补偿时，即产生了外部不经济（负外部性）；当某种经济活动给其他经济主体带来了利益而其未进行支付时，即产生外部经济（正外部性）。换句话来说，外部性是指某一经济主体的行为影响其他经济主体的福利，但这种福利的变化却没有通过货币形式或市场机制反映出来，而是反映在市场机制的运作之外。

在市场经济体制下，各经济主体的经济活动都是以追求自身经济利益最大化为目标的，因而其不会对生产过程中产生的污染进行过多处理，这就对外部环境造成一定的影响。由此可见，环境存在明显的负外部性，依靠市场已经不能让整个经济运行回归正常，这也是所谓的市场失灵情况。根据庇古的理论，外部性的存在使资源配置难以实现帕累托最优。根据科斯产权经济理论，在外部不经济条件下，若适当地对资源的使用权进行界定，将环境成本纳入生产成本中就可以消除外部不经济。这意味着政府需要对企业生产进行干预，诸如通过征收污染税和发放可转让的排污许可证、补贴等强制各经济主体对生产过程中产生的污染问题进行治理。由政府出面对负外部性的产生者行为进行规范，可以有效地消除私人成本与社会成本之间的偏差，从而保证市场机制正常发挥资源配置的作用，进而达到环境保护的效果。因此，环境规制政策在处理外部不经济中就显得尤为必要，而环境规制也将成为各国经济发展过程中不可避免的压力，并成为制造业发展过程中的环境约束来源。

（三）环境规制理论

环境本身所具有的公共物品的特点使一部分人对环境资源的使用存在“搭便车”行为，极易导致“公地悲剧”的发生，造成环境污染的加剧。公共物品因产权难以界定而被竞争性地过度使用或侵占是必然的结果。解决这个问题的主要方法就是界定环境资源的产权，通过排污标准等措施对环境资源给出合理的定价，从而促使环境的外部成本内在化，以促进环境资源的合理利用与配置。而环境与贸易矛盾冲突的根源也在于环境成本的外部性，因此，将环境成本内在化对于实现环境与贸易协同发展就显得十分重要。环境规制是目前推动环境成本内在化的重要手段，主要是由政府制定相应的政策措施来规范企业经营活动以应对环境污染所带来的外部不经济，后来又包括企业进行环境认证、签订自愿协议等自愿型规制，其主体逐渐从政府延伸到了企业。具体按照环境规制对经济主体排污行为约束方式的不同，可分为命令控制型环境规制、市场激励型环境规制和自愿型环境规制。命令控制型的环境规制，是指政府通过制定明确的环保目标，借助政府的行政和法律手段约束企业按照相关排污标准和规章制度来进行生产安排，促进实现社会控制和环境污染削减的意愿；市场激励型环境规制，是指以市场激励为主的环境约束措施，其将环境成本的外部性转化到企业内部生产成本中，并最终反映到企业的产品及服务的价格水平上，以促进相关企业对环境资源的有效利用；自愿型环境规制不是由政府强制约束而是经济主体主动参与环境保护，是环境规制政策中较为高级的一种规制手段。由此可见，命令控制型环境规制是以政府为主导，而市场激励型环境规制是以市场为主导，自愿型环境规制是以企业为主导。市场激励型环境规制通过市场机制对企业间环境污染排放削减量进行有效分配，可以降低市场整体的污染治理费用，而自愿型环境规制可以降低政府的监管成本。对企业而言，命令控制型环境规制的实施对其生产成本的影响最为严重，市场激励型环境规制在一定程度上更有利于鼓励企业进行研发创新。

近年来，伴随着环境质量的下降及国际环保意识的增强，有关环境规制的形式和数量也在逐渐增多，环境规制对贸易的影响也引起了国内外学术界的广泛关注。目前，与国际贸易有关的环境规制理论主要有：

1. 传统贸易理论

传统贸易理论认为各个国家产业间劳动效率的差异和要素禀赋的差异会形成各国间比较成本的差异，从而使得各国产业具备不同的比较优势。根据比较优势分工原则，各国应该出口本国生产成本相对较低的产品，进口本国生产成本相对较高的产品。由此可见，传统贸易理论认为两国之间的贸易结构应该由相对生产成本决定，而生产成本由各国要素禀赋决定。各国所拥有的要素除了自然资源、劳动和资本等传统要素之外，还包括环境要素。环境禀赋决定了企业因治理生产排放的污染物所应该承担的成本，受各国环境规制的约束。环境规制强度低（环境要素禀赋高）的国家，生产污染密集型产品的成本相对较低，即其在该类产品的生产上具有比较优势。因此，按照传统贸易理论的分工和交换原则，环境规制比较宽松的国家应该出口污染密集型产品，而环境规制严格的国家则应该进口污染密集型产品。这样就改变了两种类型国家的产业结构和贸易结构，从而从静态角度说明了环境规制对贸易的影响。而根据要素价格均等化原理，出口贸易的发展反过来会影响对要素的需求，环境要素需求增加将会加剧环境污染，从而推动环境规制宽松国家逐渐改变策略加大对环境管制的力度。

2. 污染避难所假说

Walter 和 Ugelow 于 1979 年提出了污染避难所假说，该假说是基于环境规制会影响一个国家比较优势的传统观点而进行的扩展。根据比较优势理论，环境规制会改变一个国家比较优势，环境规制宽松的国家在污染密集型产品的生产和出口上具有比较优势，环境规制严格的国家在清洁产品的生产和出口上具有比较优势。也就是说，在自由贸易中，由于各国环境规制政策存在差异，企业生产中所承担的环境成本不同，从而形成了不同的生产分工和贸易模式。企业生产的目标是追求利润最大化，当国内严格的环境管制政策导致其成本不断上升时，其有动力将生产转移到环境污染成本较低（环境规制宽松）的国家，使得环境规制宽松的国家逐渐成为污染产业的“避难天堂”，从而改变两国的产业结构和出口结构。由此可知，当环境规制强度较低时，行业的进入壁垒相对较低，此时对污染型产业的外商直接投资增大，进而表现为环境规制对制造业产业结构和出口结构升级的影响可能为负。当环境规制强度较高时，行业的进入壁垒也较高，此时对污染型产业的外商直接投资降低。较高强度的环境规制会刺激企业的研发创新，进而有利于促进劳动与资本密集型产业向技术密集型产业的转变，推动制造业产业结构和贸易结构的高度化发展。

3. 波特假说

一些学者基于传统自由贸易理论从静态研究视角出发，认为环境规制会导致环境成本内部化，从而使出口企业承担了额外的成本，不利于出口产品在国际市场上竞争力的提高。然而，企业并非处于静态的市场环境中，面对来自国内外竞争对手、各国环境规制等方面的压力，企业会做出反应，通过积极的措施进行技术创新、管理创新，以提升自身产品的竞争能力。Porter（1991）提出了与传统理论不同的观点，他认为合理的环境规制能够促进企业进行技术研发及管理创新，并抵消因环境规制所额外增加的成本影响，从而提高企业的生产收益和国际竞争力。波特假说提出后，有不同的学者进行了一系列的实证检验。一部分学者认为，波特假说不存在，严格的环境管制会使企业成本增加，从而降低企业生产效率和竞争力（任力等，2015），且环境规制对竞争力的影响取决于环境创新的形式；另一部分学者认为，波特假说存在，环境规制可以激发企业进行技术创新，提高企业生产效率和竞争力；还有一部分学者认为，波特假说的意义不明确，环境规制可能对技术创新产生积极作用，也可能对技术创新存在抑制作用（原毅军等，2016）。

总体来看，尽管环境规制对不同行业在不同时期会产生不同的影响结果，但波特假说在解释环境规制和企业出口竞争力方面仍具有现实意义。从企业技术创新的角度而言，环境规制的创新补偿，即企业面对环境规制的约束，通过积极地增加研发投入、改进生产技术和管理水平等活动，可以对环境规制产生补偿效应，从而降低短期内因环境规制而产生的成本效应的负面影响。企业为了应对严格的环境管制，可以做出不同的生产决策，包括通过缴纳排污税费等方式承担相应的环境污染成本以维持企业现在的生产状况，也包括增加更新设备或更新生产工艺流程的投入来减少企业对环境的破坏和污染。无论哪种生产决策，在短期内都会导致企业的生产成本增加，从而产生对出口贸易影响的成本效应。在企业资源有限的条件下，这些额外增加的成本会挤占企业用于技术研发创新的资金。这种挤占效应使得企业生产经营活动受到限制，最终会影响出口竞争力的提升。但从长期来看，企业出于弥补治污成本的考虑会进行技术创新，进而通过生产工艺的提升和生产管理方式的改进使企业的治污成本降低，并促进生产效率的提升。企业通过创新所带来的效益可以部分或完全抵消环境规制带来的遵从成本，进而最终对企业出口竞争力的提升产生正向效应。因此，环境规制借助技术创新的作用对制造业生产结构和出口结构的影响主要取决于以上两种结果的大小。当环境规制带来的补偿作用大于挤占作用时，环境规制将有利于促进制造业的结构转型升级；当环境规制带来的补偿作用小于挤占作用时，环境规制将不利于促进制造业的发展。

（四）可持续发展理论

20世纪五六十年代，人们在经济增长、城市化建设、人口、资源以及环境等所形成的压力之下，开始对增长发展模式进行探讨。Rachel Carson于1962年出版了《寂静的春天》一书，描绘了农药滥用导致环境污染的可怕场景，呼吁人们应当警惕生态环境的恶化和重视人类可持续生存，并首次使用了“可持续发展”一词。1972年，罗马俱乐部发表了《增长的极限》，其中提出了“持续增长”和“合理的持久的均衡发展”的概念，也为可持续发展思想的形成奠定了基础。1987年，联合国世界环境与发展委员会发布了题为《我们共同的未来》的研究报告，正式提出了“可持续发展”的概念，即不仅要满足当代人的需求，还不能危及后代人满足其需求的发展。此后，在1992年巴西召开的联合国环境与发展大会上，各国和地区又陆续通过了《21世纪议程》《里约宣言》《气候变化框架公约》等一系列协议，使得可持续发展的思想更加深入人心，并推动了可持续发展从理论基础探索转化为战略研究。

可持续发展理论是将经济、社会、资源与环境有机地联系成一个整体来考虑经济发展问题，其实质就是在对资源的合理使用和分配的基础上实现经济和社会的发展。在可持续发展体系中，以经济可持续为基础，达到生态可持续这个条件，最终实现社会可持续目的，是人类共同追求的目标。所谓可持续发展就是要实现以人为本的自然—经济—社会复合系统的持续、稳定、健康发展。可持续发展理论并不是为了保护环境而否定经济增长，而是强调在经济增长过程中不仅要重视经济增长规模，更应该关注经济发展质量。反映到制造业生产中，就意味着要改变传统的以“高投入、高消耗、高污染”为特征的生产模式和消费模式，大力推动技术创新与科技进步以实现清洁生产和制造，并在合理利用资源的同时注重环境的保护，以提高经济收益、节约资源和减少废物。因此，制造业可持续发展要以自然资源为基础，与生态环境相协调，建立在提高人口素质和保护环境、资源永续利用的基础之上，保证以可持续方式使用自然资源和环境成本，从而使其发展最终能够控制在地球的承载力之内。制造业出口增长同样如此，出口增长的同时要充分考虑能源、环境与出口规模、出口增长结构的关系。

中国长期以来面临着生态环境极度负荷的状态，以牺牲生存环境换来制造业的快速发展显然会加剧经济发展与资源约束之间的矛盾，从而影响经济的健康、稳定发展和制造业出口可持续增长。制造业与能源环境的协调发展应以可持续发展为基础，不仅要强调制造业与能源环境的协调，还要强调制造业与能源环境的发展，力求在能源安全和环境保护的基础上稳步推进制造业出口增长，以实现制造业强国战略，从而谋求社会的全面进步。

（五）系统发展理论

系统思想最早由 L. Von Bertalanffy 于 1932 年提出，并于 1937 年发展为一般系统理论。该理论所指的“系统”，是由若干个相互作用的基本要素以一定结构形式联结构成的具有某种功能的有机整体。而系统发展理论就是指在一定条件下，系统内部通过调节控制各要素的运动及关联运动，使各要素之间的关联支配各个要素的独立发展，以达到系统内部各要素之间的相互配合、相互协作的发展态势。因此，系统发展理论的核心思想是协调观、整体观和发展观。“协调”是指为实现系统总体发展的目标，内部各子系统或各构成元素之间通过一定的连接结构，形成高度的一致性或和谐性，并通过系统内部各系统的相互联系、相互作用、相互制约所形成的一种良性循环态势。“整体”是指任何系统都是一个有机的整体，不能仅把其看作各部分的机械组合或简单相加，系统的整体功能应是各要素在孤立状态下所没有的新质。同时，系统中各要素不是孤立地存在着，每个要素在系统中都处在一定的位置上，起着特定的作用，并通过相互关联构成一个不可分割的整体。而“发展”是指系统之间、系统内部组织之间，在时间、空间以及功能上的一种从无序到有序的演进过程，也就是从简单到复杂、从低级到高级的变化过程，从而使整个系统由旧结构状态转化为新结构状态。

传统工业发展推动了经济增长，但也带来了能源的大量消耗和环境的严重污染。在此背景下，各国开始关注能源与经济发展、环境与经济发展的关系，并形成了对能源—经济和经济—环境的二元系统研究。随着可持续发展理念的不断深入，人们越来越认识到能源、经济、环境之间存在着相互影响、相互制约、协同共生的发展关系，仅进行能源—经济或者经济—环境二元系统的研究是不全面、不合理的。因此，各国政府和学者开始将能源、经济、环境作为一个有机整体统一考虑，共同探讨能源、经济和环境三元体系研究框架的构建和三者协调发展，并运用系统科学的理论与方法研究它们之间的相互关系与发展变化规律。

能源—经济—环境系统是一个多层次、多要素的动态开放的复杂系统。能源是人类社会所赖以生存和发展的主要物质基础，能源系统由能源禀赋、能源生产、能源分配、能源运输、能源工业投资、能源加工转换、终端能源消费、能源系统的承载力及能源开采利用的生态环境效应等要素共同构成。经济活动是人类综合利用各类资源进行生产、交换、分配与消费行为的总称，经济系统则是由物质生产系统和非物质生产系统共同组成的相互联系、相互制约、交互渗透的有机统一整体，是以人类谋求稀缺资源的优化配置与高效利用的经济活动为主体，以最大限度满足人类生存与发展需要为目标的复杂系统。环境具有自然资源与资源两种属性：环境的自然资源属性，是指其单个要素及单个要素的组合方式；环境的资源属性，是指环境的自净能力，即环境本身消化吸收环境污染的能力。环境的自然属性为人类社会的生产发展提供了物质条件，同时环境的资源属性为人类生产发展活动对环境的负外部影响提供了包纳空间。

能源系统、环境系统及经济系统三者之间既相互独立又相互联系。首先，经济系统的发展依赖于能源系统，能源系统的发展依赖于经济系统。能源的投入为经济的发展提供动力，经济增长的同时为能源的开发利用提供资金。二者之间相互依赖又相互促进。只有保证二者之间的协调发展，才能避免因能源消耗过快而导致的经济增长变缓或是因经济增长过快而导致的能源消耗过大。其次，环境系统为经济系统的发展提供保障，经济系统对环境系统的发展产生正向或负向的影响。经济系统的发展依靠环境系统提供的物质与能量，同时环境的治理与发展也会对经济的发展产生影响，因此环境系统与经济系统二者之间要协调有序发展。若经济在发展过程中对环境的负面影响超出了环境自身承载力，环境自身的净化能力无法消化掉经济发展过程中所产生的污染物时，那么环境质量便会伴随着经济的发展逐渐下降，从而对人们正常的经济生产、生活产生阻碍作用并进一步遏制经济发展。若经济发展与环境承载力相匹配，则经济的发展可以为环境质量的提高提供资金及动力，有助于推动环境系统的改善及可持续发展。最后，能源的过度使用会造成环境质量的恶化，环境质量在一定条件下会影响能源的储存量。能源的过度开采及粗放式使用，不仅会加速能源存储量的快速下降，也会造成环境污染问题的加剧。环境也会反作用于能源系统，由于环境因素决定了能源储藏量的有限性，从而可以限制能源的开发与利用。因此，协调好能源的合理使用对能源系统及环境系统都显得尤为重要。

通过分析能源系统、环境系统及经济系统之间的相互作用，可将三者之间的关系划分为以下三种：一是零反馈关系，即当经济发展水平或生产力水平较低时，经济发展对能源的需求也较低，同时生产过程中产生的污染物排放较少，依靠环境的自净能力可以处理掉污染物，因而经济活动对环境的影响较小，环境对经济的反馈也较小，基本上可以忽略。二是负反馈关系，即当经济发展水平及生产力水平较高时，经济发展对能源的需求增大，在能源供给及能源利用率有限的条件下，经济的进一步发展将受到能源供给的限制。伴随着生产力的提高，产出增加的同时污染物的排放也在增加。污染物排放量的增加超出了环境自我净化的能力便会对环境质量产生负面影响，从而使环境对经济及能源系统的发展存在负反馈的关系。此外，环保意识的增强将促使环保相关产业的发展，但相关环保设备的运转及环境治理费用的增加将导致能源消耗的增加及经济发展的减缓。由于该过程所产生的正反馈作用效果较小，负反馈作用效果较大，因而环境对能源与经济系统的作用整体上表现为负反馈关系。三是正反馈关系，即当经济发展到一定阶段，产业结构将会发生改变。第三产业的发展使得经济发展过程中的污染物排放大大降低，人们的环境保护意识也逐渐增强，环境质量逐步提高。同时，经济的发展改进了生产技术并提高了能源利用率，为能源的开发及合理利用提供了保障，减少了能源利用过程中对环境的破坏。在该过程中所产生的正反馈作用效果较大，负反馈作用效果较小，因而环境对能源与经济系统的作用整体上表现为正反馈关系。

由此可知，能源系统、经济系统及环境系统三者之间相互影响、相互依存、相互制约，合理地处理好三者之间的关系，将有助于实现社会经济的协调有序发展。能源—经济—环境系统协调发展要以整个系统、子系统两两之间以及各子系统内部要素之间的协调发展为目标，不能单独强调某个单一系统或要素的独立发展或增长，而要强调所有系统综合性、整体性的发展聚合。在此过程中，一定要优先考虑整体利益，强调在有效和有益的规定约束下的多系统或多要素的整体综合共同发展。也就是说，在生产过程中，不能只考虑单纯的经济效益或社会效益的提高，必须综合权衡各个效益的实现和同步提高，最终实现协调发展。因此，当社会发展以经济系统为核心，更多地关注推动经济增长时，必须同时考虑能源、环境对经济增长的约束，并探讨突破能源、环境约束的可行路径，在实现经济发展的同时减少对能源环境的破坏。

二、能源、环境与制造业出口增长的相互作用关系

能源、环境与经济活动密切相关，任何经济活动都会对能源、环境产生一定的影响，而能源、环境的变化又会反作用于经济活动。出口贸易作为经济活动的重要组成部分，自其产生时起就与能源、环境统一于经济活动中。出口贸易与能源、环境的关系较为复杂，两者既存在一定矛盾，也能相辅相成，实现和谐发展。出口贸易能够推动经济增长、扩大就业、提高人均收入水平，而能源、环境又是出口贸易实现可持续发展的基本物质和生存基础。我们不能为实现制造业出口增长而耗费能源、牺牲环境，也不能仅仅为了节能环保而大量牺牲制造业出口增长。因此，伴随着贸易自由化程度的不断加深，如何协调能源、环境与制造业出口增长的关系已成为当今重要的研究问题。能源、环境与制造业出口增长相互作用关系如图 3-1 所示。

制造业出口结构转型升级由制造业出口增长速度和制造业出口增长边际两个方面共同决定，能源、环境和制造业出口增长统一于其生产过程中，并与制造业出口增长形成相辅相成、相互制约的关系。

从制造业出口增长速度来看，一方面，能源是扩大制造业出口增长规模的重要投入要素，但过快的增长速度却可能加重能源负担；另一方面，制造业出口增长规模在快速扩张的同时向大自然中排放各种废气、废水和固体废物等非合意产出，对环境也造成了一定的消极影响，而环境的承载力也会对制造业出口增长规模扩张形成一定的限制。

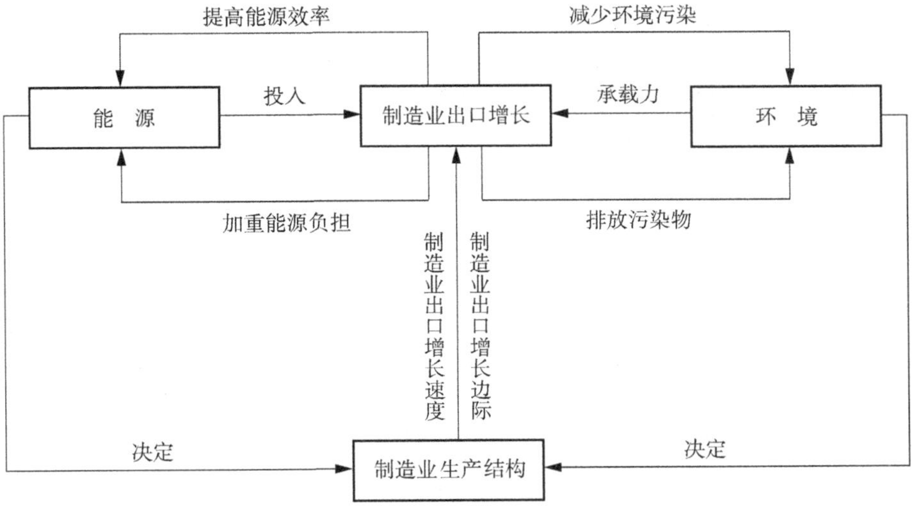

图 3-1　能源、环境与制造业出口增长相互作用关系

从制造业出口增长边际来看，能源效率和环境问题是决定制造业出口增长质量的重要因素，若要实现制造业出口增长边际转型升级，必须提高能源效率、降低能耗、减少污染物排放。同时，若制造业出口增长边际实现转型升级，以扩展边际和价格边际为主，出口产品中高附加值、高技术含量的产品占比提高，则会改善贸易条件，并提升整体生产效率，从而降低能耗、提升环境质量。

综上，制造业出口仍是目前推动经济增长的重要力量，且制造业发展能对经济发展提质增速起到重要的支撑引领作用。中国制造业出口可持续增长是由出口增长速度、出口增长结构和出口增长效益决定的。但制造业出口增长往往注重“量”的扩张而忽略了“质”的提升，这种出口增长模式会导致国内各种生产要素包括能源等无以为继，也会导致生态环境出现不可逆性的破坏。一旦这种状况超过了自然资源生态承载力范围，能源、环境、制造业出口增长将陷入恶性循环，从而阻碍经济可持续发展。实现能源、环境和制造业出口增长的和谐发展是提高中国制造业发展质量、最终实现经济高质量发展的重要战略措施。因而，本书在图 3-1 的基础上将进一步探讨能源、环境与制造业出口增长的相互影响机制。

（一）能源、环境对制造业出口增长的影响机制

随着工业生产规模的不断扩大，对能源的需求也不断增加，当其超越了

由能源环境、替代品的再生和吸收能力决定的生态系统承载力时，必然导致能源环境危机的出现，这时工业持续生存和发展将难以为继。结合上文提到的相关理论，将能源和环境因素纳入考虑范围内，可以分析出能源和环境约束对制造业出口增长边际的影响机制。

1. 能源约束对制造业出口增长的影响

能源是经济发展的重要保障，现代经济是建立在煤炭、石油、天然气、水电和核能等能源基础之上的。能源约束是指由于能源要素的稀缺性使得社会经济发展中所需求的能源供不应求而形成的对经济发展的制约。随着国内制造业的快速发展和人口的不断增长，对各种能源的需求量不断上升，而制造业传统发展模式尚未完全转变，制造业的能源利用效率仍然较低，这就使得能源供给与制造业发展的矛盾越来越突出。因为制造业生产离不开能源的投入，而能源供给往往是有限的，所以当能源的产量达到极限以后，不管资本和劳动如何投入，制造业生产所需能源的投入都不会增加，这时就出现了能源约束。制造业面临的能源约束可以分为流量约束和存量约束。流量约束是指潜在的能源在转化为现实可以被利用的能源的过程中所受到的限制，存量约束是指现存的不可再生能源枯竭而导致的能源在可用量上的限制。当不可再生能源面临枯竭用尽的时候，能源约束就会以存量约束表现出来。一般来讲，能源约束会先表现为流量约束，能源存量约束在未来很长一段时间内不会对经济发展构成实际制约。在这种情况下，能源的获取速度往往比能源是否存在更能引起社会的关注。而随着科学技术水平的不断提高，新技术、新方法、新工艺被源源不断地应用到能源开采和生产中，传统能源和新能源的供给能力会进一步提高，能够从根本上解决能源约束对制造业发展的制约。总之，这两种约束都会给制造业发展规模和结构带来影响，造成制造业发展不平衡，对制造业发展形成制约。

当能源的供给无法满足制造业日益扩大的能源需求时，由于短期内能源约束无法通过要素替代和技术进步来克服，则能源约束必定会通过影响能源供需直接反映到能源价格上，从而推动制造业生产中各种投入成本的上涨，并最终通过产业链条作用到制造业出口产品成本上。制造业出口商品成本的上涨会导致制造业出口贸易竞争优势下降，从而影响制造业出口增长规模及速度。特别是对于能源价格敏感性企业，如石油加工等企业，其生产高度依赖于能源，一旦受到能源约束的冲击就会主动缩减生产规模，从而减少企业利润损失。因而，若制造业出口产品结构中对能源价格敏感的企业占比较大，则能源约束在短期内就可能会成为制造业出口增长的“瓶颈”，从而在更大程度上影响制造业出口增长规模和出口增长速度。同时，短期内能源约束冲击带来了企业生产成本的上涨，进一步提高了企业出口成本，改变了进入国际市场的门槛效率。而根据企业异质性贸易模型，出口门槛效率的改变将会对企业的国际化选择产生影响。已进入国际市场的企业因成本增加、竞争力减弱从而退出市场，而新的企业因进入门槛提高无法进入，导致出口企业数量或出口产品种类发生变化。这种情况在制造业出口增长边际中就体现为扩展边际的下降。另外，在国际市场得以维系的企业因出口成本的变化，不得不缩减生产规模，从而使得单个企业的出口数量可能减少。这在制造业出口增长边际中就体现为集约边际和数量边际的下降。而出口成本上涨后，企业若想维持原有利润不发生变化，则会提高出口产品价格，从而导致制造业出口增长价格边际上涨。但短期内，企业很难调整生产投入结构和改进技术，因此制造业出口质量没有明显变化。

随着制造业生产规模扩大，对能源需求增加，将会直接导致该类能源的加速开采和利用，从而加深能源约束程度。特别需要注意的是，若该国是初始能源丰裕的国家，企业为了获取更高的利润将会引导资金、劳动、能源等不断流向高耗能行业，产生对其他行业的挤占效应，从而将加剧潜在的能源短缺情况，影响出口结构的调整和出口的长期持续性。制造业此时面临的成本压力会不断加大，在出口规模和速度受到影响后，就会迫使企业进行技术革新或者寻找新的能源替代品并进行生产结构调整，来摆脱生产对传统能源的依赖。从长期来看，通过产业结构调整和能源的替代可以在一定程度上缓解能源约束的制约，从而使制造业出口增长的规模和速度不会受到实质性影响。能源约束对不同能耗密集型部门出口的影响程度不同，这会导致能源、劳动、资本、技术等要素在不同行业部门之间流动，从而引起不同部门规模的扩张或收缩。通过各行业部门进行的动态资源配置，不断优化各行业部门之间的生产联系、制约关系和数量比例，可以促使制造业生产结构趋向合理化，驱动能源向清洁型、高效型产业特别是少污染、高产出的高新技术产业转移，实现制造业结构转型升级。在这一过程中，制造业企业的生产效率得到提高，更多的企业能够达到进入国际市场的门槛效率，出口企业数量增多、出口产品种类多样化，对制造业出口增长扩展边际产生有利的影响。同时，随着企业整体生产效率的提升，单个企业的出口数量也不断增多，制造业出口集约边际和数量边际明显提高。生产结构和出口结构的优化，有利于改善贸易条件，从而推动制造业出口价格边际和质量边际的提高。

总体来看，能源约束虽然对中国制造业发展各方面起着制约作用，但是在长期会形成促进技术进步、技术创新的推动力量。如果这一力量能真正迫使企业做出内部改变，通过加强技术创新、提高能源利用效率来突破企业发展的“瓶颈”，将有助于实现制造业出口增长边际转型升级，使制造业出口进入一个新的发展时期。

2. 环境约束对制造业出口增长的影响

环境约束是指由于人类不合理的经济发展行为导致生态环境的破坏或恶化，加上生态破坏后具有不可逆属性，进而造成社会经济活动的需求超过了自然资源生态承载力范围，从而反过来成为未来经济发展的阻碍。随着制造业出口规模的不断扩大，日益增加的制造业生产和消费活动也逐渐超出了自然环境的承受能力。环境对制造业出口的约束主要体现在一个国家采取的环境规制政策方面，可以用环境成本内部化程度来表现。环境规制对制造业出口增长的影响主要表现为成本效应和创新补偿效应。当环境规制带来的创新补偿效应小于成本效应，即正向创新效应不能抵消负向成本效应时，环境规制对一个国家制造业出口增长则具有抑制作用；当环境规制带来的创新补偿效应大于成本效应，即正向创新效应能够抵消负向成本效应时，环境规制对一个国家制造业出口增长则具有促进作用。关于两个效应如何影响制造业出口增长边际还需要做具体分析。

首先，外部经济和环境规制理论的实践表明，环境规制通过环境成本内部化，将环境成本纳入企业生产成本，可以消除环境的外部不经济，但也导致了企业生产成本的上升，进而改变企业的生产行为，最终影响制造业出口增长速度和出口增长边际。由于环境规制提高了企业的生产标准，为了应对新的生产标准，企业需要更新生产设备、改进生产技术或支付其他额外成本，而设备更新和技术创新都需要一定的时间。企业间的竞争加剧，市场的优胜劣汰提高了企业的进入门槛，使得产出有所下降、利润率降低，因此短期内更容易产生会削弱企业竞争力的“成本效应”。企业为了应对成本效应会面临两种选择：一是为维持产品的原有利润空间而提高产品价格，二是保持产品原有价格而压缩利润空间。第一种选择会削弱企业在出口价格上的竞争力，第二种选择会使得企业生产的积极性受到抑制。无论哪一种选择，都会导致企业产出下降，而企业产出下降势必会降低制造业出口增长速度。因而，环境约束在短期内的作用效果表现为出口增长速度的降低，即在环境规制初期，制造业出口增长速度受环境的约束会呈下降趋势。同时，因企业产出下降，单个企业的出口规模也会缩减，表现为制造业出口集约边际和数量边际下降，且因利润空间受到挤压，处于国际市场门槛效率边界的企业会选择退出出口市场，导致制造业出口扩展边际下降。若企业为了维持原有产品利润而选择提高出口产品价格，则会导致制造业出口增长价格边际上升。同样地，在短期内，企业很难调整生产投入结构和改进技术，而增加的成本会降低企业质量提升的边际收益，企业没有动力去继续提升出口产品质量，因此也就阻碍了制造业出口增长质量边际的提升。

其次，根据波特假说，适度的环境规制会激励企业为弥补因生产成本上升造成的损失而进行技术创新。这种技术创新可能体现在更新生产设备、改进生产技术和投入研发新产品等方面。由于创新效应具有一定的滞后性，因此环境规制对一个国家制造业出口增长的正向刺激作用需要很长一段时间才能发挥出来。从长期来看，环境规制在推动技术创新、提高利润率、弥补治污成本的同时，也有利于污染排放量的下降，从而有助于增强中国制造业在国际市场上的竞争力，促进产出的增加。因而，环境规制长期的作用效果表现为制造业出口增长速度的提高。而根据前文提到的企业异质性贸易模型，通过企业间的优胜劣汰与企业本身研发投入的增加，可以提高企业的生产效率，从而使更多企业能够越过国际市场进入所需门槛效率实现出口，这表现为制造业出口增长扩展边际的上升。企业生产效率提高，有助于推动出口市场中单个企业扩大出口规模，使制造业出口集约边际增加，包括数量边际和价格边际的同时增加。同时，企业生产效率提高，会刺激企业为了扩大出口，积极主动地提高制造业出口产品质量，从而推动制造业出口增长质量边际的提升。企业通过出口贸易获取了更多的收益之后，会有更多资金和人力来加大技术创新力度，从而形成企业创新发展的良性循环，使得环境和制造业出口增长边际转型达到“双赢”的结果。但需要注意的是，随着环境规制强度的加大，在其他条件不变的情况下，生产成本的增加会让企业重新考虑资源配置、减少或控制技术创新支出，产生对研发投入资金的挤占，从而对制造业技术创新以及出口质量升级产生抵消效应（黄永明等，2017），压低制造业出口增长质量边际。当创新补偿效应超过抵消效应时，制造业出口增长质量边际才能提升。

总之，在面对环境规制时，制造业各行业部门在短期和长期会选择不同的应对策略，从而使得环境规制对制造业出口增长速度、出口增长边际的短期和长期效应存在差异。环境规制对制造业出口增长的影响最终是由企业的创新效应和成本效应的相对大小所决定的。短期内，环境规制所带来的成本效应明显，从而削弱出口产品竞争力，对制造业出口增长速度和出口增长边际转型产生负向影响。从长期来看，适度的环境规制会“倒逼”企业进行技术创新和生产工艺改进，提高企业生产效率。当创新补偿效应超过成本效应时，环境规制才能对制造业出口增长速度和出口增长边际转型升级产生正向影响。

（二）制造业出口增长对能源、环境的影响机制

出口对环境的影响一直是环境保护主义者和自由贸易主义者存在争论的领域。自由贸易主义者认为，贸易能够通过推动资源在世界范围内进行合理配置从而对节约资源和保护环境产生有利影响；而环境保护主义者则认为，在缺乏有效的环保政策下，贸易促进了生产及消费的非持续增长，会恶化环境质量，特别是在各国环保标准不一致的情况之下，将出现污染避难所和环保标准竞次的结果，从而加剧环境恶化。除此之外，还有一种观点认为，自由贸易与环境之间的关系较为复杂，贸易给环境带来的效应是多方面因素共同作用的结果，不是单一的正向或负向关系。西蒙·库兹涅茨于 1955 年在研究经济发展与收入差距的关系时，依据推测和经验提出了人均收入与收入分配的变化关系呈倒“U”型的假说。其认为，随着人均收入增加，人均收入差距将呈先扩大再缩小的变动趋势，这就是库兹涅茨曲线。Grossman 和 Krueger（1991）在对 NAFTA 的环境效应进行研究时，将人均收入和分配之间倒“U”型关系假说应用到了研究经济增长和环境质量的关系中，认为人均收入与环境污染之间也存在倒“U”型关系。Panayotou（1993）进一步验证了人均收入和环境质量之间存在倒“U”型关系，并首次将描述这种关系的曲线称为环境库兹涅茨曲线（EKC）。也就是说，在工业化的过程中，伴随着人均 GDP 的增加，环境质量将呈恶化的趋势，达到拐点后，随着人均 GDP 的进一步提高，环境质量又将呈逐年提升的趋势。在二者关系的推论中，国内外学者又对贸易的环境效应进行了分解。Grossman 和 Krueger（1991）将经济增长对环境污染的影响分解为规模效应、结构效应与技术效应（Hübler 等，2008；李锴，2012）。Stevens（1993）认为，贸易的环境效应该包括产品、规

模和结构效应，并贯穿于出口生产和交换的每一环节。Runge（1993）进一步将贸易的环境效应细分为资源配置效率、经济活动的规模、产出结构、生产技术和环境政策。OECD（1994）则将贸易的环境效应划分为规模效应、结构效应、产品效应、技术和规制效应。Panayotou（2000）将上述环境效应扩展为规模效应、结构效应、技术效应、收入效应和规制效应。

本书同样认为，出口贸易与环境之间存在复杂关系，贸易的能源效应和环境效应是多种因素共同作用下的结果。目前，国内外学者对出口贸易影响能源和环境的因素界定不同，本书在进行文献梳理后，发现大多数学者对经济增长与环境质量关系研究包含了规模效应、结构效应和技术效应，因而本书选择从规模效应、结构效应和技术效应的角度来分析制造业出口增长对能源和环境的影响机制。

1. 规模效应

规模效应是指贸易自由化扩大了制造业生产规模，使企业收入水平相应提高，从而产生更多的生产与消费活动，能源的使用量和污染物的排放量相应增加。制造业出口增长的规模效应可能给能源、环境带来以下两方面的影响：

一是制造业出口增长可能对能源、环境质量产生负面影响。制造业出口增长会刺激国内制造业生产规模扩大，而制造业生产扩大必然要加大能源的投入力度，并在快速扩张的同时释放更多污染排放物，从而对能源以及生态环境造成一定的压力。在市场失灵和政府干预无效的情况下，若不改变经济结构和生产技术水平，生产扩张一定会造成能源的加速消耗和污染物的过度排放，环境质量就会趋于恶化，那么制造业出口增长规模效应将会对能源、环境产生负向影响，导致制造业出口不能持续发展下去。

二是制造业出口增长可能对能源、环境质量产生正面影响。剔除技术因素，从纯规模报酬的角度来分析，当制造业生产规模扩大后，单位产出需要的投入可能会减少，从而导致制造业全要素能源效率的提升。此外，根据环境库兹涅茨曲线，在经济发展初期，出口贸易导致的经济扩张必然会耗费能源和增加污染物的排放，但随着社会经济发展，人均收入与环境质量之间呈正向变动关系。制造业出口增长引起的生产规模的扩大能够带来人均收入水平的相应提高，从而使人们的环保意识增强，推动政府采取更加严格的环境标准，企业会被引向选用更加高效和清洁的能源进行生产，从而提高能源效率和改善环境质量。同时，制造业出口增长还意味着政府满足人们环保意愿的资金投入能力提升，能够鼓励企业加大对清洁能源和环境保护的技术投入。因而，从收入的角度来看，制造业出口增长规模效应将会对能源、环境产生正向影响，而且制造业出口能在一定程度上提高市场效率，使资源被配置到收益最高、成本最低的行业生产中，让具有不同资源和优势的国家克服限制其制造业出口增长的约束。

2. 结构效应

结构效应是贸易自由化导致一个国家产业结构以及能源消费结构发生变化，从而对能源、环境产生的影响。自由贸易有利于促进专业化分工，实现资源在全球的合理配置，并逐渐形成适应各国资源禀赋的比较优势，从而使各国产业结构发生转变。不同产业结构所包含的产品类型和行业部门不同，所需的生产要素投入结构也不尽相同，如果一个国家的资源禀赋使其生产集中于较为“清洁”的行业，则其贸易的结构效应为正；如果一个国家的资源禀赋使其生产集中于能耗较大、污染较重的行业，则其贸易的结构效应为负。

一般来讲，随着制造业出口增长，为了提升制造业出口竞争能力，制造业的投入—产出结构也会发生相应变化。在工业化发展的初期阶段，国内环境保护措施相对宽松，根据传统贸易理论和污染避难所假说，环境规制宽松的国家在污染密集型产品的生产和出口上具有比较优势，并会使环境规制宽松的国家逐渐成为污染产业的“避难天堂”，从而使制造业出口中重污染、重能耗的行业部门占比较重。当能源密集型行业占比较高时，制造业出口增长会推动能源消费结构发生改变，能耗和污染排放增加，从而对整体能源效率的提高产生抑制作用，甚至直接导致行业能源效率的降低、环境质量的恶化。随着工业化进程的不断推进，国家会对制造业出口的关注转向质量问题，生产开始转向低能耗、低污染的行业。当制造业出口结构中低能耗、低污染、高附加值的行业占比提高时，制造业出口增长的能源消费结构也会因此发生改变，能耗和污染排放减少，从而对能源效率、环境质量产生正面效应。制造业出口能使一个国家的制造业行业结构与其资源比较优势相适应，可以推动制造业从污染密集型行业向清洁型行业转变，从而给能源、环境带来正的结构效应。但一个国家制造业的发展中若没有正确认识本国自然资源的配置形势，过度地发展能源密集型出口行业和污染严重的行业，则会随着制造业出口增长对能源、环境产生负的结构效应。

3. 技术效应

技术效应是指出口贸易发展过程中存在的技术溢出效应，无论是通过技术转移还是收入增加后加大了研发资金的投入，都可以使清洁技术和环境保护设备升级，从而降低国内企业单位产品生产能耗和污染强度。从中可以看出，出口贸易的技术效应往往对能源、环境产生正向影响，即有利于提高能源效率、改善环境污染状况。

在制造业出口增长中，之所以能够产生技术效应，主要考虑两个方面：一方面，单个企业平均出口量的扩大，会因出口学习效应（盛斌等，2011）和出口经验效应（陈勇兵等，2012）提升国家出口产品技术含量。企业进入出口市场后能够学习大量新的知识和新的技术，获得技术溢出，这实际上就是实现技术进步和创新的过程，有助于推动企业生产效率的提升，降低能耗和污染排放。但如果一开始企业参与全球价值链分工是建立在低端生产环节上，则会由于对外部市场的过度依赖而“低端锁定”，从而抑制内部创新动力。在这种情况下，集约边际出口增长对出口产品技术提升的效果会明显减弱，从而抑制制造业出口增长的技术效应。另一方面，随着出口企业数量的增加，会出现企业异质性贸易模型中的自选择效应。通过出口的自选择效应，一部分低效率的企业会被市场淘汰，国际市场的门槛效率会进一步提高，从而能够使生产要素得到重新配置并转移到高效率的企业中。企业要想进入国际市场就不得不进行更高复杂度产品的研发，最终提升整体的效率水平，从而推动出口产品技术结构升级。而留在国际市场上的企业会比在国内市场面临更加激烈的竞争，这迫使企业不断提高生产效率。出口企业为了在国际市场上保持竞争力，也必须主动迎合消费者日益提升的需求层次，发展低能耗、低污染、高技术含量的产品。最终制造业出口增长带来的企业生产效率和竞争能力的提升，都会推动能源消耗减少，改善环境质量。

综上可知，制造业出口对能源、环境的影响主要通过三种途径，分别是规模效应、结构效应和技术效应。其中，规模效应和结构效应对能源、环境的影响可正可负，而技术效应对能源、环境的影响为正。因此，制造业出口增长对能源、环境的最终影响将取决于这三种效应的博弈。一般来看，在工业发展初期阶段，会出现能源的过度开采和使用，从而增加污染排放，环境恶化，这时期制造业出口的规模效应、结构效应的负向影响会超过技术效应的正向影响；当工业发展进入中后期，人类更加注重在保持工业生产利益的情况下实现节能环保，这时期环境恶化情况会减缓，制造业出口的技术和结构正效应超过了负面的规模效应。总之，要判断制造业出口增长对能源效率、环境质量的影响，必须对这三种效应的正负效果进行衡量。

三、小结

本部分梳理了经济增长理论、外部经济理论、环境规制理论、可持续发展理论、系统发展理论等，构建了能源、环境与制造业出口增长关系分析的理论框架。经济增长理论经历了从古典经济增长理论、新古典经济增长理论到内生经济增长理论的发展进程，早期古典经济增长理论虽然认识到了经济增长会受到自然资源的约束，但经济增长理论普遍认为，人力、资本、技术等才是生产过程中的重要投入，都未将资源和环境纳入经济增长的决定因素来考量。外部经济理论认为，外部性的存在使资源配置难以实现帕累托最优，而环境具有明显的负外部性，只有将环境成本纳入生产成本中才可以消除外部不经济。环境规制理论也认为，环境与贸易矛盾冲突的根源在于环境成本的外部性，而环境规制是目前推动环境成本内在化的重要手段。一些学者基于传统自由贸易理论从静态研究视角出发，认为环境规制导致的环境成本内部化会提高企业出口成本，不利于出口产品在国际市场上竞争力的提高，也会使污染产业转而在全球寻找“避难天堂”。然而，波特假说提出，适当的环境管制会推动企业采取积极的措施进行技术创新、管理创新，抵消因环境规制所额外增加的成本影响，反而能提升自身产品的竞争能力。可持续发展理论是将经济、社会、资源与环境有机地联系成一个整体来考虑经济发展问题的，其实质就是在对资源的合理使用和分配的基础上实现经济和社会的发展。随着可持续发展理念的不断深入，各国政府和学者开始将能源、经济、环境作为一个有机整体统一考虑，借助系统发展理论探讨能源、经济和环境三元体系研究框架的构建和三者协调发展问题，并指出能源—经济—环境系统协调发展是整个系统、子系统两两之间以及各子系统内部要素之间的协调发展，是强调综合性、整体性的发展聚合。在生产过程中，不能只考虑单纯的经济效益或社会效益的提高，必须综合权衡各个效益的实现和同步提高，最终实现协调发展。

结合这些理论，本部分先从制造业出口增长速度和出口增长边际两个角度出发，分析了能源和环境约束对制造业出口增长的影响机制。能源约束虽然对中国制造业发展各方面起着制约作用，但是在长期会形成促进技术进步、技术创新的推动力量，从而有助于实现制造业出口增长结构转型升级。与能源约束一样，作为环境约束的主要表现方式——环境规制，其对制造业出口增长的影响最终是由企业的创新补偿效应和成本效应的相对大小所决定的。短期内，环境规制所带来的成本效应明显，对制造业出口增长速度和出口增长边际转型产生负向影响。从长期来看，环境规制会产生创新补偿效应，其对制造业出口增长速度和出口增长边际转型的影响取决于创新补偿效应和成本效应之和。

本部分还从规模效应、结构效应和技术效应出发，分析了制造业出口增长对能源环境的影响机制。其中，规模效应和结构效应对能源、环境的影响可正可负，而技术效应对能源、环境的影响为正。制造业出口增长对能源、环境的最终影响将取决于这三种效应的博弈。

总之，现有的理论研究认为，在一定的制度框架下，一个国家制造业出口结构必须基于能源环境约束的现实背景进行优化调整，而制造业出口增长结构的转型升级和技术进步则是制造业最终实现可持续发展的主要路径。

第四章　中国制造业出口贸易发展状况

在中国出口导向战略的指导下，中国的货物贸易有了飞速的发展，特别是制造业出口贸易呈现“爆炸型”增长（陈勇兵等，2012）。在中国制造业出口快速扩张的过程中，出口产品结构和市场结构都发生了调整，但中国的净贸易条件却一直恶化，且中国制造业仍然对外部冲击非常敏感，出口增长速度波动明显。本章将通过历史数据来描述中国制造业出口增长的现状、行业结构、市场结构特征，并借助比较优势指标、国内完全增加值系数和完全就业系数分析中国制造业出口竞争力水平的变动趋势。

一、整理 6 位数级 HS 微观贸易数据和制造业行业分组

为了更好地从微观角度对中国制造业出口贸易典型特征进行描述，本部分需要先整理出产品种类与各制造业之间的对应关系。

（一）产品种类定义

从微观角度研究出口增长最好的方式就是从企业层面进行研究，但是由于这类数据的可获得性较差，因而，本书决定从产品层面选择高细度化的 HS 产品分类数据进行研究。可以说，产品分类越细，越容易鉴别新产品种类，可以更好地捕捉产品种类的变化（Baldwin，2006）。本书的产品数据主要来源于 CEPII BACI 国际贸易数据库，该数据库提供了按照 HS1992 分类的、6 位编码的超过 200 个国家和地区 5037 种产品在 2002—2021 年的相互进出口数据。尽管选择 6 位数分类，使得其对零点贸易的考察可能会系统地低估新产品贸易的变化，但这已经是我们所掌握的双边贸易数据中较为全面的了。因而，本书在后面的统计和分析中，将在 HS1992 的基础上，把每个 6 位数级 HS 商品代码视为一个产品种类。

（二）制造业行业划分和 HS1992 的对应关系

制造业是指对制造业资源（物料、能源、设备、工具、资金、技术、信息和人力等），按照市场相关要求，通过生产环节转化成可供人类使用和消费的工业品与生活消费品的行业，包括工业部门扣除采掘业、公共事业后的所有 30 个行业。在这里，我们依照国家统计局公布的《国民经济行业分类》（GB/T 4754—2002）中的两位数行业代码，沿用盛斌（2002）的分类方法，将农副食品加工业与食品制造业合并，统称为食品加工制造业。这样，原先制造业所包含的 30 个行业就变为 28 个行业（不包含“废弃资源和废旧材料回收加工业”）。由于中国统计年鉴中缺乏部分相关年份的“工艺品及其他制造业”的相关数据，因此，在后面的制造业分析中将剔除此行业，主要选择附录 1 中所列出的 27 个行业。依照《国民经济行业分类》（GB/T 4754—2002）与 4 位数级国际标准产业分类（ISIC/Rev. 3）之间的对应表，以及联合国统计司公布的 6 位数级 HS1996 商品编码与 4 位数级 ISIC3. 0 之间的对应表、HS1992 与 HS1996 的对应表，可以整理出 6 位数级 HS1992 商品编码与这 27 个行业间的对应关系，见附录 1。

（三）根据技术密集度对中国制造业进行分组

OECD 按照联合国公布的 ISIC3. 0（国际标准产业分类第三次修订本），根据产品生产过程中所投入的研发（R & D）强度，将所有的制造业划分为四个层次：高技术、中高技术、中低技术和低技术。为了更好地分析中国制造业的行业技术特征和结构，本书根据 OECD 的分类方式，依照 UN Comtrade 提供的 ISIC3. 0、6 位数级 HS1996 商品编码与 4 位数级 ISIC3. 0 之间的对应表、HS1992 与 HS1996 的对应表，将中国制造业的 27 个行业也按照技术高低程度重新进行了归类、分组，并将其与 HS1992 商品编码对应。具体不同技术分组的四个层次所包含的行业和产品，见附录 2。

二、中国制造业出口规模和增长波动

根据 CEPII BACI 国际贸易数据库中的双边贸易数据，可以统计出 2002—

2021 年货物出口和制造业出口的具体数值①。如图 4-1 所示，2002—2021 年，中国货物贸易出口额除 2009 年、2015 年、2016 年、2019 年出现下滑外，其余年份一直呈现快速增长势头，年均增速达到 12.12%，明显高于世界货物贸易出口年均增速，因而使得中国货物贸易出口额占世界货物贸易出口额的比重不断上升，世界排名迅速提升。到 2009 年，中国货物贸易出口额占世界货物贸易出口额的比重达到 11.58%，在世界出口贸易榜上的排名上升到第一。截至 2021 年，中国已连续 13 年成为世界第一大货物出口国。而在中国货物贸易出口规模不断扩大的情况下，中国制造业出口也以年均 12.29%的速度略快于整个货物贸易出口增长，其占货物出口总额的比重不断上升。2002 年，中国制造业出口总额 4308 亿美元，占货物贸易出口总额的 95.16%；到 2021 年，中国制造业出口总额 32480 亿美元，占货物贸易出口总额的 97.30%。2002—2021 年，中国制造业出口规模翻了 6.5 倍。由此可见，中国货物贸易出口近乎表现为制造业出口，中国货物出口贸易规模在世界排名上的提升，也可以理解为中国制造业出口在世界排名上的提升。

从中国制造业出口份额来看，1995 年，中国制造业出口占世界制造业出口的比重仅为 4.17%。到中国加入世界贸易组织之前，这一比重一直维持在 5%左右。“入世”之后，随着贸易自由化的推进，制造业出口贸易规模不断扩大，呈现出“爆炸型”增长，使得这一比重发生明显变化。如图 4-1 所示，2002—2010 年，中国制造业出口总额占世界制造业出口总额的比重呈快速上升态势，2002 年比重是 7.69%，到 2010 年，比重上升到 14.31%。2011 年，受国内外多重因素影响，中国制造业出口增速下滑，其占世界制造业出口总额的比重降到 14.15%。2012 年，在国际市场需求回升、国内稳外贸政策逐步落实等因素的带动下，中国制造业全球贸易份额稳步提高。一直到 2021 年，中国制造业出口总额占世界制造业出口总额的比重都保持在 15%以上的较高水平，甚至在 2021 年这一比重达到了 18.27%。同时，从图 4-1 中还可以看出，2002—2021 年，中国制造业出口总额占世界制造业出口总额的比重不仅高于中国货物贸易出口总额占世界货物贸易出口总额的比重，且二者的差距越来越大。

综上，2002—2021 年，从出口规模和出口份额来看，中国已经成为世界主要的制造业出口大国。

从制造业出口增长速度来看，2002—2021 年，中国制造业出口增长和世

① 在这一章中有关货物贸易和制造业的出口数据全部根据 CEPII BACI 国际贸易数据库中的数据计算整理而得。由于 CEPII BACI 国际贸易数据库所涵盖的双边进出口数据更为全面，因而根据这一数据库所计算出的出口数值与《中国贸易外经统计年鉴》中的数值稍有差距，但并不影响我们的分析结果。

界制造业出口增长都呈现明显的阶段性波动。由图 4-2 可以看出，在 2011 年前，中国制造业出口贸易的增长速度明显高于世界制造业出口贸易的增长速度，且中国和世界制造业出口贸易增速变动趋势吻合。从 2011 年开始，中国制造业出口贸易的增长速度在有些年份反而低于世界制造业出口贸易的增长速度，二者的变动趋势不再一致。

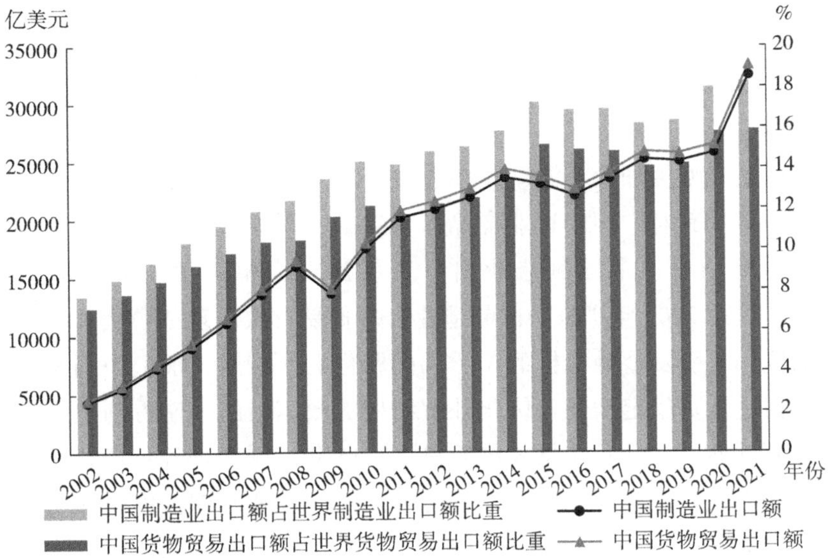

图 4-1　2002—2021 年中国货物贸易出口和制造业出口发展趋势

资料来源：根据 CEPII BACI 国际贸易数据库整理而得。

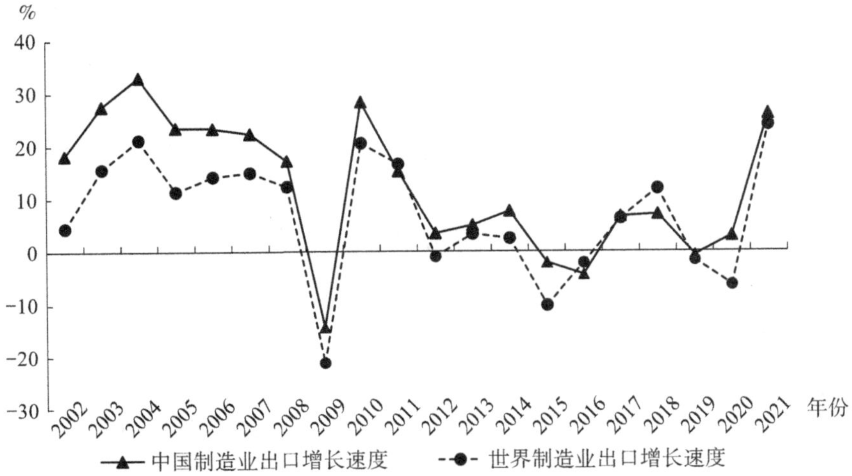

图 4-2　2002—2021 年中国制造业和世界制造业出口增长波动

资料来源：根据 CEPII BACI 国际贸易数据库整理而得。

从中国制造业出口增长速度来看，即使处于制造业出口贸易的繁荣期，中国制造业出口贸易的增长波动也较大，这从另一个侧面说明中国制造业出口极易受到外部冲击的影响。如图 4-2 所示，中国加入世界贸易组织之后到金融危机爆发前，随着外部环境的改善，中国制造业出口增速较快。2002—2006 年，中国制造业的出口年均增速高达 25.12%，特别是 2003—2004 年，制造业出口平均增速达到 30.24%。2007 年，为了弱化经济增长对外部市场的依赖，国内加大了对外贸领域的调控力度，使得制造业出口增速放缓。2008 年金融危机的爆发，使世界经济逐渐陷入低迷，影响了全球贸易的稳定运行，也使中国制造业出口增长进入了一个新的变动阶段。这一时期，中国制造业出口增长的波动幅度加大，波动频率加快。2009 年，由于中国主要贸易伙伴经济下滑，导致其对中国制造业产品需求锐减，再加上贸易保护主义抬头以及主要货币贬值等，中国制造业出口贸易出现大幅下滑，出口增速降到 -14.39%。这是 2002 年以来中国制造业出口贸易首次出现的负增长。随着世界经济的复苏，引发金融危机的矛盾和问题也有所缓解，加上中国及时出台了一系列促进外贸稳定增长、优化外贸结构的政策措施，使得制造业出口在 2011 年之后出现了 3 年稳中增长的阶段。2015 年，受全球经济增长乏力、主要国家需求低迷等因素影响，全球贸易进入深度调整时期，进而抑制了中国制造业出口增长，并出现了金融危机之后的首次负增长，增速同比下降了 9.84%。2016 年，中国制造业出口延续了前一年的下降态势，但降幅明显收窄：2.25%的同比降幅较上年减少 7.59 个百分点。到 2017 年，全球经济回暖、国际市场需求总体回升以及国内一系列促外贸政策出台，使得中国制造业出口面临的国内外环境有所改善。再加上“一带一路”倡议的推行和外贸新业态、新模式的快速发展，使得中国制造业出口新动力培育初显成效。此外，2015 年和 2016 年中国制造业出口连续两年负增长，基数较低的因素也在一定程度上抬高了 2017 年、2018 年的增速，制造业出口增速开始回升，分别为 6.67%、7.06%。2019 年，国际市场需求增速放缓、贸易保护主义抬头、经济下行风险的不断积聚以及 2018 年制造业出口基数高等，成为影响当年制造业出口增长的主要因素。受这些因素的影响，2019 年，中国制造业出口增速下滑，出现了轻微负增长。2020 年，受新冠疫情冲击影响，全球贸易严重受损，但中国制造业出口因国内完整的产业链和出口“替代效应”的支撑，相对其他国家在短期内表现出了较强的韧性，较 2019 年增长 2.94%。2021 年，在严峻复杂的国际形势下，由于海外供应链受到冲击，恢复缓慢，全球需求向中国倾斜的趋势延续，推动中国制造业出口在 2020 年的高基数上超预期快速增长，达到 25.98%。

在中国制造业出口规模和出口份额不断提升的背景下，存在着一个极其不对称的现象，即在制造业出口繁荣期，中国的贸易条件却存在相对恶化的情况。如图 4-3 所示，根据世界发展指标中有关中国净贸易条件指数的统计，2002—2021 年（以 2000 年为基期），中国净贸易条件指数一直低于 100。这表明，中国制造业在国际贸易利益分配中仍处于不利地位。具体来看，2002 年中国的净贸易条件指数是 92.11，而到了 2011 年，中国的净贸易条件指数是 79.05，下降到这一期间的最低水平，跌幅达到 14.18%。2012 年之后，中国的净贸易条件指数又开始上升，到 2016 年为 94.1。从 2017 年之后，中国净贸易条件指数又开始呈波动下降的趋势，到 2021 年降到 85.09。由于该指数从 2002 年后一直低于 100，因此，尽管中国加入世界贸易组织之后，中国制造业出口的利润在不同年份有所上升，但仍可认定中国制造业尚处于数量型贸易扩张阶段。

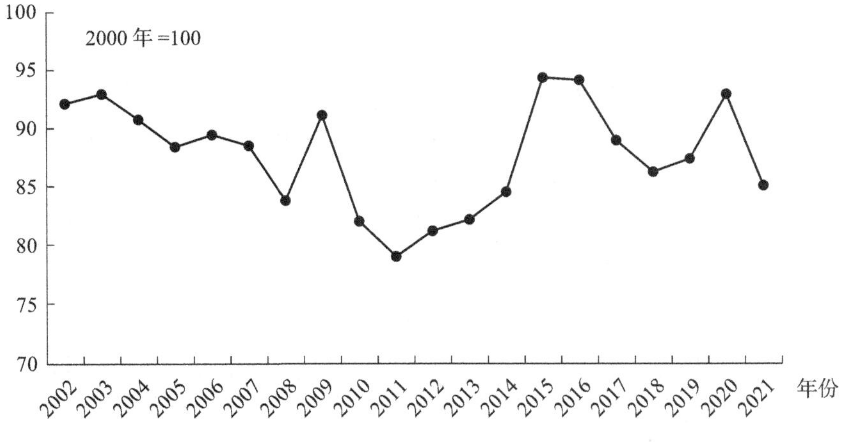

图 4-3　2002—2021 年中国净贸易条件指数的变动

资料来源：世界银行《世界发展指标》。

由上可知，中国制造业出口贸易的长期繁荣与净贸易条件指数的总体下降形成了明显对比，这就需要我们在考察中国制造业出口贸易增长时，不能仅从国家宏观角度来考察贸易规模的变化，还应该从微观角度深入探讨中国制造业出口贸易增长结构，进而揭示中国制造业出口增长繁荣过程中贸易条件指数下降以及极易受外部冲击的深层次原因。

三、中国制造业出口依存度和出口密集度

（一）出口依存度

衡量一个国家融入世界贸易最常用的度量指标就是开放程度，而外贸依存度就是反映一个国家经济开放程度的重要指标。它从最终需求拉动经济增长的角度分析了一个国家经济与全球经济的联系紧密程度以及对外部需求的依赖程度。外贸依存度又可以分为出口依存度和进口依存度，其中，出口依存度=出口总额/国内生产总值。它的变化意味着出口贸易在国民经济中所处地位的变化，反映的是国际市场需求对该国经济发展的影响。这一比重越大，表明该国经济发展对外部市场的依赖程度越高，也反映了国际市场对该国生产产品的接受程度较高，出口对国内经济和就业创造的贡献程度较大。相反，出口依存度较低的国家对内需的依赖程度相对较高，国内市场的发展和消费需求成为其经济增长的主要驱动力。

如表 4-1 所示，中国加入世界贸易组织之后，随着外部环境的改善和贸易自由化的推进，中国制造业出口增速较快，出口依存度不断上升。2002 年中国制造业出口依存度为 27. 12%，到 2003 年就突破 30%，达到 31. 36%。而随着中国参与多边、双边经济交流的加深，中国制造业出口依存度在出口规模扩大的过程中不断提高，对拉动国内经济增长起到越来越重要的作用。到 2006 年，中国制造业出口依存度达到了峰值，为 39. 27%。之后，这一数值开始回落，呈波动下降趋势。其中，2007 年，由于国家加大了外贸领域调控力度，采取了加征出口关税、取消或降低出口退税、扩大加工贸易限制类产品目录等手段与措施，使得制造业出口增速放缓，出口依存度开始下降。2009 年，受国际金融危机的影响，中国制造业出口出现较大的负增长，出口依存度下降幅度加大，降到 25. 94%。此后，中国制造业出口依存度再未突破 30%。2010 年，随着世界经济缓慢复苏和国际市场需求回暖，中国制造业出口增速回升，出口依存度提高。近年来，随着中国劳动力成本上升以及外部环境不确定性因素增多，国内经济增长对制造业出口的依赖性持续减弱，到 2021 年，中国制造业出口依存度为 18. 23%。

表 4-1 2002—2021 年中国制造业出口依存度和出口密集度

年份	制造业出口额/亿美元	汇率	GDP/亿元	出口依存度/%	制造业主营业务收入/亿元	出口密集度/%
2002	3986.57	8.28	121717.4	27.12	92734.68	35.59
2003	5204.40	8.28	137422.0	31.36	122760.46	35.10
2004	6947.26	8.28	161840.2	35.54	170061.46	33.83
2005	8688.59	8.19	187318.9	37.99	211592.30	33.63
2006	10811.25	7.97	219438.5	39.27	267553.48	32.21
2007	13294.66	7.60	270092.3	37.41	343909.51	29.38
2008	15751.90	6.95	319244.6	34.29	427575.14	25.60
2009	13236.27	6.83	348517.7	25.94	466006.77	19.40
2010	17242.02	6.77	412119.3	28.32	598217.10	19.51
2011	19776.17	6.46	487940.2	26.18	719424.92	17.76
2012	20497.71	6.31	538580.0	24.02	799782.27	16.17
2013	21933.10	6.19	592963.2	22.90	902745.72	15.04
2014	23618.35	6.14	643563.1	22.53	971139.70	14.93
2015	23111.89	6.23	688858.2	20.90	985167.17	14.62
2016	22091.29	6.64	746395.1	19.65	1039663.74	14.11
2017	23565.86	6.75	832035.9	19.12	1011998.42	15.72
2018	25226.61	6.62	919281.1	18.17	930379.40	17.95
2019	25046.67	6.90	986515.2	17.52	934837.59	18.49
2020	25782.82	6.90	1013567.0	17.55	951880.61	18.69
2021	32480.08	6.45	1149237.0	18.23	1145938.46	18.28

注：制造业出口额根据 CEPII BACI 国际贸易数据库整理而得，汇率指每一年 1 美元兑换人民币的价格；制造业主营业务收入数据来源于历年《中国工业统计年鉴》。其中，2019 年以前的数据是规模以上工业企业的制造业 27 个行业的主营业务收入加总；2019 年（含）之后的数据是相同口径的制造业 27 个行业的主营业务收入加总。

总体来看，2008 年金融危机爆发前，中国制造业出口依存度平均达到 30%，说明在此期间，中国经济发展有近 1/3 是依赖于制造业出口贸易的拉动，中国制造业出口成为拉动中国经济增长的主要动力之一。这也说明，中国经济的发展对外部市场的依赖程度很高。2008 年金融危机爆发后，中国制造业出口依存度平均达到 21.62%，呈现明显下降趋势。这说明，随着外部环境的冲击和刺激内需等国内政策的实施，中国制造业对外部市场的依赖程度在降低。受国内外政治经济环境的影响，近年来全球贸易自由化进程明显放缓，使得中国制造业出口维持稳定增长的压力增大。一方面，很多传统工业化国家的“再工业化”战略的实施，使得这些国家的国内生产在一定程度上取代了从国外进口，全球制造业价值链面临调整和重构，进一步削弱了制造业出口增长的动力；另一方面，在逆全球化影响下，全球贸易保护主义抬头，使得全球贸易摩擦明显增多，国际贸易环境更加严峻，未来中国制造业出口的稳定发展将会面临更多的挑战。在这些因素的影响下，未来经济增长对外贸的依赖程度会进一步减弱，中国制造业出口依存度可能会出现进一步下降的趋势，对国内市场的依赖反而会进一步增强。

（二）出口密集度

行业出口密集度是衡量行业参与国际生产体系程度的一个重要指标。其可以表示为：行业出口密集度=行业出口额/行业主营业务收入。该比重越高，说明该行业参与国际分工的程度越高，行业生产的产品更多地用于满足国外市场需求。

由表4-1可知，在制造业出口额和主营业务收入明显增加的情况下，制造业出口密集度却出现了不同的变化。2002—2003年，中国制造业出口密集度保持在35%以上，高于同期制造业出口宏观开放程度。从2004年开始，在制造业主营业务收入明显增加的情况下，中国制造业出口密集度下滑明显，低于同期中国制造业出口宏观开放程度，且差距越来越大。自2010年以来，中国制造业总产值已位居全球第一，其中有100多种消费品产量居世界首位。但由于国内高质量、高附加值产品供给能力不足，不仅使国内高端购买力严重外流，也使出口效益很难提升，从而导致制造业出口密集度不断下降。随着供给侧结构性改革的深入以及刺激内需、投资等政策的实施，2017年、2018年，中国制造业出口密集度较2016年有所上升，但这一时期的制造业出口密集度仍低于同期中国制造业出口宏观开放程度，且制造业主营业务收入有所下降。2019—2021年，中国制造业出口密集度和主营业务收入较2017年回升，且这一时期的制造业出口密集度略高于同期中国制造业出口宏观开放程度。

总体来看，尽管全球经济复苏、“一带一路”和自贸区战略深入推进将带动中国制造业出口，但全球货币紧缩、贸易摩擦频发等都会在一定程度上加大出口风险和成本、抑制中国制造业出口，从而影响制造业出口密集度。可以说，在中国制造业发展过程中，仍然面临外需萎缩、内需不足的困境。国内如产能过剩这样的结构性问题尚在影响中国制造业发展，而国际环境不确定因素的增多，也在挤压中国制造业生产和出口空间。正如表4-1所显示的，在中国制造业出口密集度不断下滑的过程中，若内需仍然无法挖掘，在主要贸易伙伴国的经济近期难以恢复的情况下，制造业产能过剩问题短期内很难得到解决，甚至很多潜在的制造业产能过剩可能会转变成现实的、较长周期的、大规模的行业产能过剩，从而对制造业发展产生明显的冲击，带来行业亏损和出口增长下行压力。

四、中国制造业出口结构

（一）制造业出口产品结构

1. 制造业细分行业出口增长和出口占比

在中国制造业出口规模不断扩大的情况下，制造业 27 个细分行业出口增长也发生了变化。从出口增长幅度和年均增长率来看，27 个行业的出口额都有不同程度的增长。由于一个国家产业国际竞争力状况的最直观表现是进出口贸易的规模和结构，因而，在表 4-2 中，本书列出了 2002—2021 年中国制造业细分行业出口增长和出口占比情况。从表 4-2 中可以看出，制造业细分行业的出口增长趋势和出口占比存在明显的行业差异。

近年来，为了缓解国内市场需求压力，出口塑料制品成为应对行业产能过剩的必然选择。随着全球塑料市场规模的不断扩大，中国塑料制品出口量保持了稳定的增长，尤其是 2020—2021 年，由于全球防疫防护一次性塑料制品需求的爆炸式增长以及欧盟等国家放宽一次性塑料制品的限制期限，使得中国塑料制品出口规模迅速增大。2021 年，中国塑料制品业出口额达到 2019 年的 2.46 倍。在内外部因素的影响下，2002—2021 年，塑料制品业（C17）成为制造业出口年复合增长率最高的行业，达到 25.78%。医药制造业（C14）的年复合增长率仅次于塑料制品业，达到 22.14%。医药制造业年复合增长率较高的原因在于：作为集高附加值和社会效益于一体的高端制造业，其一直被列为国内重点支柱产业，受到国家一系列扶持政策的大力支持，在行业规模不断扩张的过程中正逐渐形成差异化的竞争优势，使得医药材及药品在出口上实现了一定程度的增长。同样，受海外疫情持续暴发影响，防疫物资产品出口需求强劲，也进一步支撑了医药制造业出口在 2020—2021 年保持了快速增长。2021 年，中国医药制造业出口额达到 2019 年的 2.98 倍。除此之外，黑色金属冶炼及压延加工业（C19）、通用设备制造业（C22）、专用设备制造业（C23）、交通运输设备制造业（C24）的出口年复合增长率也较高，达到了 15%以上。而 2002—2021 年，食品加工制造业（C1），饮料制造业（C2），烟草制品业（C3），纺织业（C4），纺织服装及其他纤维制造业（C5），皮革、毛皮、羽毛（绒）及其制品业（C6），木材加工及木、竹、藤、棕、草制品业（C7），印刷业和记录媒介的复制业（C10），文教体育用品制造业（C11），仪器仪表及文化、办公用机械制造业（C27）的出口年复合增长率在10%以下，且低于这一时期制造业整体出口年复合增长率。这些年均增速较慢的行业大部分属于低端制造业。

从各行业在制造业整体出口中的比重来看，2002—2021年，这27个行业的出口比重也发生了明显的调整。在制造业出口总额中，2002年占比较高的5个行业分别是：通信设备、计算机及其他电子设备制造业（C26），电气机械及器材制造业（C25），纺织业（C4），皮革、毛皮、羽毛（绒）及其制品业（C6），仪器仪表及文化、办公用机械制造业（C27）；2007年出口占比较高的5个行业分别是：通信设备、计算机及其他电子设备制造业（C26），电气机械及器材制造业（C25），纺织业（C4），化学原料及化学制品业（C13），仪器仪表及文化、办公用机械制造业（C27）；2012年出口占比较高的5个行业分别是：通信设备、计算机及其他电子设备制造业（C26），电气机械及器材制造业（C25），化学原料及化学制品业（C13），纺织业（C4），金属制品业（C21）；2017年出口占比较高的5个行业分别是：通信设备、计算机及其他电子设备制造业（C26），电气机械及器材制造业（C25），化学原料及化学制品制造业（C13），仪器仪表及文化、办公用机械制造业（C27），纺织业（C4）；2021年出口占比较高的5个行业分别是：通信设备、计算机及其他电子设备制造业（C26），电气机械及器材制造业（C25），化学原料及化学制品业（C13），纺织业（C4），仪器仪表及文化、办公用机械制造业（C27）。其中，通信设备、计算机及其他电子设备制造业（C26）占比较高，一直排在第一位，比重维持在20%以上，远高于其他行业。而在制造业出口总额中，2002年占比较低的5个行业分别是：塑料制品业（C17）、烟草制品业（C3）、医药制造业（C14）、饮料制造业（C2）、印刷业和记录媒介的复制业（C10）；2007年占比较低的5个行业分别是：塑料制品业（C17）、烟草制品业（C3）、饮料制造业（C2）、医药制造业（C14）、印刷业和记录媒介的复制业（C10）；2012年占比较低的5个行业分别是：塑料制品业（C17）、烟草制品业（C3）、饮料制造业（C2）、医药制造业（C14）、印刷业和记录媒介的复制业（C10）；2017年占比较低的5个行业分别是：塑料制品业（C17）、烟草制品业（C3）、饮料制造业（C2）、印刷业和记录媒介的复制业（C10）、医药制造业（C14）；2021年占比较低的5个行业分别是：烟草制品业（C3），塑料制品业（C17），饮料制造业（C2），印刷业和记录媒介的复制业（C10），木材加工及木、竹、藤、棕、草制品业（C7）。这些占比较低的行业大多分布在低端制造业，且比重不超过1%。可见，继20世纪90年代中国制造业产业结构逐渐实现了以轻纺产品为主向以机电产品为主的转变之后，进入21世纪，以电子和信息技术为代表的高新技术产品出口比重明显提高，中国制造业出口产品技术含量有所提高。但从表4-2中可以看到，如塑料制品业（C17）和医药制造业（C14）这样的中高端、高端制造业的出口年复合增长率虽然较高，但其出口占比仍然非常低，尚需大力推进。

表4-2 中国制造业细分行业出口增长和出口占比情况

单位：%

行业	年复合增长率	2002年出口占比	2007年出口占比	2012年出口占比	2017年出口占比	2021年出口占比
C1	7.92	2.52	1.72	1.65	1.64	1.42
C2	7.50	0.23	0.11	0.11	0.15	0.12
C3	0.97	0.05	0.02	0.03	0.03	0.01
C4	8.46	8.99	6.87	6.57	5.94	5.58
C5	4.96	6.88	4.91	3.81	3.24	2.29
C6	5.52	8.10	4.95	4.41	3.90	2.98
C7	8.58	0.99	0.93	0.69	0.61	0.63
C8	10.45	2.66	2.44	2.15	2.24	2.33
C9	13.74	0.48	0.59	0.65	0.75	0.74
C10	6.70	0.38	0.34	0.27	0.21	0.17
C11	7.62	6.19	4.03	2.75	3.34	3.31
C12	12.29	0.96	0.90	0.80	1.07	1.15
C13	13.70	6.28	6.38	7.24	7.94	9.56
C14	22.14	0.19	0.17	0.26	0.26	1.11
C15	10.89	1.16	0.91	1.04	1.16	1.10
C16	14.84	0.52	0.79	1.04	0.90	0.96
C17	25.78	0.01	0.01	0.02	0.02	0.06
C18	11.12	2.04	1.88	1.89	2.03	2.01
C19	18.40	0.58	3.18	1.79	1.91	1.92
C20	12.13	0.77	1.12	0.77	0.81	0.90
C21	12.49	4.26	5.06	4.89	4.69	5.29
C22	14.64	2.56	3.28	3.94	4.24	4.56
C23	18.01	1.45	4.62	4.11	4.20	4.48
C24	15.87	2.13	3.15	4.11	3.30	4.64
C25	7.92	11.76	10.51	10.79	10.93	11.95
C26	7.50	20.14	25.45	29.37	28.24	25.24
C27	0.97	7.72	5.67	4.84	6.25	5.50

资料来源：表中数值根据CEPII BACI国际贸易数据库整理而得。

从中国制造业细分行业的出口增长和出口占比情况来看，各行业都出现了不同程度的增长，但传统劳动密集型行业的出口增长相对放缓，中高端、高端制造业的出口增长提升，在制造业出口中所占比重提高。总体来看，尽管中国制造业发展中仍存在很多问题，但从细分行业结构来看，中国制造业出口结构升级有所体现。

2. 按技术密集度标准分组后的制造业出口结构分析

在上文制造业归类部分，本书根据 UN Comtrade 数据库提供的《国际标准产业分类》（ISIC3.0）和 HS 编码表以及 OECD 划分制造业技术层次的方法，将上述 27 个行业归结为各技术层次制造业，分为低端制造业、中低端制造业、中高端制造业和高端制造业四组。根据 CEPII BACI 国际贸易数据库提供的出口数据，本书计算出中国制造业出口的技术结构以及各技术层次出口占世界相应技术层次出口的比重。

由图 4-4 可知，从各技术层次制造业出口额来看，2002—2021 年，随着中国对外贸易环境的改善和国内改革开放政策的大力推行，在制造业出口总额迅速增长的过程中，低端制造业、中低端制造业、中高端制造业、高端制造业出口额都呈不同程度的增长趋势，年复合增长率分别为 7.48%、12.94%、13.31%、12.03%。其中，中高端制造业出口增长最快，其出口额逐渐超过低端制造业，并缩小了与高端制造业出口额之间的差距，甚至在 2021 年超过了高端制造业出口额，成为四类技术分组制造业中出口最多的行业。从图 4-4 中还可以看出，中高端制造业出口与低端制造业出口、中低端制造业出口趋势线在 2009 年之后差距越来越大，而低端制造业出口和中低端制造业出口趋势线变动幅度较为一致。

从各技术层次制造业出口占比来看，2002—2021 年，四组制造业出口额占中国制造业出口总额的比重也在发生明显变化。其中，低端制造业出口额占中国制造业出口总额的比重不断下降，由 2002 年在国内制造业出口额占比中排名第一下降到第三；高端制造业出口额占中国制造业出口总额的比重不断上升，由 2002 年在国内制造业出口占比中排名第二逐渐上升到第一；中高端制造业出口额占中国制造业出口总额的比重虽然有所提高，逐渐超过低端制造业，但仍落后于高端制造业，排名第二；中低端制造业出口额占中国制造业出口总额的比重变化不大，仍然排名第四。从年复合增长率来看，尽管高端制造业出口年复合增长率在四类技术分组制造业出口中较为落后，但出

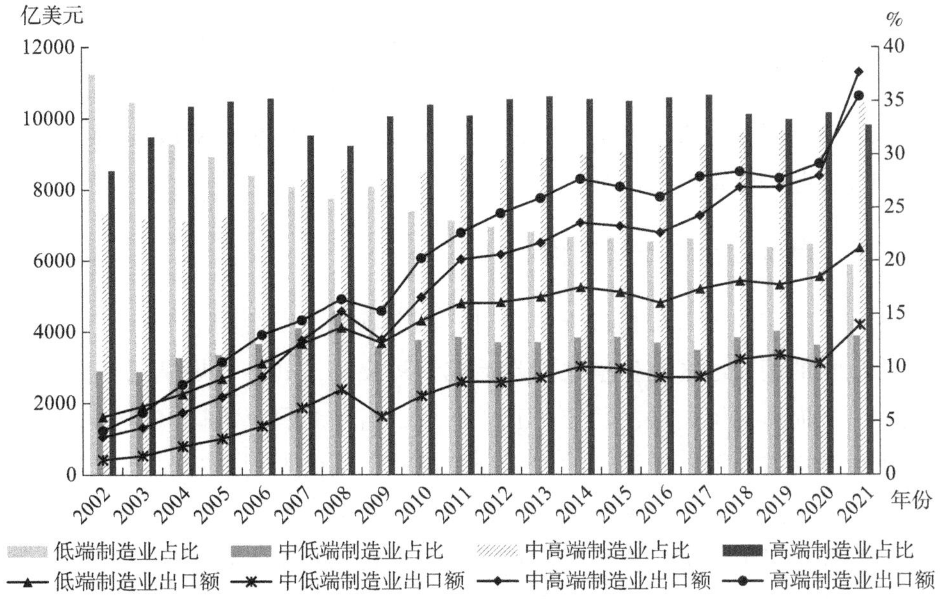

图 4-4 2002—2021 年中国制造业不同技术分组的出口趋势

资料来源：根据 CEPII BACI 国际贸易数据库整理而得。

口占比却处于领先地位。从进出口贸易差额来看，在 2004 年之前，中国在高端制造业产品贸易上仍是逆差国；但在 2004 年这一局面开始改变，中国开始成为高端制造业产品的顺差国，且高端制造业产品顺差不断扩大，逐步成为贸易顺差总额的重要来源。截至 2021 年，高端制造业产品出口额已经连续 11 年超过 6500 亿美元，占出口总额的比重也超过 30%，初步建立起较强的全球竞争力。这也在一定程度上说明，中国制造业产品正在实现技术升级，向全球生产的高端领域攀升。尽管目前中国在高端制造业发展中与很多发达经济体之间还存在明显差距，但正如从细分行业出口增长分布情况了解到的一样，从不同技术分组来看，中国制造业出口结构升级有所体现。

2002—2021 年，随着中国制造业在同期世界制造业出口中的比重不断提高，这四组行业出口占世界同技术层次制造业出口比重也发生了明显的变化。2002 年，低端制造业、中低端制造业、中高端制造业、高端制造业出口分别占世界同技术层次制造业出口的 14. 45%、4. 93%、4. 69%、8. 75%。到 2021 年，这四组行业的出口占比分别提高到 19. 87%、11. 94%、16. 86%、24. 34%。其中，中高端制造业出口占比增长了 2. 59 倍，高端制造业出口占比增长了 1. 78 倍。这些不仅反映了中国制造业出口能力的提升，也反映了中国制造业出口结构的优化。

由上可知，2002—2021年，中国制造业出口贸易的技术结构发生了明显的改变。高端制造业、中高端制造业出口逐渐超过了低端制造业出口，在一定程度上反映了近年来高新技术产品出口大幅增长的趋势，对改善和推进贸易结构优化起到了重要的作用。

（二）制造业出口市场结构

当一个国家的出口市场过于集中时，其市场风险就会明显增大。一旦主要的出口目的国和地区发生重大的政治或经济突变，其出口规模就会发生明显波动，从而影响国内经济稳定增长。而且，当一个国家出口市场过于集中时，也更容易将其锁定于固定的国际分工模式，从而不利于其国际分工地位的提升。为了降低出口市场集中所带来的风险和不利影响，中国在20世纪90年代初就提出了出口市场多元化战略，特别是在加入世界贸易组织之后，中国与更多的国家或地区建立了合作往来关系，与中国进行贸易的国家和地区不断增多，制造业出口市场格局也因此发生了明显的改变。本部分利用2002—2021年中国制造业出口贸易数据，对制造业出口的六大洲和主要贸易伙伴的出口贸易分布情况进行了分析。

1. 中国制造业对各大洲出口情况

本书给出了2002—2021年中国制造业对六大洲的出口额和出口比重情况，如图4-5所示。2002—2021年，中国对六大洲制造业出口都有了不同程度的增长。这一期间，中国制造业对亚洲、欧洲、北美洲、拉丁美洲、非洲、大洋洲及太平洋群岛的出口年复合增长率分别为11.20%、11.73%、8.57%、17.04%、17.89%、13.24%。从2002—2021年的年复合增长率来看，中国制造业对拉丁美洲、非洲的出口年均增速较高。

从中国制造业对六大洲出口规模和占比来看，2002—2021年，对各大洲出口规模都出现了明显扩大，而出口占比也发生了调整。2002年，中国制造业对亚洲、欧洲、北美洲、拉丁美洲、非洲、大洋洲及太平洋群岛的出口额分别是1935.45亿美元、894.92亿美元、1209.88亿美元、125.89亿美元、62.92亿美元、79.59亿美元，对六大洲的制造业出口额占中国制造业出口总额的比重分别是44.92%、20.77%、28.08%、2.92%、1.46%、1.85%。到2021年，中国制造业对亚洲、欧洲、北美洲、拉丁美洲、非洲、大洋洲及太平洋群岛的出口额分别是 14557.36 亿美元、7362.62 亿美元、5773.72 亿美元、2503.05 亿美元、1435.60 亿美元、845.65 亿美元，对六大洲的制造业出口额占中国制造业出口总额的比重分别是 44.82%、22.67%、17.78%、7.71%、4.42%、2.60%。从出口额来看，2021 年中国制造业对亚洲、欧洲、北美洲、拉丁美洲、非洲、大洋洲及太平洋群岛出口额分别是 2002 年的 6.52 倍、7.23 倍、3.77 倍、18.88 倍、21.82 倍、9.62 倍，都有了非常明显的增长。其中，由于以前中国制造业对拉丁美洲、非洲的出口基数较低，因此对其出口规模扩大明显。但从出口占比来看，2002 年、2021 年中国制造业对亚洲、欧洲、北美洲的出口合计占中国制造业出口总额的比重分别为 93.77%、85.26%，对拉丁美洲、非洲以及大洋洲及太平洋群岛的出口相对偏低。这说明，亚洲、欧洲、北美洲仍是中国制造业出口的主要市场，特别是亚洲市场在中国制造业出口中占有重要地位。

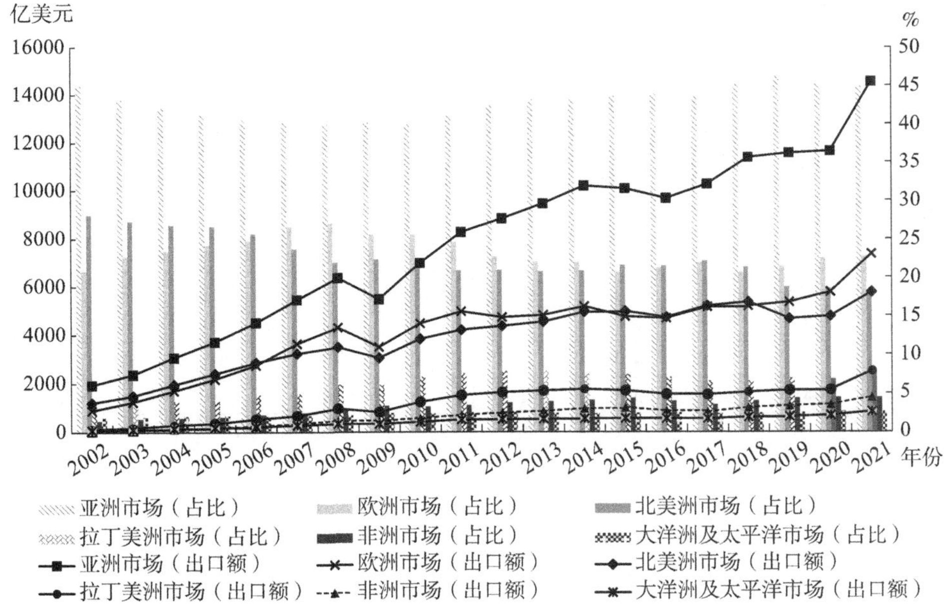

图 4-5　2002—2021 年中国制造业对六大洲出口规模和占比变动情况

资料来源：根据 CEPII BACI 国际贸易数据库整理而得。

2002—2021 年，中国制造业对亚洲出口尽管存在波动，但对其出口一直占到制造业总出口的 40%以上，远远领先于对其他洲的出口。而这一时期，中国制造业对欧洲出口比重较为稳定，对北美洲出口比重呈现下降趋势。主要原因在于，中国在北美洲市场的主要贸易伙伴美国近年来试图重组全球产业链，以减少对中国的依赖，因而采取了一系列贸易保护措施，使得中国制造业对美国出口贸易比重降低，从而影响了中国制造业对北美洲的出口比重。与此同时，随着中国市场多元化战略的推行以及新兴国家或地区的经济发展，中国制造业对拉丁美洲、非洲以及大洋洲的出口比重不断上升。

总体来看，2002—2021 年中国制造业对各大洲的出口比重发生了一定的变化，对北美洲的出口比重有所下降，而对拉丁美洲、非洲、大洋洲及太平洋群岛的出口比重都有不同程度的提高，出口市场集中度相对降低。这也反映了中国采取市场多元化战略后确实有了明显成效，在与传统贸易伙伴保持良好出口增长速度的同时，也在积极拓展与全球其他国家和地区的经贸往来关系。

2. 中国制造业对主要目标国和地区的出口情况

2002—2021 年，中国制造业出口主要目标国和地区位次也发生了变化。本书分别列出了 2002 年、2007 年、2012 年、2017 年、2021 年中国制造业出口前十位国家和地区，以及占中国制造业出口总额的比重，如表 4-3 所示。

表 4-3　中国制造业出口前十位国家和地区

单位：%

2002 年		2007 年		2012 年		2017 年		2021 年	
国家/地区	占比	国家/地区	占比	国家/地区	占比	国家/地区	占比	国家/地区	占比
美国	25.84	美国	21.19	美国	18.58	美国	20.01	美国	16.05
中国香港	17.59	中国香港	11.72	中国香港	10.90	中国香港	10.49	中国香港	9.17
日本	12.54	日本	8.53	日本	8.21	日本	6.45	日本	5.00
德国	4.31	德国	5.09	德国	4.37	德国	4.55	韩国	4.21
英国	3.45	韩国	4.11	韩国	3.62	韩国	4.06	德国	4.04
韩国	3.41	英国	3.13	英国	2.53	越南	2.86	越南	3.83
法国	2.30	荷兰	2.64	墨西哥	2.51	印度	2.86	印度	2.85
加拿大	2.23	法国	2.62	法国	2.36	英国	2.44	荷兰	2.66
新加坡	1.93	加拿大	2.48	加拿大	2.30	法国	2.21	英国	2.60
荷兰	1.86	新加坡	2.40	俄罗斯	2.27	墨西哥	2.19	墨西哥	2.56
合计	75.46	合计	63.91	合计	57.65	合计	58.12	合计	52.97

资料来源：根据 CEPII BACI 国际贸易数据库整理而得。

从中国制造业对前十位目标国和地区出口额占中国制造业出口总额的比重来看，2002 年占比为 75.46%，到 2021 年占比为 52.97%，呈下降的趋势。这也说明，中国制造业市场在 20 世纪 90 年代高度集中于传统市场的情况有了明显的改变，出现了市场分散化的趋势。

从中国制造业前十位出口市场总体情况来看，前期制造业出口更多地流向了发达经济体，但近年来，随着出口战略的调整，制造业出口开始面向更多的发展中经济体。从表 4-3 中可以看到，2002 年，在中国制造业前十位出口市场中，发达经济体有 7 个，对这 7 个发达经济体合计出口占比为 45.68%；到 2021 年，在中国制造业前十位出口市场中，发达经济体有 5 个，对这 5 个发达经济体合计出口占比为 30.36%。由于中国内地对中国香港地区出口的 80%以上会经中国香港转口到发达国家市场，因而可以看出，前期中国的制造业出口市场是高度依赖发达经济体市场的，但近年来，中国制造业出口对发达经济体市场的依赖不断减弱，对发展中经济体的出口不断增加。

从中国出口前十位国家和地区具体情况来看，各国和地区的贸易地位也发生了明显的变化。中国制造业对美国、中国香港、日本的出口稳定在前三位。从增长率来看，这一期间，中国制造业对美国、中国香港以及日本的出口年复合增长率分别为 8.46%、7.47%、5.97%。从出口占比来看，2002 年，中国制造业对美国、中国香港、日本出口占比分别为 25.84%、17.59%、12.54%，共计 55.97%；到 2021 年，中国制造业对美国、中国香港、日本出口占比分别为 16.05%、9.17%、5.00%，共计 30.22%。相比 2002 年，2021 年中国制造业对这 3 个市场的合计出口占比下降了 46%；从这 3 个市场来看，对美国、中国香港、日本出口占比分别下降了 37.88%、47.87%、60.12%。另外，在中国制造业出口前十位市场中，一直处于前十位的国家还包括德国、韩国、英国。在这一期间，中国制造业出口对德国、韩国、英国的年复合增长率分别为 10.84%、12.46%、9.56%。而德国、韩国、英国在中国制造业出口前十位市场中的位次也不同，德国、韩国交替维持在第四、五位，英国位次变化较大。中国制造业出口前十位市场中，其余的四位变化较大，2002 年为法国、加拿大、新加坡、荷兰，2021 年为越南、印度、荷兰、墨西哥。

3. 中国制造业对主要一体化组织的出口情况

区域经济一体化趋势的不断加强，已成为当今世界经济发展的一个重要特征。区域经济一体化的发展不仅对区域内成员国家和地区的经济产生影响，对区域外国家经济以及经济全球化的发展也产生了重要影响。因此，分析和认识中国与区域经济一体化组织的制造业贸易往来十分重要。

在区域经济一体化不断推进的过程中，中国也在积极加强区域合作，与许多国家和地区签订了多项双边和多边区域合作协议，并出台了很多推动区域合作和发展的策略。其中，2013 年 9 月和 10 月由中国国家主席习近平分别提出的共建“丝绸之路经济带”和“21 世纪海上丝绸之路”的合作倡议，就是中国主动参与区域经济合作的重大举措。2015 年 4 月，国家发展改革委、外交部和商务部联合发布了《推动共建丝绸之路经济带和 21 世纪海上丝绸之路的愿景与行动》，宣告“一带一路”进入了全面推进阶段。随着“一带一路”倡议的推进，中国与“一带一路”沿线国家之间的制造业贸易往来不断增多，逐渐成为拉动国内制造业出口的新动力。另外，考虑到亚洲、欧洲和北美洲市场对中国制造业出口的影响力，本书选择了区域一体化组织中的欧盟、东盟以及北美自由贸易区（现美墨加协定）、“一带一路”合作伙伴进行对比分析，中国制造业对主要一体化组织出口规模变动情况如图 4-6 所示。

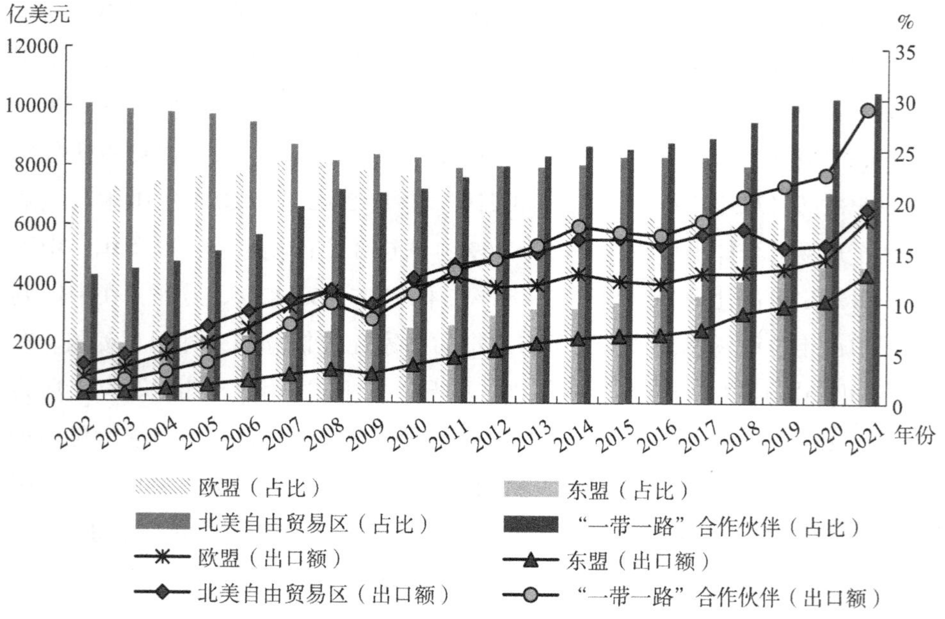

图 4-6　2002—2021 年中国制造业对主要一体化组织出口规模变动情况

资料来源：根据 CEPII BACI 国际贸易数据库整理而得。

2002—2021 年，中国制造业对欧盟、东盟、北美自由贸易区以及“一带一路”合作伙伴出口的年复合增长率分别为 11.17%、16.34%、9.09%、16.63%。其中，对“一带一路”合作伙伴以及东盟出口年复合增长率较高。2002 年，中国与东盟签订了自由贸易协定，并最终于 2010 年 1 月 1 日全面建成了中国—东盟自贸区。自贸区建立过程中，中国与东盟之间的贸易壁垒不断削减，推动了双方制造业贸易的大力发展。2002—2021 年，中国制造业对东盟出口年复合增长率远高于这一期间中国制造业整体年复合增长率。而欧盟、北美自由贸易区一直是中国传统的出口市场，但在 2009 年之后，中国制造业对“一带一路”合作伙伴的出口规模与对这两个市场的出口规模差距在逐渐拉近。特别是 2013 年之后，中国制造业对“一带一路”合作伙伴的出口超过了对欧盟、北美自由贸易区的出口，并不断拉大与这两个市场的出口规模差距。2021 年，中国制造业对“一带一路”合作伙伴的出口增长 28.73%，比制造业整体出口增速高出 2.75 个百分点，比对欧盟、北美自由贸易区出口增速分别高出 1.71 个、6.06 个百分点。从出口比重来看，2002 年，中国制造业对欧盟、东盟、北美自由贸易区以及“一带一路”合作伙伴的出口比重分别为 19.34%、5.76%、29.36%、12.47%；2021 年，中国制造业对欧盟、东盟、北美自由贸易区以及“一带一路”合作伙伴的出口比重分别为 19.17%、13.56%、20.33%、30.74%。从中可以看出，中国制造业对欧盟出口比重变动不大，对北美自由贸易区出口比重下降，对东盟和“一带一路”合作伙伴的出口比重上升，尤其是对“一带一路”合作伙伴的出口比重提升迅速。可见，中国与“一带一路”合作伙伴的贸易合作潜力正在持续释放，“一带一路”合作伙伴正逐渐成为中国制造业出口的主要目标市场，对稳定制造业出口增长起到了重要的作用。

综上可知，随着中国参与越来越多的区域经济一体化，制造业出口的国际市场空间将会进一步拓宽，贸易渠道会不断增加，由此必然会缓解制造业出口过于集中于少数发达国家市场而产生的巨大压力和风险，从而优化制造业出口市场结构，提高制造业出口竞争力。近年来，中国对“一带一路”合作伙伴的制造业出口贸易规模不断扩大，将有助于实现中国制造业出口贸易稳定增长。

五、中国制造业出口的比较优势

计算产业比较优势的指标很多，而传统的度量指标是显性比较优势指数（Revealed Comparative Advantage，RCA），该指数是由 Balassa（1965）根据各产业贸易绩效提出来的。这一指标主要反映了一个国家某一产业或产品的出口比重与世界同类产业或产品出口比重的对比优势。具体计算公式为

$$RCA_k^i = \frac{\frac{X_k^i}{X^i}}{\frac{X_k}{X}} \tag{4-1}$$

其中，RCA_k^i 表示的是 i 国家 k 产业或产品的显性比较优势指数，X_k^i 是 i 国家对 k 产业或产品的出口额，$X^i = \sum_k X_k^i$ 是 i 国家的总出口额，$X_k = \sum_i X_k^i$ 是 k 产业或产品的世界出口额，$X = \sum_i \sum_k X_k^i$ 是世界总出口额。一般而言，如果 i 国家的 k 产业或产品 的 RCA 大于 1，就表明这个国家在该产业或产品上具有明显的比较优势；如果 i 国家的 k 产业或产品的 RCA 指数小于 1，则表明这个国家在该产业或产品上处于相对劣势。由此可知，RCA 指数取值越大，这个国家的产业或产品所具备的显性比较优势就越大。如果 RCA 取值在 1. 25 和 2. 5 之间，则说明这个国家在该产业或产品上具有较强的显性比较优势；若 RCA 指数大于 2. 5，则说明这个国家在该产业或产品上具有极强的显性比较优势。

由于一个产业内部既可能有出口也可能有进口，而 RCA 指数仅考虑了某个国家某产业或产品的出口占比与该产业或产品世界出口占比的相对比例，没有考虑该产业或产品来自进口方面的影响，因而存在一定的局限性。为了更全面地分析制造业的比较优势，在此可以引入贸易竞争力指数（TC）这个指标。

贸易竞争力指数是反映一个国家产业或产品是处于竞争优势还是竞争劣势的指标，一般会用本国净出口与总贸易额的比例来衡量，因而也被称为净出口指数。具体计算公式为

$$TC_k^i = \frac{X_k^i - M_k^i}{X_k^i + M_k^i} \tag{4-2}$$

其中，TC_k^i 是 i 国家 k 产品或产业的贸易竞争力指数，X_k^i 是 i 国家 k 产业或产品的出口额，M_k^i 是 i 国家 k 产业或产品的进口额。TC 指数的取值在-1 和 1 之间，取值的大小可以反映出该产业或产品属于净出口还是净进口，以及净出口或净进口的程度大小。一般来说，如果 TC 指数大于 0，表明这个国家是该产业或产品的净出口国，即该产业或产品的生产效率明显高于国际生产效率，具有相对竞争优势，并且 TC 取值越大，越能说明该产业或产品的竞争优势明显。如果 TC 指数等于 1，则说明该国 k 产业或产品属于完全的出口

专业化。如果 *TC* 指数小于 0，则表明这个国家是该产业或产品的净进口国，即该产业或产品的生产效率要低于国际生产效率，处于相对竞争劣势，并且 TC 的绝对值越大，越能说明该产业或产品的竞争劣势明显。当 TC 指数等于 -1时，则说明该国 *k* 产业或产品属于完全的进口专业化。

根据式（4-1）和式（4-2），本部分分别计算了 2002 年、2021 年中国制造业的 RCA 指数和 TC 指数。从制造业整体来看，2002 年中国制造业的 RCA 指数和 TC 指数分别为 1.08 和 0.31，到 2021 年，中国制造业的 RCA 指数和 TC 指数变为 1.15 和 0.42。这一指数变化反映了中国制造业整体比较优势的增强，其在国际市场上的相对竞争力提高。

而从中国制造业的细分行业来看，2002 年，中国制造业细分行业的 RCA 指数大于 2.5 的是：文教体育用品制造业（C11），皮革、毛皮、羽毛（绒）及其制品业（C6），纺织服装及其他纤维制品业（C5）。这 3 个行业的 TC 指数分别为 0.97、0.85、0.95，属于当年中国具有极强比较优势的行业。RCA 指数取值在 1.25 和 2.5 之间的是：纺织业（C4），家具制造业（C8），电气机械及器材制造业（C25），仪器仪表及文化、办公用机械制造业（C27），非金属矿物制品业（C18），通信设备、计算机及其他电子设备制造业（C26），金属制品业（C21）。这 7 个行业的 TC 指数分别为 0.67、0.95、0.50、0.31、0.62、0.30、0.63，属于当年中国具有较强比较优势的行业。化学纤维制造业（C15）的 TC 指数为-0.06，尽管化学纤维制造业的 RCA 指数大于 1.25，但其 TC 指数小于 0，因而当年仍属于比较劣势行业。RCA 指数小于 1 的行业有：食品加工制造业（C1），饮料制造业（C2），烟草制品业（C3），木材加工及木、竹、藤、棕、草制品业（C7），造纸及纸制品业（C9），印刷业和记录媒介的复制业（C10），石油加工及炼焦业（C12），化学原料及化学制品业（C13），医药制造业（C14），橡胶制品业（C16），塑料制品业（C17），黑色金属冶炼及压延加工业（C19），有色金属冶炼及压延加工业（C20），通用设备制造业（C22），专用设备制造业（C23），交通运输设备制造业（C24）。其中，除食品加工制造业（C1），饮料制造业（C2），烟草制品业（C3），木材加工及木、竹、藤、棕、草制品业（C7），印刷业和记录媒介的复制业（C10），橡胶制品业（C16）的 TC 指数大于 0 外，其余 10 个行业的 TC 指数小于 0，属于当时中国比较劣势的行业，尤其是塑料制品业（C17）、交通运输设备制造业（C24）、医药制造业（C14）不仅 RCA 指数小于 0.2，且 TC 指数分别为-0.96、-0.17、-0.12，属于当年相对较大的劣势行业。

随着改革开放政策和贸易自由化的不断推进，到2021年，中国制造业细分行业的比较优势也发生了相应的变化。2021年，中国制造业细分行业的RCA指数大于2.5的是文教体育用品制造业（C11），其TC指数为0.95，仍然保持了当年中国具有极强比较优势的行业地位。RCA指数在1.25和2.5之间的是：化学纤维制造业（C15），家具制造业（C8），通信设备、计算机及其他电子设备制造业（C26），皮革、毛皮、羽毛（绒）及其制品业（C6），纺织业（C4），电气机械及器材制造业（C25），纺织服装及其他纤维制品业（C5），非金属矿物制品业（C18），金属制品业（C21）。这9个行业的TC指数分别为0.79、0.94、0.53、0.76、0.85、0.71、0.88、0.74、0.82，属于中国具有较强比较优势的行业。其中，皮革、毛皮、羽毛（绒）及其制品业（C6）、纺织服装及其他纤维制品业（C5）由2002年的极强比较优势行业转变为较强比较优势行业；化学纤维制造业RCA指数相较于2002年有大幅提升，且其TC指数由原先的小于0变为大于0，转变为较强比较优势行业。RCA指数在1和1.25之间的是仪器仪表及文化、办公用机械制造业（C27），这个行业的TC指数降为0.26。RCA指数低于1的行业是：食品加工制造业（C1），饮料制造业（C2），烟草制品业（C3），木材加工及木、竹、藤、棕、草制品业（C7），造纸及纸制品业（C9），印刷业和记录媒介的复制业（C10），石油加工及炼焦业（C12），化学原料及化学制品业（C13），医药制造业（C14），橡胶制品业（C16），塑料制品业（C17），黑色金属冶炼及压延加工业（C19），有色金属冶炼及压延加工业（C20），通用设备制造业（C22），专用设备制造业（C23），交通运输设备制造业（C24）。其中，仅有食品加工制造业（C1）、饮料制造业（C2）、造纸及纸制品业（C9）、石油加工及炼焦业（C12）、塑料制品业（C7）、有色金属冶炼及压延加工业（C20）这6个行业的TC指数小于0，尽管其余10个行业的RCA指数小于1，但TC指数都大于0，且多数行业的TC指数较2002年明显增大；烟草制品业（C3）2021年的TC指数下降明显；食品加工制造业（C1）、饮料制造业（C2）的TC指数由2002年的大于0变为2021年的小于0，出口竞争力明显降低。另外，交通运输设备制造业（C24）、造纸及纸制品业（C9）、石油加工及炼焦业（C12）、有色金属冶炼及压延加工业（C20）、医药制造业（C14）、塑料制品业（C17）在2021年仍属于比较劣势行业。

如上文所述，对于制造业还可按照技术密集度进行归类。2002年，中国低端制造业、中低端制造业、中高端制造业、高端制造业的 RCA 指数分别为 1.88、0.64、0.61、1.14，TC 指数分别为 0.72、0.10、0.04、0.26。其中，只有低端制造业属于具有较强比较优势的行业。而 2021 年，中国低端制造业、中低端制造业、中高端制造业、高端制造业的 RCA 指数分别为 1.09、0.65、0.92、1.33，TC 指数分别为 0.56、0.25、0.41、0.43。其中，低端制造业的比较优势明显下降，但仍属于比较优势行业；高端制造业的 RCA 指数和 TC 指数提升，转变为具有较强比较优势的行业；中高端制造业的 RCA 指数和 TC 指数也明显提升，说明该行业的出口竞争能力提高；中低端制造业的 RCA 指数下降，TC 指数上升，仍属于比较劣势行业。

综上可知，2002—2021 年，中国传统制造业在全球产业分工中的地位和竞争力进一步巩固增强，使得传统制造业中具有比较优势的行业相对较多。如通信设备、计算机及其他电子设备制造（C26），仪器仪表及文化、办公用机械制造业（C27）等高端制造业以及中高端制造业 RCA 指数和 TC 指数的提升，则在一定程度上说明中国制造业产业结构在不断优化。另外，如医药制造业（C14）、塑料制品业（C17）这样的高端、中高端制造业，出口年复合增长率虽然较高，但 RCA 指数和 TC 指数相对偏低，说明一些高端、中高端制造业在出口规模扩张的过程中，还需要注重出口竞争能力的提升。

六、中国制造业出口获利能力和劳动生产率

为了解决传统指标所带来的中国制造业全球竞争力地位“虚高”问题，本部分将通过编制区分制造业和传统产业的非竞争型投入产出占用表，从国内增值和劳动生产率的角度科学地反映出一个国家或地区制造业出口产品的获利能力以及中国制造业的全球竞争力变动趋势。

（一）非竞争型投入产出占用模型分析框架

本部分为了考察在产品内分工下，制造业单位出口产品的国内增值能力和劳动生产率，将投入产出表中属于制造业的部分分离出来，区分为非制造业和制造业两部分，编制了区分非制造业和制造业的非竞争型投入产出占用模型，见表 4-4。

表 4-4　区分非制造业和制造业的非竞争型投入产出占用模型

投入			产出						
			中间使用		最终使用				国内总产出和进口
			非制造业国内生产	制造业国内生产	消费	资本形成总额	出口	最终使用合计	
投入	国内生产中间投入	非制造业中间投入	X^{TT}	X^{TZ}	U^{TC}	U^{TI}	U^{TE}	U^{T}	X^{T}
		制造业中间投入	X^{ZT}	X^{ZZ}	U^{ZC}	U^{ZI}	U^{ZE}	U^{Z}	X^{Z}
	进口中间投入		X^{MT}	X^{MZ}	U^{MC}	U^{MI}		U^{M}	X^{M}
	增加值		V^{T}	V^{Z}					
	总投入		$(X^{T})'$	$(X^{Z})'$					
占用	劳动		L^{T}	L^{Z}					
	资本		K^{T}	K^{Z}					

注：右上标 T、Z 和 M 分别表示非制造业、制造业和进口，X^{TT}、X^{TZ} 分别表示非制造业国内产出对 T、Z 的中间投入矩阵，X^{ZT} 和 X^{ZZ} 分别表示制造业国内产出对 T、Z 的中间投入矩阵，X^{MT}、X^{MZ} 分别表示进口品对 T、Z 的中间投入矩阵；U^{TC}、U^{TI}、U^{TE} 分别表示非制造业国内产出作为消费、资本形成总额、出口的列向量，U^{ZC}、U^{ZI}、U^{ZE} 分别表示制造业国内产出作为消费、资本形成总额、出口的列向量，X^{T}、X^{Z} 分别表示 T、Z 的总产出列向量，X^{M} 为进口的列向量；V^{T}、V^{Z} 分别表示 T、Z 的增加值行向量；L^{T}、L^{Z} 分别表示 T、Z 的劳动力投入的行向量；K^{T}、K^{Z} 分别表示 T、Z 的资本投入的行向量。

根据表 4-4 区分进口投入和国内投入的反映制造业状况的非竞争型投入产出占用模型，本书可以计算出制造业单位产品的完全国内增加值系数。由表 4-4 的水平方向，可以分别得到非制造业、制造业生产和使用国内投入的供求关系：

$$\begin{cases} X^{TT}+X^{TZ}+U^{T}=X^{T} \\ X^{ZT}+X^{ZZ}+U^{Z}=X^{Z} \end{cases} \tag{4-3}$$

令 A^{TT}、A^{TZ}、A^{ZT}、A^{ZZ} 分别表示非制造业和制造业之间以及它们内部的直接消耗系数矩阵，则式（4-3）可以表示为

$$\begin{cases} A^{TT}X^{T}+A^{TZ}X^{Z}+U^{T}=X^{T} \\ A^{ZT}X^{T}+A^{ZZ}X^{Z}+U^{Z}=X^{Z} \end{cases} \tag{4-4}$$

式（4-4）相应的矩阵表达式为

$$\begin{bmatrix} X^{T} \\ X^{Z} \end{bmatrix} = \begin{bmatrix} I-A^{TT} & -A^{TZ} \\ -A^{ZT} & I-A^{ZZ} \end{bmatrix}^{-1} \begin{bmatrix} U^{T} \\ U^{Z} \end{bmatrix} \tag{4-5}$$

式（4-5）可以写为

$$\widetilde{X}=(I-\widetilde{A})^{-1}\widetilde{U}$$

其中，令 $\widetilde{B}=(I-\widetilde{A})^{-1}=\begin{bmatrix} I-A^{TT} & -A^{TZ} \\ -A^{ZT} & I-A^{ZZ} \end{bmatrix}^{-1}=\begin{bmatrix} B^{TT} & B^{TZ} \\ B^{ZT} & B^{ZZ} \end{bmatrix}$，则构成扩展的完全消耗系数矩阵。$B^{TT}$、$B^{TZ}$分别代表非制造业（T）和制造业（Z）的单位最终需求对非制造业（T）的完全消耗系数矩阵，B^{ZT}、B^{ZZ}分别代表非制造业（T）和制造业（Z）的单位最终需求对制造业（Z）的完全消耗系数矩阵。

由矩阵运算法则，可以得到：

$$B^{TT}=(I-A^{TT})^{-1}[I+A^{TZ}B^{ZZ}A^{ZT}(I-A^{TT})^{-1}]$$

$$B^{TZ}=(I-A^{TT})^{-1}A^{TZ}B^{ZZ}$$

$$B^{ZT}=B^{ZZ}A^{ZT}(I-A^{TT})^{-1}$$

$$B^{ZZ}=[(I-A^{ZZ})-A^{ZT}(I-A^{TT})^{-1}A^{TZ}]^{-1}$$

设非制造业（T）和制造业（Z）的直接增加值系数行向量分别为：$A_V^T=[a_{V_j}^T]=\left[\dfrac{V_j^T}{X_j^T}\right]$，$A_V^Z=[a_{V_j}^Z]=\left[\dfrac{V_j^Z}{X_j^Z}\right][j\in(1, n)]$，令 $\widetilde{A}_V=[A_V^T A_V^Z]$ 为直接增加系数矩阵，$\widetilde{B}_V=[B_V^T B_V^Z]$ 为完全国内增加值系数矩阵。其中，B_V^T 和 B_V^Z 分别为 T 和 Z 的完全国内增加值系数行向量，则根据投入产出理论可得

$$\widetilde{B}_V=\widetilde{A}_V(I-\widetilde{A})^{-1}=\widetilde{A}_V\widetilde{B}$$

即 $[B_V^T B_V^Z]=[A_V^T A_V^Z]\begin{bmatrix} B^{TT} & B^{TZ} \\ B^{ZT} & B^{ZZ} \end{bmatrix}$ （4-6）

式（4-6）可以转化为

$$\begin{cases} B_V^T=A_V^TB^{TT}+A_V^ZB^{ZT} \\ B_V^Z=A_V^TB^{TZ}+A_V^ZB^{ZZ} \end{cases} \tag{4-7}$$

同理，可以求得对就业的完全需求系数，即完全就业系数：

$$\begin{cases} B_L^T=A_L^TB^{TT}+A_L^ZB^{ZT} \\ B_L^Z=A_L^TB^{TZ}+A_L^ZB^{ZZ} \end{cases} \tag{4-8}$$

其中，$A_L^T=[a_{L_j}^T]=\left[\dfrac{L_j^T}{X_j^T}\right]$，$A_L^Z=[a_{L_j}^Z]=\left[\dfrac{L_j^Z}{X_j^Z}\right]$，分别为非制造业（T）和制造业（Z）的直接就业系数行向量。

根据式（4-7）和式（4-8）可以计算制造业单位产品最终需求（出口）对国内经济和就业的拉动效应，即制造业单位产品最终需求（出口）的完全增加值系数和完全就业系数。但其中的制造业单位产品最终需求没有区分出

口和国内消费，因此无法真实地反映制造业的国际分工地位和竞争力水平。借鉴刘威等（2018）构建一个国家行业出口复杂度测算公式的方法，可以计算出一个国家制造业单位产品出口所带来的完全增加值系数和完全就业系数为

$$B^z_{vec} = \sum_i \frac{e^z_{ic}}{e^z_c} \times b^z_{vic} \tag{4-9}$$

$$B^z_{lec} = \sum_i \frac{e^z_{ic}}{e^z_c} \times b^z_{lic} \tag{4-10}$$

其中，e^z_{ic}为 c 国制造业 i 行业的出口额，e^z_c 为 c 国制造业的出口额，最终根据式（4-9）和式（4-10）可以计算出 43 个国家和地区的制造业出口所带来的完全增加值系数和完全就业系数。

式（4-9）和式（4-10）计算数据来自世界投入产出数据库（WIOD）中的国际投入产出表（WIOTs）和社会经济核算数据表（Socio-Economic Accounts），该数据库提供了可区分国内投入和进口投入的 2000—2014 年的非竞争型投入产出表和劳动力投入的 43 个国家和地区数据。该投入产出表基于国际标准产业分类法（ISIC Rev. 4）划分为 56 个产业部门，本书将其中属于制造业的部分分离出来，区分出制造业和非制造业两部分。为了便于分析，下文中重点列出了中国、美国、发达国家①、发展中国家、七国集团（G7）、新兴经济体②的数据。

（二）完全增加值系数

根据投入产出原理，完全增加值系数反映的是一个国家单位产品最终需求（出口）所引致的国内增加值，包括直接增加值和通过中间需求引致的间接增加值。因此，制造业单位出口产品的国内完全增加值系数越大，其出口获利能力和对国内经济增长的拉动作用就越强，说明其在国际分工中越处于有利地位；反之，其在国际分工中越处于不利地位。

① 根据 OECD 早期分法，美国、日本、德国、法国、英国、意大利、加拿大、瑞典、芬兰、丹麦、挪威、荷兰、比利时、瑞士、奥地利、新加坡、澳大利亚、新西兰、希腊、冰岛、爱尔兰、卢森堡、葡萄牙、西班牙属于发达国家。本书选择了 OECD 分法来界定发达国家，但由于 WIOD 中未包含新加坡、冰岛、新西兰的数据，因此本书中的发达国家仅包含除这 3 个国家的剩余 21 个国家。

② 博鳌亚洲论坛 2010 年年会在海南博鳌正式开幕，论坛组织方首次提出“E11”概念。E11 即新兴经济体 11 国：阿根廷、巴西、中国、印度、印度尼西亚、韩国、墨西哥、俄罗斯、沙特阿拉伯、南非和土耳其。本书选择了博鳌亚洲论坛对新兴经济体的界定，但由于 WIOD 中未包含阿根廷、沙特阿拉伯和南非的数据，因此本书中的新兴经济体仅包含除这 3 个国家之外的剩余 8 个国家。

本书根据式（4-9）计算了43个国家和地区的制造业单位出口产品的国内完全增加值系数。2000—2014年，除极个别国家外，大部分国家的制造业单位出口产品的国内完全增加值系数呈波动下降趋势。43个国家和地区制造业单位出口产品的国内完全增加值系数均值从2000年的0.64下降到2014年的0.56，降幅达到12.5%，表明了全球制造业产品内分工的进一步发展与深化。从图4-7中可以看出，尽管美国制造业单位出口产品的国内完全增加值系数在这一期间有了小幅度的下降，但由于其持续投入开发先进制造技术，单位制造业出口产品的国内完全增加值系数一直保持相对较高的水平，处于领先地位。发达国家的制造业单位出口产品的国内完全增加值系数均值略高于发展中国家，都呈波动下降趋势，且二者差距在不断缩小。其中，自然资源贫乏、市场狭小、经济对外依赖性大的发达国家，如卢森堡、荷兰、希腊、比利时等下降幅度最大。七国集团（G7）是20世纪传统制造业大国，其制造业单位出口产品的国内完全增加值系数均值虽低于美国和中国，但仍高于发达国家、发展中国家和地区，说明这些国家出口产品的国内增值能力仍然较强。新兴经济体的制造业单位出口产品的国内完全增加值系数均值在前期虽然低于G7，但从2011年以后超过了G7并呈上升趋势，表明作为新兴市场力量的国家，开始表现出制造业国际分工地位提升的趋势。同时，从图4-7中还可以看到，各类型国家在2009年都有一个明显的波动，在制造业单位出口产品的国内完全增加值长时间下滑后出现了一个明显的上升。究其原因，2007年美国次贷危机所引发的国际金融危机给全球经济带来了巨大的冲击，全球贸易保护主义抬头和西方发达国家的“再工业化战略”所引起的制造业回流影响了全球价值链的分工与合作，从而在短时间内带来了各国制造业出口的国内增值能力的改变。

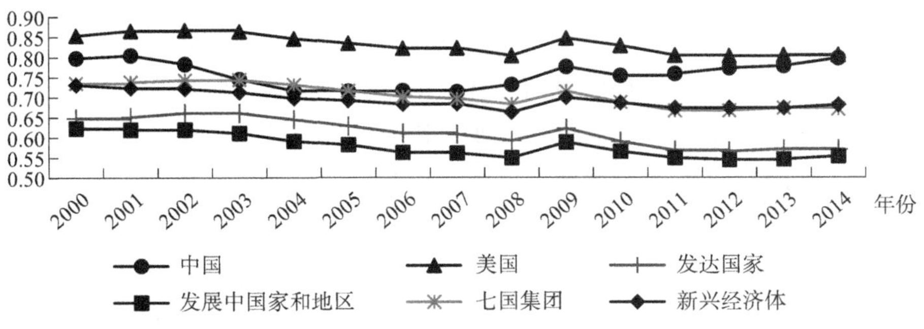

图4-7 中国与主要国家和地区制造业出口产品的完全增加值系数均值比较

资料来源：根据世界投入产出数据库（WIOD）中的国际投入产出表（WIOTs）计算。

中国制造业单位出口产品的国内完全增加值系数的变动大体可以分为两段时期。2001—2006 年，中国制造业单位出口产品的国内完全增加值系数呈下降趋势，这与中国加入世界贸易组织后市场开放程度提高以及国内加工贸易方式的推行有关。上述举措一方面使中国制造业融入全球价值链分工的程度加深，另一方面形成了中国制造业通过进口中间品进行简单加工生产再出口的路径依赖，从而削弱了制造业国内增值能力的提升。2007—2014 年，除 2009 年的波动外，中国制造业单位出口产品的国内完全增加值系数相对其他类型国家出现了明显的上升趋势，使得制造业的国内增值能力下滑放缓，并缩减了与美国的差距。尽管 2010 年中国制造业产值已超过美国，成为全球制造业大国，但中国制造业单位出口产品的国内增值能力仍然低于美国，这与中美两国要素禀赋结构的差异有很大关系。不过，随着中国制造业融入全球价值链分工程度的加深，国际分工和合作所带来的外溢效应使中国制造业单位出口产品的国内完全增加值系数不仅逐渐缩减了与美国的差距，还拉大了与七国集团等传统制造业大国的距离。同时，随着近年来中国劳动力成本上升所带来的人口红利的逐渐消失，也形成了对中国制造业参与全球价值链分工的“倒逼”机制，加快了制造业转型升级的步伐，从而使得近年来中国制造业出口的国内增值能力开始回升，国际分工地位得到提升。

为了更好地了解各经济体在全球价值链中的位置，本书测算了 2000—2014 年 43 个国家和地区不同技术分组制造业单位出口产品的国内完全增加值系数，如图 4-8 所示。

2000—2014 年，大部分国家低端、中低端、中高端制造业单位出口产品的国内完全增加值系数呈波动下降趋势，有一半的国家高端制造业单位出口产品的国内完全增加值系数呈波动下降趋势。具体来看，43 个国家和地区低端、中低端、中高端、高端制造业单位出口产品的国内完全增加值系数均值下降幅度分别为 6.05%、17.01%、10.27%、4.39%。由此可以看出，中低端制造业的产品内分工深化程度最高，其次为中高端制造业，高端制造业的产品内分工深化程度最低。这说明制造业各行业融入全球价值链的程度在不断加深，但因制造业的行业异质性，不同技术分组的行业产品内分工深化的程度不同。

从图 4-8 中可以看出，中国低端、中低端、中高端和高端制造业单位出口产品的国内完全增加值系数的阶段波动较为相似，故在低端、中低端、中高端制造业具有相对优势地位，其出口的国内完全增加值系数明显高于高端制造业。

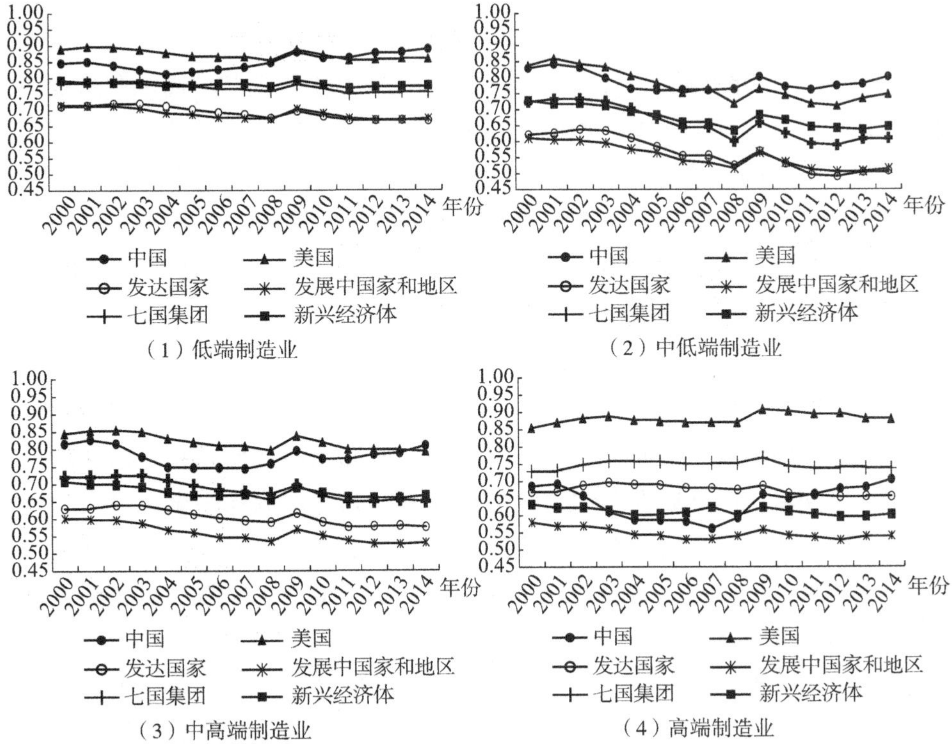

图 4-8 不同技术分组下中国与主要国家和地区制造业出口产品的完全增加值系数均值比较

资料来源：根据世界投入产出数据库（WIOD）中的国际投入产出表（WIOTs）计算。

这可能与中国制造业嵌入全球价值链分工的环节有很大关系，嵌入低价值环节是导致高端制造业出口的国内完全增加值较低的主要原因（王岚等，2015）。

从具体的波动阶段来看，虽然从 2001 年开始，低端、中低端、中高端、高端制造业单位出口产品的国内增值能力普遍下降，但下降持续时间长短不同。其中，低端制造业持续时间最短，高端制造业持续时间最长且降幅最大。形成这种局面的原因是，一方面，2001 年中国“入世”使市场开放程度显著提高，从而加深了各行业融入全球价值链分工的程度，生产中对进口中间投入品的依赖增加，使得一段时间内制造业各行业出口的国内增值能力普遍下降；另一方面，在制造业技术优势不足的情况下，制造业融入全球价值链分工中只能被锁定在低价值的加工环节，高端制造业的增值能力在短期内发挥不出来。从 2005 年开始，低端制造业单位出口产品的国内完全增加值系数开始回升，这意味着低端制造业不再完全依赖低廉劳动从事简单加工，在国际分工中的地位有所提升。中低端、中高端制造业单位出口产品的国内完全增加值系数从2006年开始回升，中高端制造业上升幅度快于中低端制造业，国内增值能力渐渐赶超中低端制造业。高端制造业单位出口产品的国内完全增加值系数从2007年开始回升，但上升幅度比低端、中低端和中高端制造业高很多，这在一定程度上表明，中国制造业正在向着全球价值链的高端位置攀升。同时，自2005年以来，中国的劳动成本增长了5倍，使得制造业过去依赖低廉劳动成本从事简单加工装配的贸易格局发生了改变，一般贸易的比重不断上升。这种贸易方式转型的实现，使得制造业出口的国内增值能力提升，提高了中国制造业国际分工地位。

从跨国比较来看，2000—2014年，中国低端、中低端、中高端制造业单位出口产品的国内完全增加值系数一直高于世界制造业同技术分组平均水平。其中，低端、中低端制造业单位出口产品的国内完全增加值系数在前期略低于美国。但随着中国低成本劳动力优势的发挥及其逐渐成长为全球最大的制造业出口国，使得其在这两个技术层次的国内增值能力不断提升并逐渐超过美国。而新兴经济体与中国一样在低端、中低端制造业中具有相对优势，增值能力逐渐超越七国集团，明显高于发达国家及发展中国家和地区的均值。随着技术层次的提升，可以发现，经济发展水平较高的国家制造业出口产品的国内增值能力也相对较高。美国的中高端制造业单位出口产品的国内完全增加值系数领先于其他国家，发达国家的制造业单位出口产品的国内完全增加值系数均值高于发展中国家和地区，中国等新兴经济体的制造业单位出口产品的国内增值能力在2010年之后出现了相对较快的增长。在高端制造业领域，发达经济体与发展中经济体的国内增值能力差距更明显。美国、七国集团的制造业单位出口产品的国内增值能力远高于其他类型国家。这说明，由于技术创新及原有的良好工业基础优势，传统制造业国家仍处于制造业全球价值链的高端，掌握高技术产品的核心竞争能力，而发展中国家更多的还是依赖其成本优势，从事组装加工业务，通过高端技术所获得的贸易利益和对国内经济的拉动作用有限。不过，从图4-8中我们可以看到，最初中国高技术制造业只是参与全球价值链中较为低端的生产环节，其技术含量并不是很高，国内增值能力与美国等发达经济体差距较大，但随着中国高新技术产品贸易的发展，国内增值能力变化明显。2004年，中国改变了一直以来高新技术产品的逆差地位，并逐渐扩大了该领域的顺差，使其成为本国贸易顺差总额的重要组成部分。这种贸易地位的改变，使中国高端技术产品开始融入全球价值链中，并寻求国内增值能力的提升和贸易利润的增加。因此，中国高端技术制造业单位出口产品的国内完全增加值系数在 2007 年开始回升后，逐渐超过新兴经济体、发达国家，与七国集团接近。

综上可知，一方面，中国制造业在国际分工中的获利能力呈先降后升的变动趋势。在中国加入世界贸易组织初期，中国制造业主要依靠加工贸易方式被动参与国际分工，制造业出口仍然是粗放型的数量扩张模式，其国内增值能力下滑。但随着中国制造业融入全球价值链分工程度的加深以及国内劳动力成本的上升，中国制造业加快了转型升级的步伐，其出口的国内增值能力下滑放缓并开始上升，出现了先减弱后增强的变动趋势。另一方面，中国制造业正在向着全球价值链的高端位置攀升，但仍存在差距。“入世”初期，在技术不足的情况下参与全球价值链分工，使中国制造业陷入了“低端”锁定的困境，高端制造业的国内增值能力与美国等发达国家差距较大。随着中国参与全球价值链分工外溢效应的扩大，各行业的单位出口对国内增加值的拉动作用在不断增加，并向全球价值链分工的高端位置攀升。但与美国等技术创新领先国比较，在高端制造业领域，中国国内增值能力差距仍然较大，还不具备超越世界领先水平的能力。

（三）完全就业系数

完全就业系数反映的是一个国家单位产品最终需求（出口）所拉动的国内就业，包括直接拉动的就业和通过中间需求拉动的就业。同时，完全就业系数也可以看作单位产品生产需要投入多少国内劳动，因而，其也反映了该国生产部门的劳动生产率。因此，制造业出口产品的完全就业系数越大，表明制造业出口产品对国内就业的拉动效应越大，但劳动生产率越低；反之，则表明制造业出口产品对国内就业的拉动效应越小，但劳动生产率越高。

本书根据式（4-10）计算了 43 个国家和地区的制造业出口产品的完全就业系数。2000—2014 年，所有国家的制造业出口产品的完全就业系数都呈现了波动下降的趋势，整体平均值从 2000 年的 0.069 下降到 2014 年的 0.019，降幅达到 72.5%，年均下降了 8.28%。从整体来看，制造业出口产品拉动就业的效应在逐渐下降，这也意味着制造业出口产品所消耗的劳动量在减少，即全球制造业劳动生产率的提高。本书列出了 2000—2014 年中国、美国、发达国家、发展中国家、七国集团（G7）、新兴经济体的完全就业系数，如图 4-9 所示。

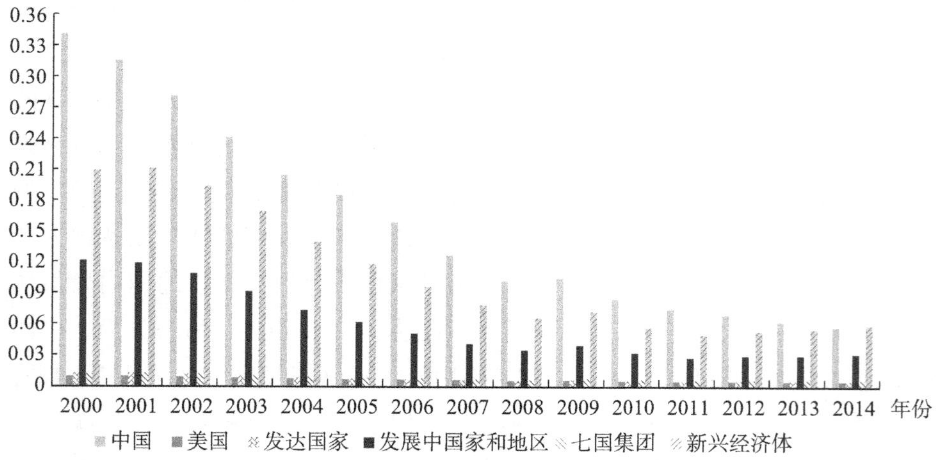

图 4-9 中国与主要国家和地区制造业出口产品的完全就业系数均值比较

资料来源：根据世界投入产出数据库（WIOD）中的社会经济核算数据表（Socio-Economic Accounts）计算。

从图 4-9 来看，2000—2014 年，中国制造业出口产品的完全就业系数虽在大部分年份高于其他国家和地区，但降幅最大。这一方面说明，中国整体制造业的劳动生产率偏低，与其他国家和地区尤其是发达国家之间仍存在较大差距；另一方面说明，中国制造业的劳动生产率增速较快，即整体制造业出口带动就业的能力在不断下降。究其原因，随着中国工业化进程的推进，制造业生产投入资本和技术的使用正在逐渐取代劳动，降低了单位出口产品的劳动消耗。但因资本投资和创新能力不足，中国制造业生产技术并不占优，与发达国家之间存在较大差距，甚至落后于很多发展中国家。虽因劳动成本上升导致劳动力绝对低廉已不占优，但与很多国家和地区特别是发达国家比较来看，中国的劳动力相对优势仍然存在。而美国等传统的发达国家由于资本和技术要素充足，其制造业出口产品的劳动生产率一直保持领先地位。与中国相似的是，发展中国家和新兴经济体虽然在劳动力成本和原材料方面比发达国家更具有优势，但其劳动生产效率与发达国家差距较大。同时，通过图 4-9 可知，2000—2014 年，发展中国家以及新兴经济体的制造业出口产品的完全就业系数下降幅度都远高于发达国家。这意味着包括中国在内的发展中国家、新兴经济体制造业尽管依然依靠劳动要素优势参与国际分工，但对劳动要素优势的依赖在逐步降低，劳动生产率提升较快。

为了更好地了解各经济体不同技术类型制造业的劳动生产率变动情况，本书测算了2000—2014年43个国家和地区四类技术分组制造业出口产品的完全就业系数（见图4-10）。在此期间，绝大多数国家四类技术分组的制造业单位出口产品的完全就业系数呈不同程度下降趋势。具体来看，43个国家和地区低端、中低端、中高端、高端制造业单位出口产品的完全就业系数均值下降幅度分别为68.44%、70.93%、73.06%、71.96%。由于各行业技术要求不同，表现为单位出口产品的劳动消耗减少程度不同，即劳动生产率的提升幅度存在差异。

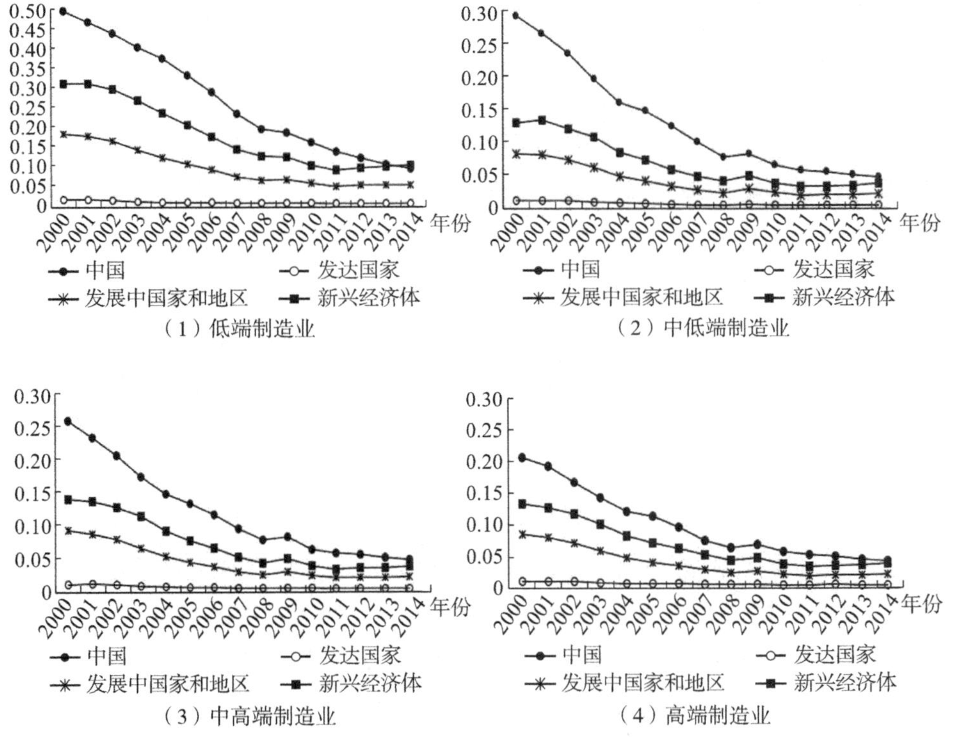

图4-10　不同技术分组下中国与主要国家和地区制造业出口产品的完全就业系数均值比较

资料来源：根据世界投入产出数据库（WIOD）中的社会经济核算数据表（Socio-Economic Accounts）计算。

由图4-10可知，各技术分组制造业出口产品的劳动生产率在金融危机爆发前增速较快，但2009年之后，其劳动生产率虽然仍在增长，但增速放慢，且增速变化体现出行业差异。以中国为例，2009年之前，完全就业系数年均下降速度最快的是中低端制造业，下降速度最慢的是低端制造业。这说明，尽管随着市场开放程度提高，资本和技术在逐渐取代劳动，各行业对劳动的需求减少，但由于这一时期正是中国加工贸易蓬勃发展的时期，反而推动了非熟练劳动力就业的增加，最终结果是低端制造业虽然带动就业的能力下降，但下降速度却慢于其他行业。2009年之后，完全就业系数年均下降速度最快的是低端制造业，下降速度最慢的是高端制造业。这一方面说明，劳动力成本上升、贸易结构和贸易方式的转变扭转了劳动需求结构，对非熟练劳动的需求降低，迫使低端制造业减少劳动消耗，提高劳动效率；另一方面说明，相对于中高端制造业而言，低端制造业拉动就业的能力更容易受到外部冲击。

从图4-10中还可以看到，各国中高端制造业由于其自身的行业特征，对资本和技术的需求要高于对劳动的需求，因而对就业的拉动能力均低于低端制造业。其中，在低端制造业领域，包括中国在内的发展中国家和地区与发达国家之间完全就业系数的差距明显高于二者其他技术分组之间的差距。这说明由于要素禀赋差异，对发展中国家和地区而言，低端制造业仍是带动就业的主要行业，且劳动生产率相对更低。同时要注意的是，近年来由于中国劳动力成本的上升以及发达国家制造业的回流，原先进入中国制造业的外资开始向成本较低的国家或本国转移，从而发生了对中国制造业就业的挤出效应。在图4-10中表现为，中国的各技术分组制造业的完全就业系数持续下降，而发展中国家和地区以及新兴经济体的各技术分组制造业的完全就业系数在2010年之后出现了上升的趋势，尤其是低端和中低端制造业的完全就业系数上升更为明显。另外，尽管中国等发展中国家和地区与发达国家之间存在明显的劳动生产率差异，但从图4-10中可以发现，其完全就业系数的变动要较发达国家明显，各技术分组劳动生产率的增速快于发达国家。

综上可知，一方面，中国整体制造业的劳动生产率偏低，但增速较快。随着中国工业化进程的推进和市场开放所产生的外溢效应，中国制造业生产中的资本和技术的投入正在逐渐替代劳动投入，而近年来劳动成本的上升会进一步加快这一趋势，使得制造业对劳动要素优势的依赖逐步降低，劳动生产率提升加快，中国制造业的国际分工地位得到提高。但相对于发达国家，甚至很多新兴市场国家而言，中国制造业的资本投资和创新不足，技术不占绝对优势，因而整体制造业的劳动生产率尽管快速提升，但仍然偏低。另一方面，中国制造业劳动生产率的变动存在行业异质性。全球制造业技术水平提升，产品生产中劳动消耗在不断减少，并因行业异质性，资本、技术和劳动的占比不同，所带来的劳动消耗下降速度也不同，即劳动生产率的增速不同。近年来，受国内和国外因素的影响，中国低端制造业对非熟练劳动的需求减少，使得劳动生产率增速要快于其他技术分组行业。而在技术高度不够、高质量劳动供给不足的情况下，高端制造业劳动生产率虽在拉近与发达国家之间的差距，但增速却慢于其他技术分组行业。

七、小结

通过本章的分析可以看出，在中国货物贸易规模不断扩大的情况下，中国制造业出口发展尤为迅速，但同时增长波动明显，且与中国净贸易条件不断恶化并存。随着中国制造业宏观开放程度的提高，中国制造业出口已经成为拉动国内经济增长的主要动力之一。但从 2004 年开始，在中国制造业总产值不断增长的情况下，中国制造业的出口密集度却有所下降，低于同期制造业出口宏观开放程度，且差距越来越大。这使得中国在外需疲软、内需不足的情况下，制造业产能过剩的结构问题不断凸显。

同时，从中国制造业出口的行业结构来看，各行业都出现了不同程度的增长，但低端、中低端制造业的出口增长相对放缓，中高端、高端制造业的出口增速较快，且以电子和信息技术为代表的高新技术产品出口比重明显提升，制造业出口产品结构明显优化。从出口市场结构来看，中国制造业市场在 20 世纪 90 年代高度集中于传统市场的情况有了明显的改变，出现了市场分散化的趋势。近年来，随着出口战略的调整，制造业出口开始面向更多的发展中经济体。随着"一带一路"倡议的推进，中国与"一带一路"合作伙伴的制造业贸易往来不断增多，逐渐成为拉动国内制造业出口的新动力。从本章对 2002 年、2021 年中国制造业的比较优势分析来看，中国制造业具有相对较强的比较优势。2002—2021 年，除保持了纺织服装、皮革等传统产业的比较优势之外，中国制造业中处于比较优势的行业在不断增多，且通信设备、计算机及其他电子设备制造（C26），仪器仪表及文化、办公用机械制造业（C27）等高端制造业以及中高端制造业的比较优势也在提升。

本书通过编制区分制造业和非制造业的非竞争型投入产出占用模型，测算了 2000—2014 年制造业出口产品的国内完全增加值系数和完全就业系数（劳动生产率），发现中国制造业在国际分工中的获利能力呈先降后升的变动趋势，并随着中国参与全球价值链分工外溢效应的扩大逐渐向全球价值链的高端位置攀升。但与美国等技术创新领先国家比较，中国在高端制造业领域，国内增值能力差距仍然较大。同时，相对于发达国家，甚至很多新兴市场国家而言，中国在高端制造业领域的资本投资和创新不足，技术不占绝对优势，因而高端制造业劳动生产率虽在拉近与发达国家之间的差距，但增速却慢于其他技术分组行业，从而使中国整体制造业的劳动生产率偏低。

可以说，随着中国自身经济结构转型的推进以及劳动力成本上升、贸易条件恶化、人民币大幅升值、频繁的贸易纠纷等内外部环境的变动，中国长期依赖的低成本制造优势正在削弱，因此，出口高附加值产品以增加回报，势在必行。相应地，从本章的行业结构和市场结构分析来看，中国制造业发展中尽管仍存在很多结构问题，但结构升级已经开始体现。所以，在高新技术领域仍需加大研发投入，以提升产品的技术含量，提升出口产品的获利能力。

第五章　中国制造业出口增长边际分解和差异性分析

通过第四章中国制造业出口规模和出口增长波动分析可知，中国制造业产品的出口扩张迅速，但增长波动明显。在全球贸易形势较好时，中国制造业出口将高速增长；当外部冲击来临时，制造业出口增长又将大幅下降。可见，拥有较高的出口增长率并不意味着一个国家制造业出口贸易会越来越繁荣。中国作为当前世界排名第一的制造业出口大国，其出口扩张路径是否合适以及出口路径又该如何优化，关系到未来能否实现建设制造业强国的目标。本章将利用 CEPII BACI 国际贸易数据库中的 HS 6 分位数据，从产品层面界定出口增长边际，并利用 HK 指数将中国制造业出口增长分解为集约边际增长和扩展边际增长，同时根据新新贸易理论和经济理论等对中国制造业出口增长二元边际分析维度进一步拓展，分解为数量边际、价格边际和扩展边际。最后，根据本部分的分解框架，分行业、不同技术密集度、国家和地区组别来研究中国制造业出口增长边际结构和差异，并利用核密度估计方法，探讨中国制造业出口增长的源泉和变动情况。

一、出口增长边际分解框架

新新贸易理论将出口增长分解为集约边际（intensive margin）和扩展边际（extensive margin）。从前文中可知，尽管出于不同的研究目的和数据来源，不同的文献对出口增长二元边际进行了不同的定义，但这一分解方式确实使我们对出口增长有了更深入、细致的了解，尤其是对于新产品、新市场的扩展有了量化的分析，并将出口增长与二元边际联系起来，丰富了我们对于出口增长的认知。由于集约边际和扩展边际分别反映了不同的贸易利益，因此我们还需要进一步了解集约边际和扩展边际的增长是由什么来推动的。三元边际的分解方法可以将集约边际进一步分解为数量边际和价格边际。通过计算各国的三元边际和相应的增长率，以及不同边际对总出口增长的贡献，可以判断一个国家出口贸易增长的主要推动力究竟是产品种类、数量还是价格。

在 Hummels 和 Klenow（2005）提出的分解框架中，一个国家出口占世界份额可以分解为扩展边际和集约边际，其中扩展边际是该国出口产品和世界出口产品集合中相同种类产品的世界出口额占世界总出口额的比重，该国与世界出口的重叠产品越多，其扩展边际越大，也即该国出口产品多样化程度越高。相应地，集约边际是该国出口产品集合中该国占世界出口贸易额的比重，该国出口的与世界出口的相同产品贸易额越大，其集约边际越大。显然，该国出口的世界市场份额提高，既可以来自出口商品的种类增加，也可以来自在给定商品上的出口额增加。进一步地，二人将出口集约边际分解为价格指数和数量指数，并指出，出口集约边际增长既可能是由出口价格提高导致的出口价值增长所带来的，也可能是由纯粹的贸易数量增长导致的出口价值增长所带来的。

本章借鉴 Hummels 和 Klenow（2005）、施炳展（2009）分解方法，首先将制造业相对出口额分解为产品扩展边际、产品数量边际与产品价格边际，然后将出口增长分解为产品扩展边际的增长、产品数量边际的增长以及产品价格边际的增长，从而全面考察中国制造业出口贸易增长结构。

首先，我们需要定义中国制造业产品对 m 国出口的扩展边际为

$$EM_{cm}=\frac{\sum_{i\in I_{cm}}p_{wmi}q_{wmi}}{\sum_{i\in I_m}p_{wmi}q_{wmi}} \tag{5-1}$$

其中，c、m、w 分别表示中国、进口国和参照国。p、q 分别代表出口价格和出口数量。中国制造业产品出口到 m 国的种类集合记为 I_{cm}。在本书的研究中，将中国与世界平均水平进行比较，因此参考国为整个世界，则世界制造业产品出口到 m 国的种类集合记为 I_m。I 是按照 1992 版本的 HS 6 位数代码的 4439 种制造业产品，$I_{cm}\subset I_m$。p_{wmi} 代表世界所有国家的商品 i 对 m 国的出口价格，q_{wmi} 代表世界所有国家的商品 i 对 m 国的出口数量。分子代表的是以中国制造业出口到 m 国的 I_{cm} 种产品计算的世界所有国家对 m 国的出口总额，分母代表的是以世界制造业出口到 m 国的 I_m 种产品计算的世界所有国家对 m 国的出口总额。因此，式（5-1）表示了中国与世界对 m 国重叠制造业产品出口总额占世界对 m 国制造业产品出口总额的比重，实际上衡量的是中国制造

业出口 m 国的商品种类的扩展情况（丰富程度）。比值越大，说明中国与世界出口到 m 国的制造业产品的重合度越高，从而说明中国制造业出口了更多种类的产品到 m 国，对 m 国出口的扩展边际越大。同样，如果中国能够出口世界上所有国家出口到 m 国的制造业出口产品种类，那么它的出口扩展边际就等于 1。

其次，定义中国制造业产品对 m 国出口的集约边际为

$$IM_{cm}=\frac{\sum_{i\in I_{cm}} p_{cmi}q_{cmi}}{\sum_{i\in I_{cm}} p_{wmi}q_{wmi}} \tag{5-2}$$

其中，分子代表的是中国制造业对 m 国的出口总额，分母代表的是以中国制造业出口到 m 国的 I_{cm} 种产品计算的世界所有国家对 m 国的出口总额。因此，式（5-2）表示了在中国制造业出口到 m 国的 I_{cm} 种产品范围内，中国制造业对 m 国出口额占世界制造业对 m 国出口额的比重。这一指标越大，说明在相同的制造业产品上，中国实现了更多的对 m 国的出口，从而产品深度越大。

在定义了集约边际与扩展边际以后，本书将制造业产品出口的集约边际与扩展边际相乘，得到中国制造业对 m 国出口占世界制造业对 m 国总出口的比重：

$$\frac{\sum_{i\in I_{cm}} p_{cmi}q_{cmi}}{\sum_{i\in I_{m}} p_{wmi}q_{wmi}}=EM_{cm}\times IM_{cm} \tag{5-3}$$

式（5-3）左边表示中国制造业出口 m 国占世界制造业出口 m 国的比重，即在 m 国进口的制造业产品中，中国制造业产品所占份额，式（5-3）右边表示制造业产品出口的扩展边际与集约边际。显然，中国出口 m 国的制造业产品种类越多，或者中国在给定制造业产品上对 m 国出口规模越大，越可以使中国制造业产品占有较高的 m 国市场份额。也就是说，中国制造业对 m 国相较以前出口更多种类的产品，或者中国制造业对 m 国相较以前出口数量更多、出口价格更高，都可以带来制造业出口份额的扩张。为此，我们将集约边际进一步分解为产品数量与产品价格的乘积：

$$IM_{cm}=P_{cm}\times Q_{cm} \tag{5-4}$$

中国制造业对 m 国出口产品的价格边际和数量边际则是在中国和世界对 m 国出口的重叠制造业产品中，中国相对世界的水平。其中，价格指数 P_{cm} 和数量指数 Q_{cm} 可分别定义为

$$P_{cm}=\prod_{i\in I_{cm}}\left(\frac{p_{cmi}}{p_{wmi}}\right)^{w_{cmi}},\quad Q_{cm}=\prod_{i\in I_{cm}}\left(\frac{q_{cmi}}{q_{wmi}}\right)^{w_{cmi}} \tag{5-5}$$

其中，权重 w_{cmi} 通过式（5-6）计算：

$$w_{cmi}=\frac{\dfrac{S_{cmi}-S_{wmi}}{\ln S_{cmi}-\ln S_{wmi}}}{\sum_{i\in I_{cm}}\dfrac{S_{cmi}-S_{wmi}}{\ln S_{cmi}-\ln S_{wmi}}} \tag{5-6}$$

其中，S_{cmi}、S_{wmi} 分别表示 i 种产品出口所占比重，其计算公式如下：

$$S_{cmi}=\frac{p_{cmi}q_{cmi}}{\sum_{i\in I_{cm}}p_{cmi}q_{cmi}},\quad S_{wmi}=\frac{p_{wmi}q_{wmi}}{\sum_{i\in I_{cm}}p_{wmi}q_{wmi}} \tag{5-7}$$

至此，我们就可以将中国制造业相对出口份额（R_{cm}）分解为出口扩展边际、出口数量边际与出口价格边际：

$$R_{cm}=EM_{cm}\times P_{cm}\times Q_{cm} \tag{5-8}$$

为了进行跨期比较分析，进一步考察扩展边际、数量边际、价格边际对制造业出口增长的贡献度，本书假定制造业出口有两个不同的时期，即 t 时期和 $t+1$ 时期。参照式（5-8），t 时期中国制造业对 m 国的出口市场份额为

$$R_{cm_t}=EM_{cm_t}\times P_{cm_t}\times Q_{cm_t} \tag{5-9}$$

则两个时期中国制造业对 m 国的出口市场份额比率如下：

$$\frac{R_{cm_{t+1}}}{R_{cm_t}}=\frac{EM_{cm_{t+1}}}{EM_{cm_t}}\times\frac{P_{cm_{t+1}}}{P_{cm_t}}\times\frac{Q_{cm_{t+1}}}{Q_{cm_t}} \tag{5-10}$$

进一步将式（5-10）两边取自然对数，就获得了中国制造业对 m 国出口增长率的分解公式：

$$g_{mR}=g_{mEM}+g_{mP}+g_{mQ} \tag{5-11}$$

其中，g_{mR} 为中国制造业对 m 国的出口增长率，g_{mEX} 为扩展边际的增长率，g_{mP} 为价格边际的增长率，g_{mQ} 为数量边际的增长率。将式（5-11）两边同时除以 g_{mR}，则

$$1=\frac{g_{mEX}}{g_{mR}}+\frac{g_{mP}}{g_{mR}}+\frac{g_{mQ}}{g_{mR}} \tag{5-12}$$

式（5-12）右边分别表示扩展边际、价格边际、数量边际对中国制造业出口 m 国市场份额增长的贡献率。

为了进一步分析中国制造业的整体出口增长结构和增长源泉，需要将中国制造业对不同市场的出口边际进行加总，具体公式如下：

$$IM_c = \prod_{m \in M_c} (IM_{cm})^{a_{cm}} \qquad EM_c = \prod_{m \in M_c} (EM_{cm})^{a_{cm}} \tag{5-13}$$

$$P_c = \prod_{m \in M_c} (P_{cm})^{a_{cm}} \qquad Q_c = \prod_{m \in M_c} (Q_{cm})^{a_{cm}} \tag{5-14}$$

式（5-13）中，M_c 表示中国制造业出口所有国家和地区集合，a_{cm} 表示对 m 国制造业出口占中国制造业总出口的比重。

二、出口增长边际分解的国家范围界定

本章运用上述集约边际、扩展边际、数量边际和价格边际的计算公式，利用2002—2021年HS 6位数编码的中国制造业对35个国家和地区的产品出口数据，研究了中国制造业出口增长边际的变动情况。这35个出口目标国和地区分别为美国（842）、中国香港（344）、日本（392）、德国（276）、韩国（410）、英国（826）、法国（251）、加拿大（124）、新加坡（702）、荷兰（528）、意大利（380）、澳大利亚（36）、中国台湾（490）、墨西哥（484）、马来西亚（458）、西班牙（724）、泰国（764）、比利时（56）、阿联酋（784）、俄罗斯（643）、印度（699）、印度尼西亚（360）、匈牙利（348）、越南（704）、波兰（616）、挪威（579）、捷克（203）、沙特阿拉伯（682）、巴西（76）、南非（710）、菲律宾（608）、瑞士（757）、伊朗（364）、丹麦（208）、土耳其（792）。2002年，中国制造业对这35个国家和地区的出口占到整个中国制造业总出口的92.53%；2021年，降到84.20%。尽管随着市场多元化战略的推行，中国制造业出口市场集中度开始降低，但从这35个样本国家和地区占整个中国制造业出口的比重来看，这35个贸易伙伴基本体现出研究期间中国制造业出口增长的特点。

为了考察中国制造业出口增长的国别和地区差异以及解释中国制造业对发达经济体和发展中经济体出口的不同优势来源和特征，现将这35个样本国家和地区划分为发达经济体、发展中经济体组别进行分析。对于发达经济体的界定，联合国、世界银行、国际货币基金组织、经合组织等国际组织有不同的认定标准，因而划分结果也存在差异。由于发达经济体概念最早是由经合组织提出来的，因而本章在界定发达经济体时，选择了OECD的早期分法。根据OECD早期分法，美国、日本、德国、法国、英国、意大利、加拿大、瑞典、芬兰、丹麦、挪威、荷兰、比利时、瑞士、奥地利、新加坡、澳大利亚、新西兰、希腊、冰岛、爱尔兰、卢森堡、葡萄牙、西班牙属于发达经济

体。其中，1996 年 1 月，经合组织改变了原来的决定，将新加坡划分为“较发达的发展中国家”而从发达经济体中剔除。因而，本章所研究的 35 个目标市场中，发达经济体包括美国、日本、德国、法国、英国、意大利、加拿大、丹麦、挪威、荷兰、比利时、瑞士、澳大利亚、西班牙共 14 个国家，其余 21 个国家和地区为发展中经济体。

三、中国制造业出口中的零点贸易数量变化

本章数据源于 2002—2021 年的 CEPII 数据库 BACI 分库，该数据库包含全球 250 多个国家的双边贸易数据，贸易产品代码使用 1992 版本的 HS 6 位数代码，表示的产品种类数总共 5037 种，而通过第四章的制造业归类可知，其中制造业产品种类数是 4439 种。若按技术密集度进行归类，则低端制造业产品种类数是 1444 种，中低端制造业 832 种，中高端制造业 1793 种，高端制造业 370 种。

（一）中国制造业对世界出口零点贸易情况

在双边贸易中，并非所有的中国制造业产品都会参与到贸易中，也并非所有的市场都有中国制造业产品，因而中国制造业产品是存在很多零点贸易的。为了更好地了解中国制造业出口产品种类的变动，表 5-1 给出了 2002—2021 年中国制造业出口零点贸易数量。

表 5-1　2002—2021 年中国制造业出口（含六大洲）零点贸易数量　单位：种

年份	零点贸易总数	对亚洲	对欧洲	对北美洲	对拉丁美洲	对非洲	对大洋洲及太平洋群岛
2002	78	109	435	602	741	638	1010
2003	86	107	386	565	675	565	921
2004	87	112	330	521	599	554	808
2005	81	119	294	436	556	473	757
2006	70	107	275	384	495	377	681
2007	86	126	357	596	496	352	750
2008	113	149	370	595	546	377	727
2009	133	179	411	614	536	363	755
2010	171	263	379	604	548	406	739

续表

年份	零点贸易总数	对亚洲	对欧洲	对北美洲	对拉丁美洲	对非洲	对大洋洲及太平洋群岛
2011	191	276	456	587	512	401	717
2012	186	273	480	615	493	380	697
2013	212	296	470	630	561	398	703
2014	216	286	480	623	587	397	711
2015	213	239	497	593	590	539	742
2016	220	244	486	595	576	515	750
2017	308	361	477	688	545	505	825
2018	324	382	469	601	563	514	753
2019	350	381	431	544	518	439	659
2020	350	385	447	572	533	430	695
2021	359	395	440	565	538	453	699

资料来源：根据 CEPII BACI 国际贸易数据库整理而得。

如表 5-1 所示，2002—2007 年，中国制造业整体对世界出口的零点贸易总数变化不大，且零点贸易数量较小。这说明，中国制造业出口产品种类数较多，在一定程度上体现了中国制造业出口产品多样化的特征。到 2008 年，金融危机的爆发使实体经济受到重大影响。随着主要发达经济体陷入经济衰退和发展中国家经济增速减慢，国际市场需求不断下滑，中国制造业对世界出口的零点贸易总数呈上升趋势。到 2021 年，中国制造业对世界出口的零点贸易总数上升到 359 种。而近年来，中国制造业出口所面临的外部环境更加严峻复杂，世界经济下行风险增大，保护主义威胁全球制造业贸易的稳定增长。全球贸易自由化受到阻碍，再加上发达国家的再工业化战略的实施，将会进一步抑制全球对中国制造业产品的需求，从而影响中国制造业出口种类的扩展，使得零点贸易总数可能出现继续上升的趋势。这种零点贸易总数的变化，也反映了产品进入或退出市场的动态过程。如果仅以产品种类的增加或减少来简单衡量贸易增长边际，零点贸易种类数的增加即意味着扩展边际的下降。

在表 5-1 中，除列出了中国制造业对世界出口零点贸易总数的变化，还分别列出了中国制造业对亚洲、欧洲、北美洲、拉丁美洲、非洲、大洋洲及太平洋群岛的出口零点贸易总数。2002—2021 年，中国对各大洲制造业出口都有了不同程度的增长，但出口零点贸易总数变化趋势不同。2007 年之前，除亚洲外，中国制造业对欧洲、北美洲、拉丁美洲、非洲、大洋洲及太平洋群岛出口零点贸易总数都在不断减少；而2007年之后，中国制造业对各大洲出口的零点贸易总数出现了不同方向的波动。总体来看，相比2002年，2021年中国制造业对亚洲出口零点贸易总数呈上升趋势，由109种增加到395种；中国制造业对欧洲出口零点贸易总数变化不大，由435种增加到440种；中国制造业对北美洲出口零点贸易总数略有下降，由602种减少到565种；中国制造业对拉丁美洲出口零点贸易总数下降，由741种降到538种；中国制造业对非洲出口零点贸易总数下降明显，由638种减少到453种；中国制造业对大洋洲及太平洋群岛出口零点贸易总数下降也很明显，由1010种减少到699种。其中，中国制造业对北美洲、大洋洲及太平洋群岛的出口零点贸易数量较多。

为了更详细地了解中国制造业出口零点贸易的地区分布情况，表5-2中分别列出了2002—2021年中国制造业对发达国家、发展中国家和地区、欧盟、北美自由贸易区、东盟及“一带一路”国家和地区的出口零点贸易总数。从表5-2中可以看出，2002—2006年中国制造业对上述区域的出口零点总数都略有下降。从2007年开始，出现了明显不同的变化。对发达国家而言，2006年中国制造业对其出口零点贸易总数降到193种。2007年中国制造业对发达国家的出口零点总数增加到422种。此后，虽略有波动，但中国制造业对发达国家的出口零点贸易总数一直保持在400种以上。对发展中国家和地区而言，2006年中国制造业对其出口零点贸易数降到73种后开始增加，到2021年增加到366种。对欧盟市场而言，2006年中国制造业对其出口零点贸易总数降到327种之后开始增加，到2018年增加到523种；2019—2021年呈持续下降的趋势，到2021年减少到458种。对北美自由贸易区、东盟、“一带一路”国家和地区而言，2006年中国制造业对其出口零点贸易总数下降之后都呈现出了波动上升的走势，到2021年，出口零点贸易总数分别为558种、462种、393种。就目前情况而言，中国制造业对北美自由贸易区出口零点贸易总数较多。

表5-2　2002—2021年中国制造业对主要经济体零点贸易数量　单位：种

年份	对发达国家	对发展中国家和地区	对欧盟	对北美自由贸易区	对东盟	对“一带一路”国家和地区
2002	254	97	515	546	278	156
2003	235	99	475	500	262	144
2004	211	98	400	480	249	132
2005	206	93	350	413	236	121

续表

年份	对发达国家	对发展中国家和地区	对欧盟	对北美自由贸易区	对东盟	对“一带一路”国家和地区
2006	193	73	327	363	203	99
2007	422	94	518	466	219	117
2008	428	118	514	577	236	166
2009	415	138	518	588	261	184
2010	414	181	492	585	359	238
2011	404	202	483	564	341	288
2012	444	190	521	594	342	284
2013	445	220	518	611	365	309
2014	436	225	519	603	360	294
2015	445	226	522	577	312	255
2016	444	229	510	579	325	258
2017	430	317	525	609	477	415
2018	441	331	523	550	459	400
2019	428	357	476	506	451	389
2020	431	355	467	541	466	395
2021	433	366	458	558	462	393

资料来源：根据 CEPII BACI 国际贸易数据库整理而得。

（二）中国制造业对 35 个目标国和地区出口零点贸易情况

如表 5-3 所示，2002—2021 年，中国制造业对 35 个目标国和地区出口的零点贸易总数随着时间推移呈现出了阶段性的变化特征。其中，2002—2006 年，中国制造业对这 35 个目标国和地区出口的零点总数随着时间推移是在不断下降的，降幅达到 38. 45%。这表明，中国加入世界贸易组织之后，制造业对主要目标国和地区出口产品种类数是在明显增加的，也在一定程度上表明中国制造业出口产品多样化程度的提升。然而，从 2007 年开始，主要经济体的经济增长速度明显放缓，全球经济隐患凸显，中国对这 35 个主要贸易伙伴国和地区的出口零点贸易总数上升，到 2009 年达到最高点。随着全球经济的慢慢复苏，中国对这 35 个主要贸易伙伴国和地区的出口零点贸易总数又开始下降。这种零点贸易总数的变化，也反映了中国制造业产品进入或退出主要贸易伙伴国和地区的动态过程。

表 5-3　中国制造业对前 35 位目标国和地区出口零点贸易数量　单位：种

类型	国家（地区）编码	2002 年	2007 年	2012 年	2017 年	2021 年	2002—2021 年（平均数）
发达国家	36	1208	972	873	1149	850	942
	56	1908	1309	1265	1295	1057	1312
	124	1266	920	881	1304	677	915
	208	2464	1800	1833	2158	1392	1859
	251	1599	1098	1080	1040	797	1090
	276	1292	928	915	908	760	923
	380	1411	1014	1077	1044	1007	1066
	392	705	732	808	837	770	749
	528	1763	1208	1174	1071	887	1189
	579	2461	1895	1760	1693	1312	1819
	724	1745	1144	1188	1145	905	1181
	757	2520	1954	1441	1405	886	1666
	826	1314	978	950	946	840	963
	842	710	667	688	987	675	669
平均数		1598	1187	1138	1213	915	1167
发展中国家和地区	76	2252	1353	1123	1265	1054	1351
	203	2295	1674	1594	1535	1140	1636
	344	569	724	799	907	849	738
	348	2381	2236	2183	1969	1474	2077
	360	982	734	865	888	788	844
	364	2372	1776	1699	1625	1731	1691
	410	762	687	766	778	618	693
	458	1008	597	717	775	753	757
	484	1599	1212	1106	1152	1223	1219
	490	1402	1275	1211	1201	868	1139
	608	1390	961	892	953	885	980
	616	2632	1443	1355	1314	1016	1468
	643	1733	1148	1007	1021	928	1124
	682	1649	1195	1500	1699	993	1394
	699	1424	823	723	953	868	912

续表

类型	国家（地区）编码	2002 年	2007 年	2012 年	2017 年	2021 年	2002—2021 年（平均数）
发展中国家和地区	702	988	835	862	1078	759	853
	704	1339	807	878	1113	779	937
	710	1704	1093	956	979	833	1072
	764	1175	816	817	1129	737	862
	784	2057	849	1518	1505	800	1308
	792	2073	1234	1162	1181	925	1267
平均数		1609	1118	1130	1191	953	1158

资料来源：根据 CEPII BACI 国际贸易数据库整理而得。

从表 5-3 中可以看出，在发达国家样本中，2002—2021 年，中国制造业对美国、日本出口零点贸易数量变动幅度相对较小。这主要因为中国制造业对美国和日本出口零点贸易数量从开始就比其他发达国家少，即说明中国制造业在与这两国的贸易中有相对较少未覆盖的产品。而在这一期间，除日本和美国外，对其余发达国家出口零点贸易数虽有波动，但呈明显下降趋势。2002—2021 年，中国制造业对除日本和美国以外其余发达国家出口零点贸易数的降幅平均达到 44. 14%。具体而言，相较于 2002 年，2021 年中国制造业对瑞士、法国、荷兰的出口零点贸易数降幅达到 50%以上；对西班牙、挪威、加拿大、比利时、丹麦、德国的出口零点贸易数降幅在 40%~50%；对美国的出口零点贸易数降幅为 4. 93%；对日本的出口零点贸易数增幅为 9. 23%。

在发展中国家和地区样本中，中国制造业对其出口零点平均数的变动趋势与对发达国家出口零点平均数有所差别。2002—2007 年，对其出口零点平均数明显下降，2008 年才开始上升，2009 年达到最高点，之后又下降。这种差别主要是因为，在 2007 年发达国家经济增长明显放慢时，发展中国家和地区的经济却保持了稳步增长，因而 2007 年对发展中国家出口零点平均数是继续下降的。其中，2002—2021 年，中国内地对香港，以及中国对韩国的出口零点贸易数明显低于发展中国家和地区零点平均数，且对中国香港的出口零点贸易总数呈明显上升的趋势。对中国香港出口零点贸易数较少的原因是中国最初的很多制造业产品出口需要通过香港进行转口，这使得覆盖的产品范围较大。而之所以出现上升趋势，可能的原因是中国内地很多产品不需要通过转口就可以直接销往海外，从而使对中国香港出口的覆盖产品范围缩小。

除对中国香港外，对其他发展中国家和地区的出口零点贸易数降幅平均达到42%，高于对发达国家的平均降幅。其中，降幅较大的国家有阿联酋、波兰，降幅均达到50%以上。

同时，从表5-3中所列出的发展中国家和地区出口零点贸易数变动情况来看，尽管对这些国家和地区的出口零点贸易数呈下降趋势，但是还有一些国家如越南、墨西哥、俄罗斯、巴西、波兰、捷克、沙特阿拉伯、土耳其在2017年的出口零点贸易数达到1000种以上。也就是说，中国制造业对这些国家仍然有1/4左右的产品没有出口，存在较大的发展空间。

通过将中国制造业对发达国家出口零点平均数、对发展中国家和地区出口零点平均数进行比较，可以看出，除受经济下滑影响的几年之外，中国对发达国家出口零点平均数、对发展中国家和地区出口零点平均数都呈下降趋势。而中国制造业对主要发达国家、较发达的发展中经济体、其他发展中国家和地区在样本期间出口贸易零点平均数下降幅度的差异，说明了发达国家或较高发展水平的发展中国家和地区由于市场规模较大，参与贸易的6位数编码表示的产品种类基数较大，覆盖的中国制造业贸易产品范围较广，而其他发展中国家和地区参与中国制造业贸易的产品种类相对较少，存在较大的增长空间。但随着发展中国家和地区经济水平的提升，中国制造业对发达国家与发展中国家和地区出口零点贸易数量之间的差距在不断缩小。

四、中国制造业整体行业出口增长边际分解

利用前面的出口增长边际分析框架和CEPII BACI国际贸易数据库提供的1992版本的6位数国际贸易数据，考察2002—2021年中国制造业整体行业多边、双边出口增长边际结构，对今后的出口增长路径升级和出口发展战略的制定都具有现实指导意义。

（一）从多边角度分解中国制造业整体行业出口增长边际

根据上文所界定的三元边际测度方法，本部分首先使用1992版本的HS 6位数编码计算2002—2021年中国制造业对35个国家和地区出口的扩展边际、集约边际、数量边际和价格边际，然后利用中国对各个国家和地区制造业出口占中国制造业出口总额的比重作为每种边际的权重，分别将中国对35个国家和地区制造业产品出口的扩展边际、集约边际、价格边际和数量边际进行

加权汇总，可得中国制造业整体出口增长的扩展边际、集约边际、价格边际和数量边际，如表 5-4 所示。本书三元分解框架将中国制造业每年的出口份额分解为相对于世界平均水平的扩展、集约、价格与数量，在此基础上进一步求出扩展、集约、价格与数量的增长率，从而将中国制造业相对于世界平均水平的出口增长分解为相对于世界平均水平的三个方向：价格增长、数量增长与扩展增长，以便分析中国制造业产品出口增长的路径。

从表 5-4 中可以看出，在 2002—2021 年中国制造业出口增长过程中，产品种类、深度、数量和价格均有不同幅度的提升。其中，中国制造业出口相对市场份额增加明显，由 2002 年的 0.1367 增加到 2021 年的 0.2906，增长了 1 倍多，年复合增长率达到 4.05%。但是，在样本期间，中国制造业出口市场份额增加呈现出了明显的阶段性波动特征。2009 年之前，随着中国加入世界贸易组织以及贸易自由化的推进，中国具有比较优势的传统制造业产品出口不断增加，中国对主要目标市场的出口市场份额虽有波动，但却保持了相对较高的增长率。2009 年之后，伴随着中国传统制造业比较优势的逐步弱化、能源短缺以及受 2008 年全球经济危机等一系列负面冲击的影响，中国对主要目标市场的出口市场份额呈现出逐步减少的变化过程。近年来，中国制造业出口市场份额增长率下降说明，制造业出口已很难维持原有的外部市场规模，也说明中国制造业出口市场多元化战略实施取得了明显的效果。

表 5-4 2002—2021 年中国制造业出口市场份额及三元边际

年份	出口市场份额	扩展边际	集约边际	价格边际	数量边际
2002	0.1367	0.9016	0.1516	0.8759	0.1731
2003	0.1471	0.9025	0.1629	0.8754	0.1861
2004	0.1576	0.9094	0.1733	0.9336	0.1857
2005	0.1720	0.9176	0.1874	0.8769	0.2137
2006	0.1845	0.9252	0.1994	0.8815	0.2262
2007	0.1937	0.9058	0.2138	0.8925	0.2396
2008	0.2048	0.9110	0.2248	0.9062	0.2481
2009	0.2192	0.9070	0.2416	0.8924	0.2708
2010	0.2297	0.9227	0.2489	0.8669	0.2872
2011	0.2291	0.9237	0.2480	0.8605	0.2882
2012	0.2382	0.9163	0.2600	0.8444	0.3079
2013	0.2474	0.9216	0.2685	0.8782	0.3057

续表

年份	出口市场份额	扩展边际	集约边际	价格边际	数量边际
2014	0. 2521	0. 9230	0. 2732	0. 9053	0. 3018
2015	0. 2719	0. 9369	0. 2902	0. 8913	0. 3256
2016	0. 2627	0. 9352	0. 2809	0. 9070	0. 3097
2017	0. 2685	0. 9281	0. 2893	0. 9198	0. 3146
2018	0. 2636	0. 9448	0. 2789	0. 9176	0. 3040
2019	0. 2644	0. 9548	0. 2770	0. 8882	0. 3118
2020	0. 2842	0. 9531	0. 2982	0. 8739	0. 3412
2021	0. 2906	0. 9518	0. 3053	0. 8745	0. 3492

中国制造业出口的扩展边际基本在 90%以上，说明中国和世界出口的制造业产品种类重叠程度很高；中国制造业出口扩展边际呈增长趋势，从 2002 年的 0. 9016 增加到 2021 年的 0. 9518，总体增长了 5. 57%，年复合增长率达到 0. 29%。这一方面说明中国制造业出口种类丰富，几乎涵盖了大部分的制造业产品，多样化程度较高；另一方面说明，随着中国制造业产品出口种类的不断增加，未来依赖制造业出口产品多样化拉动制造业出口增长的作用比较有限。从表 5-4、表 5-5 中可以看出，中国制造业出口扩展边际的增长较为缓慢，其对中国制造业产品相对市场出口份额的增长除个别年份外，贡献度较小，甚至在 2009 年之后，对中国制造业出口相对市场份额的增长贡献度为负的就有 7 年。这也说明，现阶段中国制造业出口在扩展边际的增长上潜力较小，通过增加出口产品种类，推动中国制造业出口主要目标市场的增长贡献有限。但需要注意的是，2008 年中国制造业出口相对世界平均水平有所提高，出口市场份额增长率达到了 5. 57%，而集约边际对该年出口增长的贡献度下降，扩展边际对该年出口增长的贡献度反而上升。这也从另一个角度验证了制造业出口产品多样化可以在一定程度上抵御外部风险的冲击，使制造业出口增长具有更大的稳定性。从集约边际来看，中国制造业出口集约边际增长迅猛，从 2002 年的 0. 1516 增加到 2021 年的 0. 3053，总体增长率为 101. 39%，年复合增长率为 3. 75%。在样本期间，除 2019 年外，集约边际对制造业相对出口市场份额增长的贡献度一直保持在 60%以上，且贡献度超过 100%的有 8 年。而且，从样本期间扩展边际和集约边际对中国制造业出口增长的贡献度来看，扩展边际的平均贡献度为 10. 10%，集约边际的平均贡献度为 89. 90%。由此可见，中国制造业出口增长主要动力仍然来自集约边际，出

口增长波动的原因主要在于原有贸易关系的变动。

为了进一步分析制造业出口增长的源泉，可以将集约边际分解为价格边际和数量边际，如表 5-5 所示。从数量边际来看，除了少数几个时间段的数量边际的年增长率为负数外，其他时间段都为正数，这意味着数量边际总体来说呈增长趋势。具体来看，在样本期间，制造业出口增长的数量边际从 2002 年的 0.1731 增加到 2021 年的 0.3492（见表 5-4），总体增长率为 101.73%，年复合增长率为 3.76%，略高于集约边际的总体增长率和年复合增长率。从价格边际来看，其增长速度非常缓慢，并没有表现出明显的一致性，呈现先下降后上升再下降的特点，具有一定的复杂性。具体来看，在样本期间，制造业出口增长的价格边际从 2002 年的 0.8759 降到 2021 年的 0.8745（见表 5-4），总体增长率为-0.16%，年复合增长率为-0.001%，呈现轻微负增长趋势。而且从数值看，样本期间的价格边际都小于 1，表明中国制造业产品整体出口价格长期低于世界平均水平，即相对世界其他国家的制造业产品出口平均价格较低。前文中提到的世界发展指标中有关中国净贸易条件指数的统计显示，中国净贸易条件指数在 2000 年之后都是低于 100 的，说明中国制造业产品出口价格一直处于不利的竞争地位。这与本书制造业出口产品价格边际的测度结果相一致。

表 5-5 2002—2021 年中国制造业出口的三元边际增长率及贡献度 单位：%

年份	出口市场份额增长率	扩展边际		集约边际		价格边际		数量边际	
		增长率	贡献度	增长率	贡献度	增长率	贡献度	增长率	贡献度
2002	—	—	—	—	—	—	—	—	—
2003	7.28	0.10	1.40	7.18	98.60	-0.05	-0.75	7.23	100.75
2004	6.95	0.77	11.01	6.19	88.99	6.43	104.00	-0.25	-4.00
2005	8.70	0.90	10.29	7.80	89.71	-6.26	-80.22	14.06	180.22
2006	7.04	0.82	11.71	6.22	88.29	0.52	8.29	5.70	91.71
2007	4.84	-2.12	-43.69	6.96	143.69	1.24	17.87	5.72	82.13
2008	5.57	0.57	10.25	5.00	89.75	1.52	30.37	3.48	69.63
2009	6.79	-0.45	-6.57	7.23	106.57	-1.53	-21.19	8.77	121.19
2010	4.70	1.72	36.58	2.98	63.42	-2.89	-96.99	5.88	196.99
2011	-0.26	0.11	-40.76	-0.37	140.76	-0.74	200.77	0.37	-100.77
2012	3.90	-0.80	-20.57	4.70	120.57	-1.89	-40.11	6.59	140.11
2013	3.80	0.58	15.20	3.22	84.80	3.92	121.83	-0.70	-21.83

续表

年份	出口市场份额增长率	扩展边际		集约边际		价格边际		数量边际	
		增长率	贡献度	增长率	贡献度	增长率	贡献度	增长率	贡献度
2014	1.88	0.15	8.00	1.73	92.00	3.04	175.25	-1.30	-75.25
2015	7.54	1.50	19.88	6.04	80.12	-1.55	-25.72	7.59	125.72
2016	-3.43	-0.18	5.29	-3.25	94.71	1.75	-53.75	-4.99	153.75
2017	2.19	-0.76	-34.85	2.96	134.85	1.40	47.50	1.55	52.50
2018	-1.88	1.79	-95.01	-3.66	195.01	-0.25	6.81	-3.41	93.19
2019	0.33	1.04	312.21	-0.71	-212.21	-3.25	458.26	2.54	-358.26
2020	7.21	-0.17	-2.39	7.38	102.39	-1.63	-22.09	9.01	122.09
2021	2.24	-0.14	-6.06	2.37	106.06	0.07	2.95	2.30	97.05

注：表中增长率和贡献度根据式（5-11）和式（5-12）计算。

对比数量边际和价格边际的增长率以及贡献度可以发现，数量边际增长也具有一定的非均匀性，2003年数量边际增长率为7.23%，对制造业出口集约边际增长的贡献较大，达到了100.75%。到2005年，数量边际增长率为14.06%，对制造业出口集约边际增长的贡献度提升到180.22%。这在一定程度上反映了中国“入世”之后，随着贸易自由化的推进，中国制造业产品出口规模迅速扩大，使得出口数量边际对中国制造业出口增长的贡献突出。2006—2008年，数量边际对中国制造业出口集约边际增长的贡献度有所下滑。2002—2010年，数量边际的年增长率几乎高于价格边际的年增长率，且数量边际的平均贡献度达到104.83%，而价格边际的平均贡献度为-4.83%，较大程度地阻碍了这一时期制造业出口份额的增长。2011年，数量边际相比上一年仅增长了0.37%，数量边际的贡献度降到-100.77%，而价格边际的贡献度却达到200.77%。2011—2021年，虽然价格边际的增长速度仍然缓慢，但价格边际的平均贡献度明显提升，达到79.24%；而数量边际的平均贡献度下降，仅为20.76%。从整个样本期间价格边际和数量边际对中国制造业出口集约边际增长的贡献度来看，数量边际的平均贡献度为56.15%，价格边际的平均贡献度为43.85%。由此可见，中国制造业出口集约边际的增长动力主要来自数量边际。而整体来看，价格边际对制造业出口增长的贡献不确定性较大，但确实能减少数量冲击所带来的影响，可以较好地弥补冲击时期出口数量大幅下降所带来的损失，使得出口份额能够保持正的增长率。目前，中国正面临着劳动力和其他资源短缺的成本压力，这种压力将会推动价格贡献度的提高和数量贡献度的降低，从而改变出口产品的相对质量。总之，中国制造业出口增长效益提升需要提升对价格的依赖度而降低对数量的依赖度。

综上，通过比较扩展边际、价格边际和数量边际这三类边际对制造业出口增长的贡献，可以将中国制造业出口增长路径分为三类：扩展增长型、数量增长型和价格增长型。扩展增长型表示一个国家制造业出口贸易的增长主要来自扩展边际的扩张，数量增长型表示一个国家制造业出口贸易的增长主要来自数量边际的扩张，价格增长型表示一个国家制造业的出口贸易增长主要来自价格边际的扩张。总体来看，2002—2021 年，数量边际增长最为迅速，对出口增长的贡献度最高；扩展边际增长较为缓慢，对出口增长的贡献度较低；价格边际增长非常缓慢，对出口增长的贡献度最低。这一方面符合本书对于样本期间中国制造业出口增长主要依靠数量扩张的主观预期，另一方面也体现了中国制造业某些行业出口产品种类不断减少的客观事实。同时，也初步反映了中国制造业出口贸易低价格、高数量的增长模式。

（二）从双边角度分解中国制造业整体行业出口增长边际

由于在中国制造业出口过程中对不同目标市场的出口存在不同的贸易结构和偏向，因此，为了进一步研究中国制造业出口增长的扩张路径是否会因贸易伙伴不同而发生变化，本书分别对前文界定的 35 个主要目标市场进行出口增长边际分析。鉴于上文中将 35 个目标国和地区分为发达国家与发展中国家和地区组别，为了后面判断和研究中国制造业出口边际结构和不同目标国之间的关系，本书分发达国家组别与发展中国家和地区组别，列出了中国制造业对各个目标市场出口增长边际情况，如表 5-6、表 5-7 所示。

表 5-6　2002—2021 年中国制造业对 35 个目标国和地区出口三元边际

类型	国家（地区）编码	扩展边际		集约边际		数量边际		价格边际	
		2021 年	年均数	2021 年	年均数	2021 年	年均数	2021 年	年均数
发达国家	36	0.9626	0.9368	0.3084	0.2240	0.3591	0.2558	0.8589	0.8888
	56	0.8679	0.8247	0.0748	0.0532	0.0913	0.0673	0.8188	0.7902
	124	0.9503	0.9039	0.1421	0.1249	0.1735	0.1335	0.8187	0.9448
	208	0.8724	0.7985	0.1064	0.0832	0.1239	0.1040	0.8590	0.7948
	251	0.9274	0.8721	0.0790	0.0834	0.0978	0.0964	0.8077	0.8639

续表

类型	国家（地区）编码	扩展边际		集约边际		数量边际		价格边际	
		2021年	年均数	2021年	年均数	2021年	年均数	2021年	年均数
发达国家	276	0.9531	0.9227	0.1146	0.0976	0.1367	0.1182	0.8384	0.8221
	380	0.8284	0.8357	0.1107	0.0886	0.1390	0.1159	0.7962	0.7571
	392	0.8952	0.8732	0.3356	0.3254	0.3968	0.3698	0.8460	0.8823
	528	0.9163	0.8725	0.1644	0.1129	0.2114	0.1374	0.7774	0.8289
	579	0.8819	0.7866	0.1212	0.1001	0.1273	0.1158	0.9521	0.8623
	724	0.8990	0.8296	0.1195	0.0945	0.1441	0.1185	0.8295	0.7877
	757	0.9323	0.8289	0.0827	0.0570	0.0923	0.0749	0.8968	0.7403
	826	0.9123	0.9038	0.1708	0.1084	0.2071	0.1378	0.8247	0.7801
	842	0.9797	0.9554	0.2183	0.2086	0.2669	0.2308	0.8181	0.9125
发展中国家和地区	76	0.9101	0.8597	0.2837	0.1750	0.3836	0.2201	0.7395	0.8018
	203	0.9142	0.8416	0.1218	0.1199	0.1363	0.1312	0.8937	0.9028
	344	0.9938	0.9743	0.4984	0.4824	0.5661	0.5315	0.8805	0.9099
	348	0.8809	0.7989	0.0956	0.0847	0.1060	0.0865	0.9013	0.9810
	360	0.9528	0.9298	0.3587	0.2016	0.4100	0.2477	0.8747	0.7970
	364	0.8444	0.8292	0.3931	0.2725	0.4525	0.2977	0.8686	0.9028
	410	0.9252	0.9115	0.3237	0.2444	0.3972	0.3230	0.8151	0.7491
	458	0.9789	0.9381	0.3221	0.1893	0.2827	0.1830	1.1394	1.0463
	484	0.9053	0.8906	0.2090	0.1418	0.2505	0.1511	0.8342	1.4020
	490	0.9419	0.8826	0.2717	0.1846	0.2515	0.2222	1.0802	0.8345
	608	0.9620	0.9523	0.3747	0.1779	0.4320	0.2201	0.8675	0.7869
	616	0.9261	0.8397	0.1507	0.1094	0.1680	0.1319	0.8969	0.8207
	643	0.9314	0.8841	0.2805	0.1690	0.3551	0.2204	0.7900	0.7635
	682	0.9259	0.8593	0.2240	0.1491	0.2559	0.1860	0.8754	0.7929
	699	0.8543	0.8615	0.3122	0.2333	0.3446	0.2505	0.9060	0.9327
	702	0.9726	0.9328	0.1745	0.1453	0.2157	0.1645	0.8088	0.8952
	704	0.9675	0.9396	0.4199	0.2704	0.4680	0.2788	0.8973	0.9751
	710	0.9347	0.8999	0.2542	0.1886	0.2891	0.2080	0.8792	0.9318
	764	0.9663	0.9233	0.3361	0.2053	0.3844	0.2428	0.8742	0.8383
	784	0.9794	0.8786	0.2491	0.1936	0.3038	0.2365	0.8201	0.8352
	792	0.8450	0.8120	0.1709	0.1244	0.1993	0.1557	0.8574	0.7874

资料来源：根据 CEPII BACI 国际贸易数据库整理而得。

表 5-7　2002—2021 年中国制造业对 35 个目标国和地区出口增长边际情况 单位:%

类型	国家(地区)编码	扩展边际		集约边际		数量边际		价格边际	
		总体增长率	年复合增长率	总体增长率	年复合增长率	总体增长率	年复合增长率	总体增长率	年复合增长率
发达国家	36	12. 10	0. 60	148. 61	4. 91	171. 22	5. 39	-8. 34	-0. 46
	56	24. 48	1. 16	129. 16	4. 46	110. 02	3. 98	9. 12	0. 46
	124	7. 60	0. 39	159. 18	5. 14	209. 45	6. 13	-16. 25	-0. 93
	208	28. 36	1. 32	138. 26	4. 68	92. 89	3. 52	23. 52	1. 12
	251	21. 07	1. 01	69. 89	2. 83	58. 36	2. 45	7. 28	0. 37
	276	8. 65	0. 44	125. 65	4. 38	105. 24	3. 86	9. 95	0. 50
	380	3. 82	0. 20	148. 34	4. 90	111. 36	4. 02	17. 50	0. 85
	392	1. 27	0. 07	36. 00	1. 63	52. 69	2. 25	-10. 93	-0. 61
	528	17. 73	0. 86	161. 35	5. 19	173. 02	5. 43	-4. 27	-0. 23
	579	36. 46	1. 65	45. 17	1. 98	34. 68	1. 58	7. 79	0. 40
	724	29. 66	1. 38	137. 35	4. 65	97. 19	3. 64	20. 36	0. 98
	757	31. 78	1. 46	222. 05	6. 35	126. 09	4. 39	42. 44	1. 88
	826	6. 96	0. 35	194. 08	5. 84	167. 48	5. 31	9. 94	0. 50
	842	4. 29	0. 22	83. 42	3. 24	114. 61	4. 10	-14. 53	-0. 82
平均数		16. 73	0. 79	128. 47	4. 30	116. 02	4. 00	6. 68	0. 29
发展中国家和地区	76	28. 31	1. 32	488. 58	9. 78	392. 59	8. 75	19. 49	0. 94
	203	32. 13	1. 48	86. 04	3. 32	58. 70	2. 46	17. 22	0. 84
	344	0. 64	0. 03	19. 77	0. 95	19. 94	0. 96	-0. 14	-0. 01
	348	21. 65	1. 04	19. 01	0. 92	19. 56	0. 94	-0. 46	-0. 02
	360	5. 25	0. 27	332. 79	8. 02	233. 04	6. 54	29. 95	1. 39
	364	20. 91	1. 00	364. 12	8. 41	342. 50	8. 14	4. 89	0. 25
	410	2. 27	0. 12	135. 29	4. 61	76. 73	3. 04	33. 14	1. 52
	458	6. 05	0. 31	295. 61	7. 51	361. 14	8. 38	-14. 21	-0. 80
	484	2. 03	0. 11	415. 06	9. 01	435. 85	9. 24	-3. 88	-0. 21
	490	5. 22	0. 27	308. 79	7. 69	138. 42	4. 68	71. 46	2. 88
	608	2. 58	0. 13	672. 54	11. 36	408. 17	8. 93	52. 03	2. 23
	616	53. 53	2. 28	139. 98	4. 72	95. 44	3. 59	22. 79	1. 09
	643	25. 48	1. 20	310. 12	7. 71	290. 56	7. 43	5. 01	0. 26
	682	15. 79	0. 77	267. 56	7. 09	199. 46	5. 94	22. 74	1. 08

续表

类型	国家（地区）编码	扩展边际		集约边际		数量边际		价格边际	
		总体增长率	年复合增长率	总体增长率	年复合增长率	总体增长率	年复合增长率	总体增长率	年复合增长率
发展中国家和地区	699	5.57	0.29	246.27	6.76	248.86	6.80	-0.74	-0.04
	702	3.97	0.21	111.69	4.03	131.07	4.51	-8.39	-0.46
	704	6.20	0.32	267.84	7.10	329.16	7.97	-14.29	-0.81
	710	18.84	0.91	200.68	5.97	175.62	5.48	9.09	0.46
	764	7.39	0.38	242.15	6.69	203.72	6.02	12.65	0.63
	784	35.02	1.59	101.78	3.76	106.89	3.90	-2.47	-0.13
	792	30.06	1.39	248.51	6.79	164.39	5.25	31.82	1.46
平均数		15.66	0.73	251.15	6.29	211.04	5.66	13.70	0.60

资料来源：根据 CEPII BACI 国际贸易数据库整理而得。

从扩展边际来看，随着中国制造业出口范围的不断扩大，出口到各主要目标市场的产品种类不断扩展，2021 年，扩展边际都超过了 0.8（见表 5-6）。这也说明，通过广度增长推动中国双边出口增长的潜力有限。具体来看：

（1）中国制造业对发达国家出口的扩展边际最高的是美国，在样本期间，年均达到 0.9554，甚至在 2021 年达到了 0.9797；对发达国家出口的扩展边际较低的是丹麦和挪威，年均分别达到 0.7985 和 0.7866，仍存在进一步扩展的空间。从表 5-7 中可知，相比 2002 年，中国制造业对各主要发达目标市场出口的扩展边际总体增长率和年复合增长率都为正，说明中国制造业对这些目标市场出口的产品种类都实现了不同程度的扩展。其中，对挪威、瑞士和西班牙出口扩展边际的总体增长率和年复合增长率较高，这主要是因为中国制造业对这 3 个国家前期的出口零点贸易数量较多，增长空间较大；对日本出口扩展边际的总体增长率和年复合增长率最低，这主要是因为中国制造业对日本的出口零点贸易数量较少，增长空间较小。

（2）中国制造业对发展中国家和地区出口的扩展边际最高的是中国香港，在样本期间，年均达到 0.9743，甚至在 2019 年达到了 0.9974；对发展中国家出口扩展边际较低的是土耳其、匈牙利，年均分别为 0.8120、0.7989，仍存在进一步扩展的空间。从表 5-7 中可知，相比 2002 年，中国制造业对各主要发展中目标市场出口的扩展边际总体增长率和年复合增长率都为正，说明中国制造业出口到这些目标市场的产品种类也都实现了不同程度的扩展。其中，对波兰出口的扩展边际总体增长率和年复合增长率最高，分别达到 53.53%和 2.28%；对土耳其、捷克和阿联酋出口的扩展边际总体增长率和年复合增长率也较高，总体增长率达到了 30%以上，主要是因为中国制造业对这 3 个国家前期的出口零点贸易数量相对较多，增长空间较大。对中国香港出口的扩展边际总体增长率和年复合增长率最低，主要是因为中国制造业对香港的出口零点贸易数量相对较少，甚至低于很多发达国家市场，所以增长空间较小。

（3）从表 5-7 中可知，中国制造业对发达目标市场出口的扩展边际平均总体增长率和年复合增长率略高于发展中目标市场。这主要是因为很多发展中目标市场的扩展边际总体增长率和年复合增长率相对较低，出口产品多样化程度不足。而事实上，相对于发达国家来说，发展中国家和地区总体贸易规模较小，存在较多零点贸易，中国制造业对其出口产品的多样化程度与世界出口相比有很大提升空间。

从表 5-7 可知，中国制造业数量增长型的出口增长模式对于主要贸易伙伴都成立。在对这些国家或地区的出口中，数量边际增长幅度远远高于扩展边际和价格边际增长之和。具体来看：

（1）中国制造业对发达国家出口的数量边际最高的是日本，在样本期间，年均达到 0.3698；对澳大利亚和美国出口的年均数量边际较高，分别为 0.2558 和 0.2308；对比利时、瑞士、法国出口的年均数量边际较低，分别为 0.0673、0.0749 和 0.0964（见表 5-6）。从中国制造业对各主要发达目标市场出口的数量边际总体增长率和年复合增长率来看（见表 5-7），对加拿大的总体增长率和年复合增长率最高，总体增长率和年复合增长率分别为 209.45%和 6.13%；对挪威的总体增长率和年复合增长率最低，分别为 34.68%和 1.58%。

（2）中国制造业对发展中国家和地区出口的数量边际最高的是中国香港，在样本期间，年均达到 0.5315，甚至在 2012 年达到了 0.6556；对韩国、伊朗、越南出口的年均数量边际较高，分别为 0.3230、0.2977 和 0.2788；对匈牙利出口的年均数量边际最低，为 0.0865（见表 5-6）。而从中国制造业对各主要发展中目标市场出口的数量边际总体增长率和年复合增长率来看，对墨西哥、菲律宾和巴西的总体增长率与年复合增长率较高，总体增长率分别为 435.85%、408.17%、392.59%，年复合增长率分别为 9.24%、8.93%、8.75%；对匈牙利、中国香港的总体增长率与年复合增长率较低，总体增长率分别为 19.56%和 19.94%，年复合增长率分别为 0.94%和 0.96%（见表 5-7）。

对中国香港出口的数量边际总体增长率和年复合增长率较低的原因主要是，在样本期间，中国制造业对香港的出口规模相对较大，数量扩张的增长空间较小。

（3）比较中国制造业出口发展中目标市场和发达目标市场的数量边际可知，对发展中目标市场出口的数量边际相对较高，其平均的总体增长率和年复合增长率也高于发达目标市场。随着发展中国家经济水平的提高，其制造业出口数量边际在制造业出口中的作用明显高于发达国家，且增长速度较快，在数量扩张上仍存在进一步增长空间。

从价格边际来看，中国制造业对主要目标国家（地区）出口的价格边际绝大多数低于 1。这说明中国制造业对主要目标国家（地区）的出口价格相对世界平均水平较低，且增长幅度有限，目前难以成为中国制造业双边出口增长的主要推动力。具体来看：

（1）中国制造业对发达国家出口的价格边际最高的是加拿大，在样本期间，年均达到 0.9448；对美国出口的年均价格边际较高，达到 0.9125；对瑞士出口的年均价格边际最低，为 0.7403（见表 5-6）。从中国制造业对各主要发达目标市场出口的价格边际总体增长率和年复合增长率来看，对瑞士的总体增长率和年复合增长率最高，分别为 42.44%和 1.88%；对加拿大、美国、日本、澳大利亚、荷兰的总体增长率和年复合增长率为负，特别是对加拿大的总体增长率和年复合增长率分别为-16.25%和-0.93%（见表 5-7）。

（2）中国制造业对发展中国家和地区出口的价格边际较高的是墨西哥和马来西亚，在样本期间，年均分别达到 1.4020 和 1.0463，高于世界平均水平；对发展中国家和地区出口的价格边际最低的是韩国，年均为 0.7491，说明对其在出口价格扩张上与世界平均水平存在较大的差距。从中国制造业对各主要发展中目标市场出口的价格边际总体增长率和年复合增长率来看，对中国台湾和菲律宾的总体增长率和年复合增长率较高，总体增长率分别为 71.46%、52.03%，年复合增长率分别为 2.88%和 2.23%；对越南、马来西亚、新加坡、墨西哥、阿联酋、印度、匈牙利以及中国香港出口的价格边际总体增长率和年复合增长率为负，尤其是对越南、马来西亚出口的价格边际增长率分别为-14.29%和-14.21%。

（3）比较中国制造业对发展中目标市场和发达目标市场出口的价格边际可知，对发展中目标市场出口的价格边际略高，且其平均总体增长率和年复合增长率也高于发达目标市场。从中可以看出，尽管中国制造业对绝大多数国家出口的价格边际略低，但随着发展中国家经济水平的提高，其对增加中国制造业出口价格边际的作用明显高于发达国家。

从集约边际来看，在数量和价格的共同推动下，中国制造业出口到各主要目标市场的集约边际都有了不同程度的提升，使得中国制造业出口相对于世界出口的市场份额不断提升。具体来看：

（1）中国制造业对发达国家出口集约边际最高的是日本，在样本期间，年均达到 0.3254；对发达国家出口集约边际较低的是比利时、瑞士，年均分别为 0.0532 和 0.0570（见表 5-6）。而从表 5-7 中可知，中国制造业对各主要发达目标市场出口的集约边际总体增长率和年复合增长率都远超扩展边际。其中，对英国和瑞士的总体增长率和年复合增长率较高，总体增长率分别为 194.08%和 222.05%，年复合增长率分别为 5.84%和 6.35%；对日本和挪威的总体增长率和年复合增长率最低，总体增长率分别为 36.00%和 45.17%，年复合增长率分别为 1.63%和 1.98%。

（2）中国制造业对发展中国家和地区出口集约边际最高的是中国香港，在样本期间，年均达到 0.4824，且对中国香港出口集约边际的提升更多的是由数量边际所推动的；对发展中国家和地区出口集约边际最低的是匈牙利，年均为 0.0847（见表 5-6）。从表 5-7 中可知，中国制造业对各主要发展中目标市场出口的集约边际总体增长率和年复合增长率也远超扩展边际。其中，对墨西哥、巴西和菲律宾出口的集约边际总体增长率和年复合增长率较高，特别是对菲律宾出口的集约边际总体增长率达到了 672.54%；对匈牙利以及中国香港出口的集约边际总体增长率和年复合增长率较低，总体增长率分别为 19.01%和 19.77%。对香港出口的集约边际总体增长率和年复合增长率较低的原因是，贸易规模扩展空间有限，加上价格边际呈现出负增长，从而影响了出口集约边际的增长速度。

（3）从表 5-7 中可知，中国制造业出口发展中目标市场的集约边际总体增长率和年复合增长率平均高于出口发达目标市场。可以看出，随着发展中国家经济水平的提高，其对增加制造业数量边际和价格边际在中国制造业出口中的贡献也明显高于发达国家。同时，相对于发达国家来说，中国制造业对发展中国家和地区出口与世界出口相比有更大提升空间，也较容易接受转型升级的中国制造业产品，从而为中国制造业稳定出口提供更有力的市场支撑。

总体来看，中国与主要贸易伙伴的双边出口增长仍以数量拉动为主，这个结论与制造业整体出口增长模式一致。同时，在对发达国家、发展中国家和地区分组分析中发现，在中国制造业出口增长过程中存在明显的双边路径差异。

五、中国制造业分行业出口增长边际分解

（一）27 个行业出口增长边际分解测度

本书在制造业整体行业出口边际分解过程中，对制造业 27 个行业的扩展边际、集约边际、数量边际和价格边际进行了测度，考察了不同行业出口增长的路径。在第四章中，本书已经将制造业 27 个行业与 HS 6 位数编码进行了匹配，按照前面的计算方法可以测算出这 27 个行业的出口增长边际。为了数据分析的便利，本书将 27 个行业按年均出口市场份额数值进行了分组，具体如图 5-1 所示。

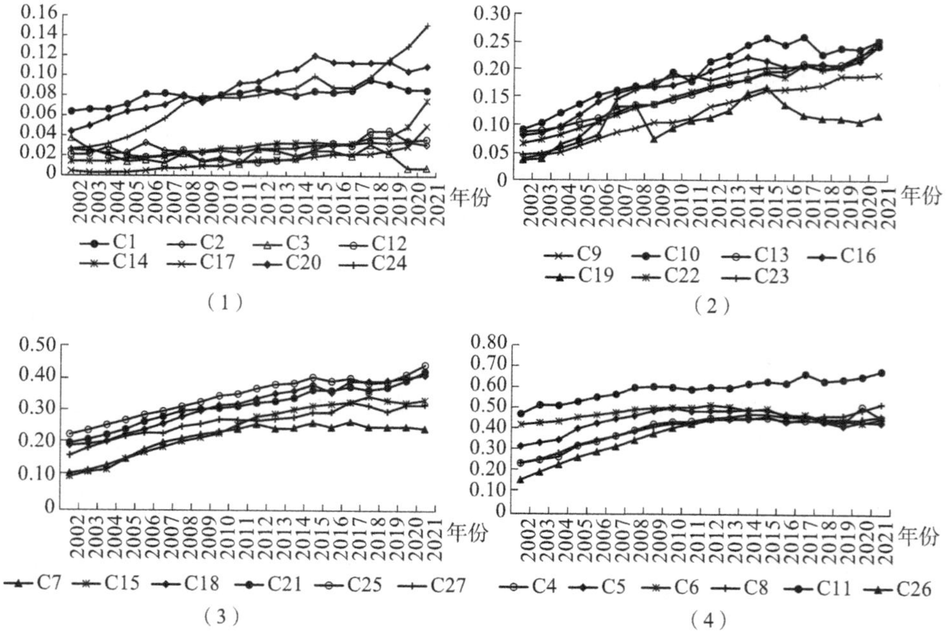

图 5-1　2002—2021 年中国制造业 27 个行业出口市场份额

图 5-1 中给出了 2002—2021 年 27 个行业出口市场相对份额的变化图形，这些行业的出口市场份额虽然存在波动，但基本上呈上升趋势。

图 5-1（1）中包含行业 C1、C2、C3、C12、C14、C17、C20、C24。这

几个行业的年均出口市场份额低于0.1。其中，出口市场份额相对较高的行业是C20、C1、C24，波动较大的行业为C3、C12，增速较快的行业是C17、C24、C14。具体来看，行业C1的出口市场份额年均为0.0805，总体增长率为33.99%，年复合增长率为1.55%；行业C2的出口市场份额年均为0.0279，总体增长率为22.14%，年复合增长率为1.06%；行业C3的出口市场份额年均为0.0202，总体增长率为-77.89%，年复合增长率为-7.64%；行业C12的出口市场份额年均为0.0248，总体增长率为74.49%，年复合增长率为2.97%；行业C14的出口市场份额年均为0.0298，总体增长率为421.17%，年复合增长率为9.08%；行业C17的出口市场份额年均为0.0153，总体增长率为1020.04%，年复合增长率为13.56%；行业C20的出口市场份额年均为0.0884，总体增长率为149.89%，年复合增长率为4.94%；行业C24的出口市场份额年均为0.0780，总体增长率为466.47%，年复合增长率为9.56%。

图5-1（2）中包含行业C9、C10、C13、C16、C19、C22、C23。这几个行业的年均出口市场相对份额在0.1~0.2。其中，出口市场份额较高的行业是C10、C16，波动较大的行业是C19，增速较快的行业是C23、C9、C22。具体来看，行业C9的出口市场份额年均为0.1203，总体增长率为391.61%，年复合增长率为8.74%；行业C10的出口市场份额年均为0.1929，总体增长率为177.64%，年复合增长率为5.52%；行业C13的出口市场份额年均为0.1586，总体增长率为180.97%，年复合增长率为5.59%；行业C16的出口市场份额年均为0.1735，总体增长率为203.86%，年复合增长率为6.02%；行业C19的出口市场份额年均为0.1058，总体增长率为230.42%，年复合增长率为6.49%；行业C22的出口市场份额年均为0.1545，总体增长率为282.47%，年复合增长率为7.32%；行业C23的出口市场份额年均为0.1598，总体增长率为433.66%，年复合增长率为9.21%。

图5-1（3）中包含行业C7、C15、C18、C21、C25、C27。这几个行业的年均出口市场相对份额在0.2~0.35，并呈相对平稳上升趋势。其中，出口市场份额相对较高的行业为C25、C21、C18，增速最快的行业是C15。具体来看，行业C7的出口市场份额年均为0.2201，总体增长率为121.52%，年复合增长率为4.27%；行业C15的出口市场份额年均为0.2486，总体增长率为227.96%，年复合增长率为6.45%；行业C18的出口市场份额年均为0.3175，总体增长率为109.67%，年复合增长率为3.97%；行业C21的出口市场份额年均为0.3164，总体增长率为99.15%，年复合增长率为3.90%；行业C25的

出口市场份额年均为 0.3447，总体增长率为 92.77%，年复合增长率为 3.51%；行业 C27 的出口市场份额年均为 0.2493，总体增长率为 107.00%，年复合增长率为 3.90%。

图 5-1（4）中，包含行业 C4、C5、C6、C8、C11、C26。这几个行业的年均出口市场相对份额在 0.35 以上，而行业 C5、C6 近年来呈下降趋势。其中，出口市场份额相对较高的行业是 C11、C6、C5，增速最快的行业是 C26。具体来看，行业 C4 的出口市场份额年均为 0.4038，总体增长率为 90.47%，年复合增长率为 3.45%；行业 C5 的出口市场份额年均为 0.4448，总体增长率为 35.60%，年复合增长率为 1.62%；行业 C6 的出口市场份额年均为 0.4733，总体增长率为 7.25%，年复合增长率为 0.37%；行业 C8 的出口市场份额年均为 0.4084，总体增长率为 116.64%，年复合增长率为 4.15%；行业 C11 的出口市场份额年均为 0.5956，总体增长率为 43.32%，年复合增长率为 1.91%；行业 C26 的出口市场份额年均为 0.3832，总体增长率为 186.77%，年复合增长率为 5.70%。总体来看，年均出口市场份额较高的行业主要集中在低端制造业。

图 5-2 中给出了 2002—2021 年 27 个行业扩展边际的变化图形，从中可以看出，绝大多数行业的扩展边际呈现了上升的趋势，但总体变动幅度不大。

如图 5-2 所示，行业 C3、C12、C9、C19、C26 的扩展边际波动较为明显。具体从年均扩展边际来看，年均扩展边际在 0.99~1.00 的行业为 C11、C5、C8、C25、C26、C16、C21、C27、C6、C18、C4、C10，这些行业的产品多样化程度非常高；年均扩展边际在 0.90~0.98 的行业为 C23、C7、C22、C15、C13、C17、C14，这些行业的产品多样化程度较高；年均扩展边际在 0.69~0.89 的行业为 C20、C9、C19、C24、C2、C3、C12、C1，这些行业的产品多样化程度与世界平均水平相比仍存在较大差距。总体来看，绝大多数行业实现了产品多样化出口，而其中扩展边际较高的行业中，低端、中低端制造业占有较大比重。

图 5-3 中给出了 2002—2021 年 27 个行业的集约边际的变化图形，从中可以看出，绝大多数行业的集约边际呈上升趋势。同时，比较图 5-1 和图 5-3 可以看出，中国制造业 27 个行业的集约边际与出口市场份额的变动趋势基本一致，说明各行业出口增长主要是由集约边际推动的。

图 5-3（1）中，集约边际较高的行业是 C1、C20、C24，波动较大的行业是 C3、C12，增速较快的行业是 C17、C14、C24。具体来看，行业 C1 的年

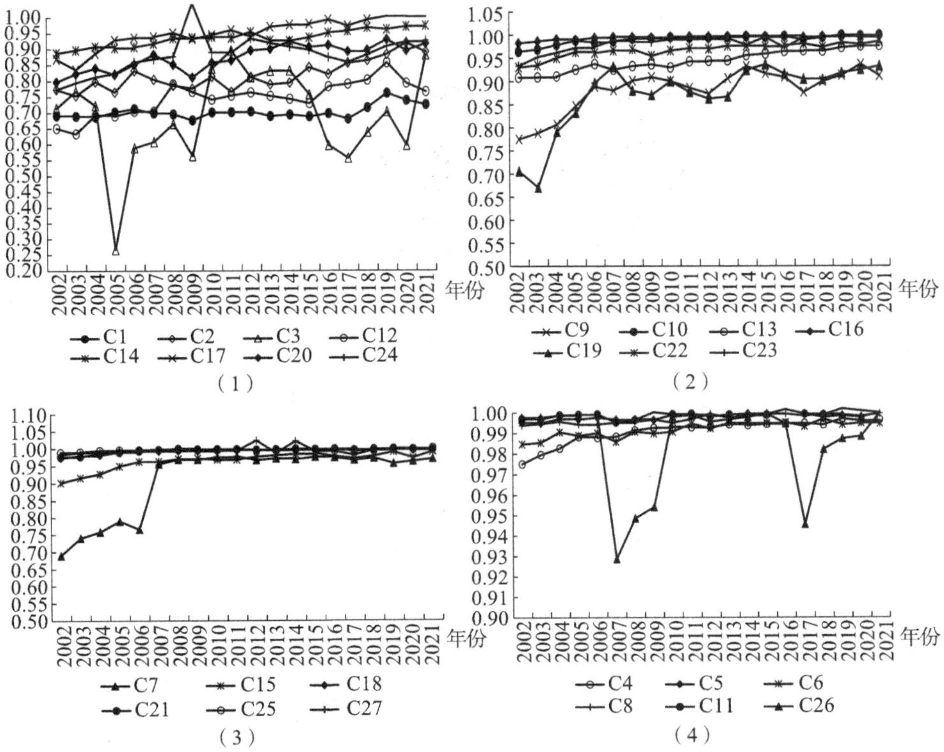

图 5-2 2002—2021 年中国制造业 27 个行业扩展边际

均集约边际为 0.1145，总体增长率为 27.66%，年复合增长率为 1.29%；行业 C2 的年均集约边际为 0.03340，总体增长率为 6.15%，年复合增长率为 0.31%；行业 C3 的年均集约边际为 0.0303，总体增长率为-82.06%，年复合增长率为-8.65%；行业 C12 的年均集约边际为 0.0330，总体增长率为 48.20%，年复合增长率为 2.09%；行业 C14 的年均集约边际为 0.0316，总体增长率为 374.60%，年复合增长率为 8.54%；行业 C17 的年均集约边际为 0.0157，总体增长率为 866.42%，年复合增长率为 12.68%；行业 C20 的年均集约边际为 0.1003，总体增长率为 117.29%，年复合增长率为 4.17%；行业 C24 的年均集约边际为 0.0870，总体增长率为 372.68%，年复合增长率为 8.52%。

图 5-3（2）中，行业集约边际增速都相对较快。其中，集约边际较高的行业是 C10、C16，波动较大的行业是 C19。具体来看，行业 C9 的年均集约边际为 0.1343，总体增长率为 317.61%，年复合增长率为 7.81%；行业 C10 的年均集约边际为 0.1944，总体增长率为 167.51%，年复合增长率为 5.32%；

行业 C13 的年均集约边际为 0.1670，总体增长率为 161.40%，年复合增长率为 5.19%；行业 C16 的年均集约边际为 0.1741，总体增长率为 198.62%，年复合增长率为 5.93%；行业 C19 的年均集约边际为 0.1191，总体增长率为 149.76%，年复合增长率为 4.94%；行业 C22 的年均集约边际为 0.1590，总体增长率为 260.74%，年复合增长率为 6.99%；行业 C23 的年均集约边际为 0.1618，总体增长率为 399.74%，年复合增长率为 8.84%。

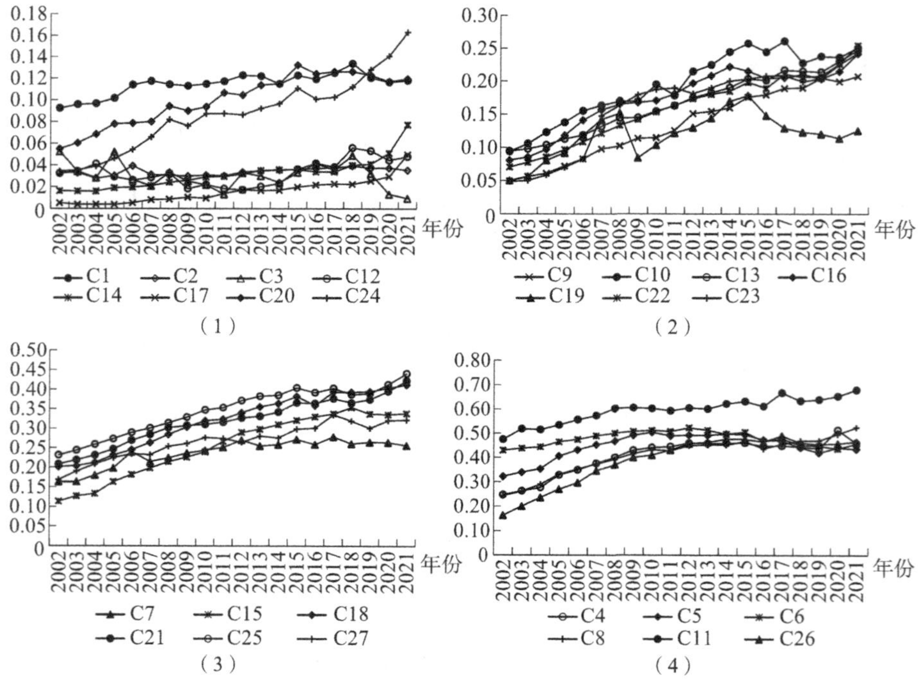

图 5-3　2002—2021 年中国制造业 27 个行业集约边际

图 5-3（3）中，行业集约边际呈相对平稳上升趋势。其中，集约边际较高的行业是 C25、C21、C18，增速较快的行业是 C15、C18、C27。具体来看，行业 C7 的年均集约边际为 0.2376，总体增长率为 57.53%，年复合增长率为 2.42%；行业 C15 的年均集约边际为 0.2557，总体增长率为 198.34%，年复合增长率为 5.92%；行业 C18 的年均集约边际为 0.3193，总体增长率为 104.58%，年复合增长率为 3.84%；行业 C21 的年均集约边际为 0.3178，总体增长率为 102.61%，年复合增长率为 3.79%；行业 C25 的年均集约边际为 0.3454，总体增长率为 90.28%，年复合增长率为 3.44%；行业 C27 的年均集约边际为 0.2670，总体增长率为 90.75%，年复合增长率为 3.46%。

图 5-3（4）中，行业 C5、C6 的集约边际近年来呈下降趋势。其中，集约边际相对较高的行业是 C11、C6、C5，增速最快的行业是 C8、C26。具体来看，行业 C4 的年均集约边际为 0.4070，总体增长率为 86.35%，年复合增长率为 3.33%；行业 C5 的年均集约边际为 0.4456，总体增长率为 34.96%，年复合增长率为 1.59%；行业 C6 的年均集约边际为 0.4771，总体增长率为 6.15%，年复合增长率为 0.31%；行业 C8 的年均集约边际为 0.4094，总体增长率为 115.38%，年复合增长率为 4.12%；行业 C11 的年均集约边际为 0.5956，总体增长率为 42.88%，年复合增长率为 1.90%；行业 C26 的年均集约边际为 0.3890，总体增长率为 186.05%，年复合增长率为 5.69%。综上，从年均集约边际来看，在 0.1 之下的行业有 C2、C3、C12、C14、C17、C24，在 0.1~0.2 的行业有 C1、C9、C10、C13、C16、C19、C20、C22、C23，在 0.2~0.3 的行业有 C7、C15、C27，在 0.3 以上的行业有 C4、C5、C6、C8、C11、C18、C21、C25、C26。从总体增长率和年复合增长率来看，行业 C9、C14、C17、C22、C23、C24 的总体增长率超过了 200.0%、年复合增长率超过了 6.0%；行业 C8、C10、C13、C15、C16、C18、C19、C20、C21、C26 的总体增长率在 100.0%~200.0%、年复合增长率在 4.0%~6.0%；行业 C1、C4、C5、C7、C11、C12、C25、C27 的总体增长率在 20.0%~100.0%、年复合增长率在 1.0%~4.0%；行业 C2、C6 的总体增长率在 3.0%左右、年复合增长率在 0~1.0%或 1.0%以下；行业 C3 的总体增长率和年复合增长率为负。由此可知，从集约边际数值分组以及增长率来看，与出口市场份额的变动基本一致，这再次说明了各行业出口增长主要由集约边际推动，与前面制造业整体分析结论一致。

图 5-4 中给出了 2002—2021 年 27 个行业数量边际的变化图形，从中可以看出，绝大多数行业的数量边际呈上升趋势。同时，比较图 5-3 和图 5-4 可以看出，中国制造业 27 个行业数量边际与集约边际的变动趋势基本一致，说明各行业集约边际增长主要由数量边际推动。

从图 5-4 中可以看出，数量边际波动较大的行业有 C3、C19。从年均数量边际来看，在 0.1 之下的行业有 C2、C3、C12、C14、C17、C20，在 0.1~0.2 的行业有 C1、C9、C13、C19、C24，在 0.2~0.3 的行业有 C7、C10、C15、C16、C22、C23，在 0.3 以上的行业有 C4、C5、C6、C8、C11、C18、C21、C25、C26、C27。从总体增长率和年复合增长率来看，行业 C9、C14、C16、C17、C22、C23、C24 的总体增长率超过了 200.0%、年复合增长率超

过了6.0%；行业C4、C8、C10、C13、C15、C19、C20、C26的总体增长率在100.0%~200.0%、年复合增长率在4.0%~6.0%；行业C1、C5、C6、C7、C11、C12、C18、C21、C25、C27的总体增长率在10.0%~100.0%、年复合增长率在1.0%~4.0%；行业C2、C3的总体增长率和年复合增长率为负值，C2的总体增长率和年复合增长率分别为-29.24%和-1.80%，C3的总体增长率和年复合增长率分别为-84.73%和-9.42%。

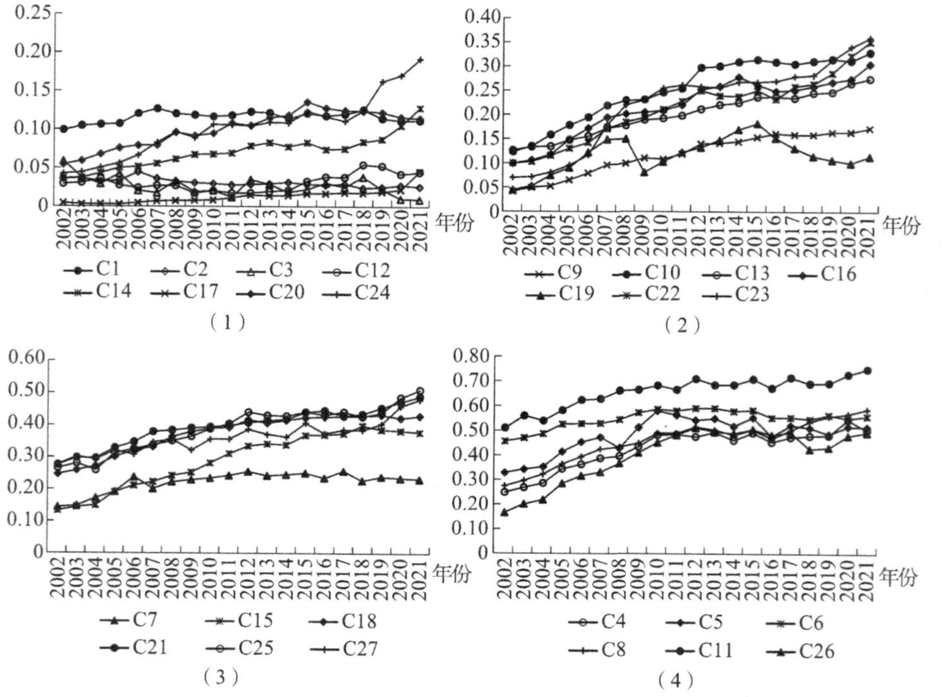

图5-4　2002—2021年中国制造业27个行业数量边际

图5-5中给出了2002—2021年27个行业价格边际的变化图形，从中可以看出，价格边际的变动趋势与图5-4中的数量边际变动存在明显差异。相对数量边际来看，价格边际波动较大的行业较多，价格边际增长趋势也不如数量边际明显。

如图5-5所示，从年均价格边际来看，超过1的行业仅有C2、C3、C7、C9、C12、C17、C19、C20这8个行业。这说明中国制造业中绝对多数行业的价格低于世界平均水平。而年均价格边际在0.9~1.0的行业有C1、C4、C5、C11、C25、C26，在0.80~0.89的行业有C6、C8、C13、C15、C16、C18、C21、C24，在0.70~0.79的行业有C10、C22、C23、C27，而行业C14的年

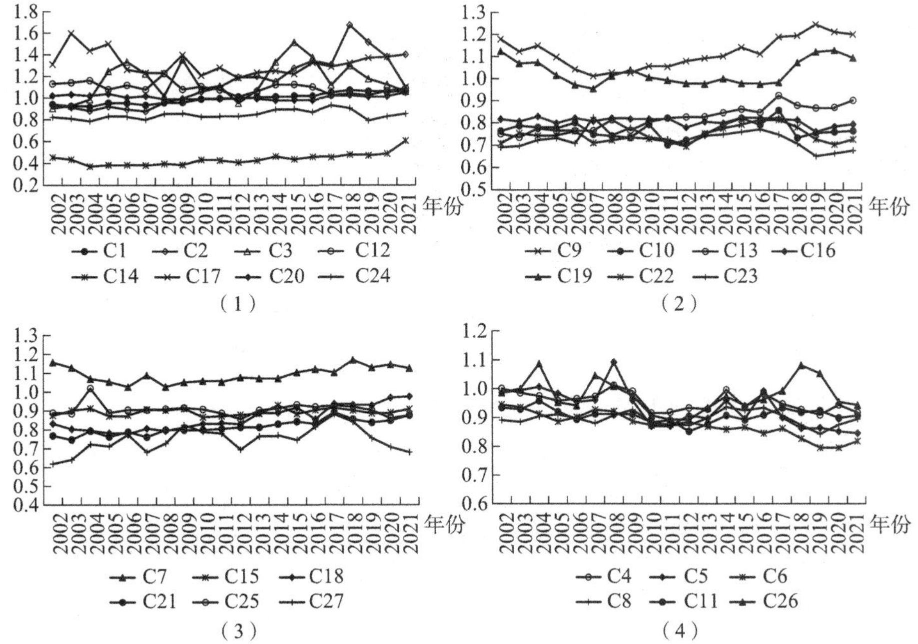

图 5-5　2002—2021 年中国制造业 27 个行业价格边际

均价格边际仅为 0.4379。从中可以看出，年均价格水平较高的行业主要集中在低端和中低端制造业领域，中高端和高端制造业领域中多数行业的价格水平与世界平均水平相比仍存在较大差距。

结合前面的年均数量边际来看，行业 C1、C2、C3、C7、C9、C12、C17、C19、C20 的数量边际较小，但价格边际相对较大，甚至超过了 1；行业 C4、C5、C8、C11、C15、C25、C26 的出口数量边际较大，且价格边际也较高；行业 C10、C27 的出口数量边际较大，但价格边际较小；行业 C13、C14、C22、C23 的数量边际较小，且价格边际也较小；C6、C18、C21 的数量边际较大，C13、C16、C24 的数量边际较小，且价格边际都处于 27 个行业的中等水平。

从总体增长率和年复合增长率来看，行业价格边际的增长率明显低于数量边际的增长率。具体来看，总体增长率超过 10% 的行业有 C1、C2、C3、C13、C14、C18、C21，这些行业的年复合增长率分别为 0.65%、2.16%、0.85%、0.98%、1.52%、0.84%和 0.69%；总体增长率在 0～10%的行业有 C8、C9、C10、C15、C20、C22、C24、C27，这些行业的年复合增长率分别为 0. 02%、0. 10%、0. 01%、0. 20%、0. 16%、0. 14%、0. 20%、0. 49%。其余行业的价格边际总体增长率和年复合增长率都为负，且这些行业多集中在低端和中低端制造业领域，这与其相对较高的数量边际增长率完全相反。而 C23、C25、C26 这些中高端、高端制造业数量边际增长率较高，但价格边际增长率却为负。这说明，中高端、高端制造业虽然在出口市场份额上有了很大的提升，但产品价格水平有待进一步提升。总体来看，各行业的价格边际都有较大提升空间。

根据前面对制造业整体行业的分析可知，虽然扩展边际出口有所上升，但增长较为缓慢，集约边际出口仍占主导地位，而集约边际出口增长中，数量边际仍然是主要推动力量。从分析中可知，中国制造业 27 个行业中大多数行业的出口增长边际变动与制造业整体行业的出口增长边际变动趋势相一致，集约边际占主导地位，数量边际是重要推动力，价格边际提升缓慢。但需要注意的是，不同行业各边际对其出口增长的推动作用仍存在明显差异。

（二）不同技术分组行业出口增长边际分解测度

前面我们已经对 27 个行业按技术属性进行了分组，分为低端制造业、中低端制造业、中高端制造业、高端制造业。根据第四章的制造业现状描述可知，目前高端制造业出口在四类技术层次中占比最高，其次为中高端制造业，第三为低端制造业，第四为中低端制造业。为了进一步分析中国制造业在四类技术分组条件下的出口增长上是否具有差异性，本书分别测算了低端制造业、中低端制造业、中高端制造业、高端制造业相对于世界平均水平的出口市场份额、扩展边际、集约边际、数量边际、价格边际。

图 5-6 给出了中国制造业不同技术分组行业的出口市场份额。从图 5-6 中可知，在样本期间，低端制造业、中低端制造业、中高端制造业、高端制造业的出口市场份额整体来看呈上升趋势。其中，低端制造业和高端制造业的出口市场份额高于中低端和中高端制造业，这与前文对出口市场结构的分析一致。从出口市场份额的总体增长率和年复合增长率来看，中高端制造业增长率最高，其总体增长率和年复合增长率分别为 197. 68%和 5. 91%；高端制造业的总体增长率和年复合增长率分别为 150. 69%和 4. 96%；中低端制造业的总体增长率和年复合增长率分别为 111. 14%和 4. 01%；低端制造业的总体增长率和年复合增长率最小，分别为 39. 80%和 1. 78%。

图 5-7 给出了不同技术分组行业的扩展边际和集约边际。从图 5-7 不同

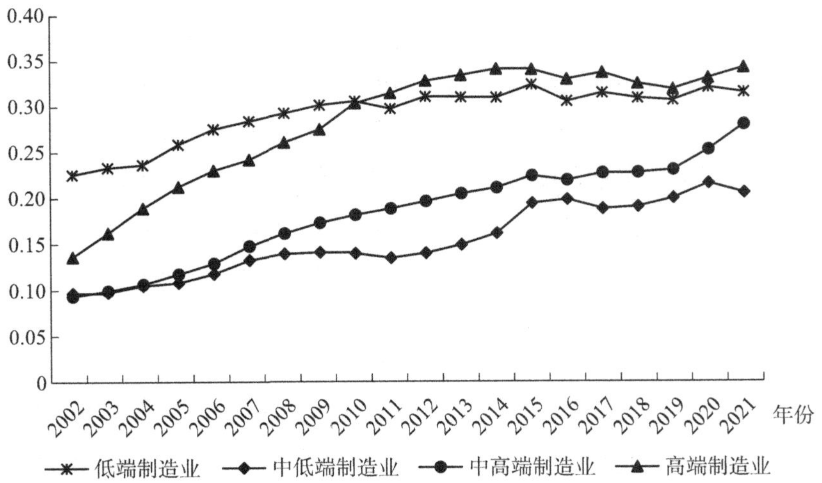

图 5-6　2002—2021 年不同技术分组行业出口市场份额

技术分组行业的扩展边际变动来看，中高端、高端制造业的出口产品多样化程度超过了低端和中低端制造业。其中，在 2007 年后，中高端制造业出口扩展边际超过了高端制造业出口扩展边际，逐渐成为产品多样化程度最高的行业。低端制造业出口扩展边际在样本期间大部分时间内领先于中低端制造业，但从 2016 年开始，中低端制造业出口扩展边际超过低端制造业。具体从年均出口扩展边际来看，低端制造业、中低端制造业、中高端制造业、高端制造业的年均出口扩展边际分别为 0.8833、0.8641、0.9563 和 0.9507。可见，随着国内要素结构的改变和产业结构的调整，制造业产品已开始实现技术升级，从而使得高端、中高端制造业产品出口范围不断扩大。中国制造业产品多样化程度已经进入一个较高的水平，与世界平均水平的差距在缩小。在现有的基数下，四个不同技术分组行业的扩展边际的年复合增长率较低。而在样本期间，中低端制造业的总体增长率最高，低端制造业的总体增长率最低。

从图 5-7 不同技术分组行业的集约边际变动来看，各技术分组行业的集约边际变动趋势与出口市场份额的变动趋势基本一致，也呈上升趋势。其中，低端制造业和高端制造业的集约边际高于中低端和中高端制造业，这与前文对出口市场份额的分析一致。略有差异的是，中高端制造业的出口市场份额从 2003 年就超过了中低端制造业，而中高端制造业的集约边际是从 2007 年超过了中低端制造业。造成这一差异的主要原因是，中高端、中低端行业的扩展边际增加程度的不同。但从年均集约边际数值来看，按高低排序依次为低端制造业、高端制造业、中高端制造业、中低端制造业，与出口市场份额排序完全一致。从集约边际的总体增长率和年复合增长率来看，中高端制造业增长率最大，其总体增长率和年复合增长率分别为 178.54%和 5.54%；高端制造业的总体增长率和年复合增长率分别为 140.77%和 4.73%；中低端制造业的总体增长率和年复合增长率分别为 91.38%和 3.48%；低端制造业的总体增长率和年复合增长率最小，分别为 36.25%和 1.64%。各技术分组集约边际增长虽有差异，但结合前文出口市场份额和扩展边际的增长率来看，不同技术分组行业的出口增长主要由集约边际推动。

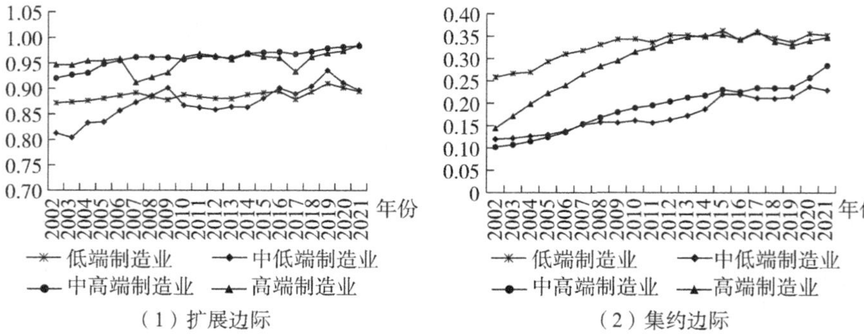

图 5-7　2002—2021 年不同技术分组行业扩展边际和集约边际

为了进一步分析各技术分组行业的集约边际主要是由数量边际还是价格边际推动的，图 5-8 给出了不同技术分组行业的数量边际和价格边际。

从图 5-8 中可以看出，不同技术分组行业的数量边际增幅明显高于价格边际。从不同技术分组行业的数量边际变动来看，各技术分组行业出口的数量边际变动趋势与集约边际的变动趋势基本一致。其中，低端制造业和高端制造业的数量边际高于中低端和中高端制造业，这与前文集约边际的分析一致。略有差异的是，中高端制造业的集约边际从 2007 年超过了中低端制造业，中高端制造业的数量边际从 2005 年超过了中低端制造业。同时，2010—2021 年，除 2018 年、2019 年外，高端制造业的数量边际均超过了低端制造业。但从年均数量边际数值来看，按高低排序依次为低端制造业、高端制造业、中高端制造业、中低端制造业，与集约边际排序完全一致。从数量边际的总体增长率和年复合增长率来看，中高端制造业增长率最大，其总体增长率和年复合增长率分别为 169.86%和 5.36%；高端制造业的总体增长率和年复合增长率分别为 140.84%和 4.73%；中低端制造业的总体增长率和年复合增长率分别为 79.91%和 3.14%；低端制造业的总体增长率和年复合增长率最小，分别为 41.90%和 1.86%。各技术分组数量边际增长虽有差异，但结合前文集约边际的增长率来看，不同技术分组行业的集约边际增长主要由数量边际推动。

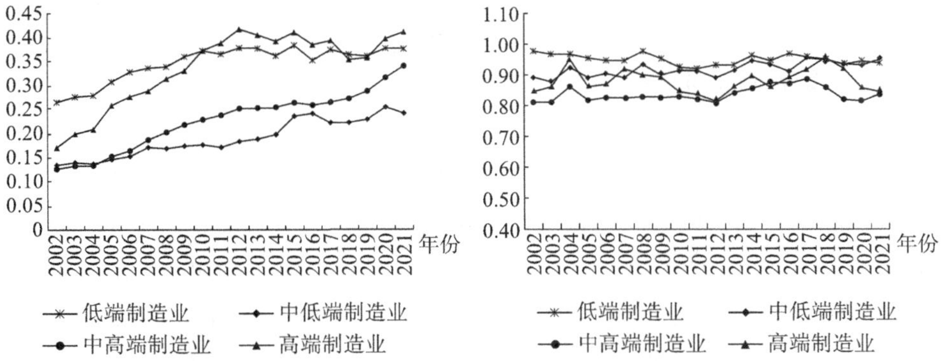

（1）数量边际　　　　（2）价格边际

图 5-8　2002—2021 年不同技术分组行业数量边际和价格边际

从图 5-8 不同技术分组行业的价格边际变动来看，各技术分组行业出口的价格边际变动幅度较小。从年均出口价格边际数值来看，按高低排序依次为低端制造业、中低端制造业、高端制造业、中高端制造业。这四组行业的年均出口价格边际都低于 1，且改善趋势并不明显。这说明中国制造业不同技术分组行业的出口价格普遍低于世界平均水平。从出口价格边际的总体增长率和年复合增长率来看，中低端制造业增长率最大，其总体增长率和年复合增长率分别为 6.38%和 0.33%；中高端制造业的总体增长率和年复合增长率分别为 3.21%和 0.17%；高端制造业的总体增长率和年复合增长率分别为-0.03%和-0.002%；低端制造业的总体增长率和年复合增长率最小，分别为-3.98%和-0.21%。高端制造业、低端制造业的出口价格边际的年复合增长率为负，影响了制造业出口效益的整体提升。

总之，尽管不同技术分组行业的出口量在不断增加，但中国大多数行业的出口增长主要依赖数量增长，尚未摆脱以量取胜的模式，无论是出口产品价格，还是出口产品质量，均有待进一步完善和提升。特别是高端制造业产品，虽数量边际较高，但价格边际相对较低，需要进一步推动。由于劳动力成本的不断攀升，原有的要素禀赋优势正在逐渐削弱，继续依赖传统比较优势发展出口将很难获取更高的产品附加值，会恶化制造业出口增长。为了避免被锁定在低端制造的全球价值链中，中国也提出了实现高质量发展的目标，因此，在政策引导下，各类制造业出口产品的技术含量开始提升，从而推动高端制造业、中高端制造业出口市场份额以更高速度增长。只有通过更多技术密集度较高行业的质量升级才能带动价格增长，从而优化制造业各行业的出口扩张路径。

六、中国制造业出口增长波动性分析

通过上面对制造业出口增长进行的边际分解，已知制造业出口增长主要沿集约边际增长，扩展边际虽增长缓慢但保持了较高的水平。为了更详细地揭示中国制造业出口增长的源泉，本部分借鉴 Kumar 和 Russell（2002）研究技术和资本对经济增长贡献时的分解方法，采用核密度估计方法（kernel density estimation）对不同时期的出口总值、数量、价格和质量指数进行核密度估计，以综合考察它们各自的动态变化状况，从而进一步分析出集约边际增长是源于价格还是源于数量的推动，以探讨中国制造业出口增长的源泉。

（一）核密度估计方法

核密度估计方法是 Rosenblatt（1956）提出的用于估计总体分布密度函数的非参数估计方法。与统计中常用的参数估计方法相比较，这一方法对于回归函数的形式没有任何要求，也很少限制解释变量和被解释变量的分布，因而具有较强的通用性和稳健性。由于核密度估计方法比典型的假设模型更能得到好的拟合效果，可以在较广泛的基础上得出更加带有普遍性的结论（叶阿忠，2003），因而研究者接受度更高。在统计图中，虽然频数分布直方图是最简单的概率密度非参数估计方法，但因其无法取得连续的密度函数估计而受到限制。相反，核密度估计法可以获得连续的密度曲线，更好地描述变量的分布形态，因而是目前常用的代替直方图的一种非参数估计方法。

一般地，核密度估计式可以表示为

$$f_n(x) = \frac{1}{nh}\sum_{i=1}^{n} K\left(\frac{x - X_i}{h}\right) \tag{5-15}$$

其中，$K\left(\frac{x-X_i}{h}\right)$为核函数，$h$ 为窗宽（Band-width），n 为观测值的个数。在实际应用中，一般会根据经验和借助一定的理论依据来选定 K 和 h。对

于 K，可以将其理解为在点 x 的邻域内各点对密度函数 $f_n(x)=\frac{1}{nh}\sum_{i=1}^{n}K\left(\frac{x-X_i}{h}\right)$ 贡献的权重。目前对于核函数有几种常用的形式，如均匀（Uniform）核、高斯（Gaussian）核、Epanechnikov 核、三角（Triangular）核、四次（Quartic）核等。很多研究证明，只要样本数足够大，K 的选取对核密度估计的拟合结果并没有太大的影响，因此本书在估计中选择了常用的 Epanechnikov 核函数。本书选用 Stata13.0 软件来做核密度估计，窗宽由系统默认。

（二）中国制造业出口增长边际的动态分布演进

在中国制造业出口的增长边际分析中，本书将中国对 35 个国家和地区的双边增长边际数据加权平均，得到多边层面的出口增长边际。考虑到平均数固有的缺陷，无法体现总体分布情况，因此本书拟借助核密度估计进一步分析中国制造业出口的动态演变过程。核密度估计以连续概率密度曲线的形式描绘出某随机变量的分布形状，可以较好地反映该随机变量的动态演变趋势，如图 5-9 所示。

从图 5-9（1）出口市场份额来看，整个图像和峰值不断右移，说明中国制造业产品出口占世界市场的比重不断增加。同时，各年份图像的峰值逐渐走低，波峰越来越扁平，曲线不断延展，说明制造业产品对不同国家（地区）的出口规模差距正逐渐扩大。从图 5-9（2）扩展边际的变化来看，整个图像和峰值前期移动明显，后期移动缓慢，说明随着扩展边际相对水平的提高，扩展边际增速逐渐放缓。同时，各年份图像的波峰越来越尖，峰值越来越集中，说明中国制造业出口的产品种类在不同市场的差距正逐渐缩小。从图 5-9（3）数量边际的变化来看，整个图像和峰值不断右移，其变化与市场份额的变动相似，即出口产品数量不断上升，且各国差距在扩大。同时，比较图 5-9（1）和图 5-9（3）发现，数量边际各年份图像的波峰更加扁平、曲线更加延展，说明制造业产品对不同国家（地区）的出口数量差距要比出口规模差距还要大。从图 5-9（4）价格边际的变化来看，整个图像和峰值有轻微右移的趋势，说明中国制造业产品出口价格有所上升，但上升缓慢。同时，峰值虽也经历了小幅的右移，但价格边际几乎都分布在 1 的左侧，说明中国制造业出口价格同世界平均水平相比偏低。

综上，从图 5-9 各指标分布特征来看，中国制造业出口的数量边际增幅明显，但扩展边际和价格边际增长变化相对较小，这一结论与前面的分析是一致的，但是更加直观和全面。

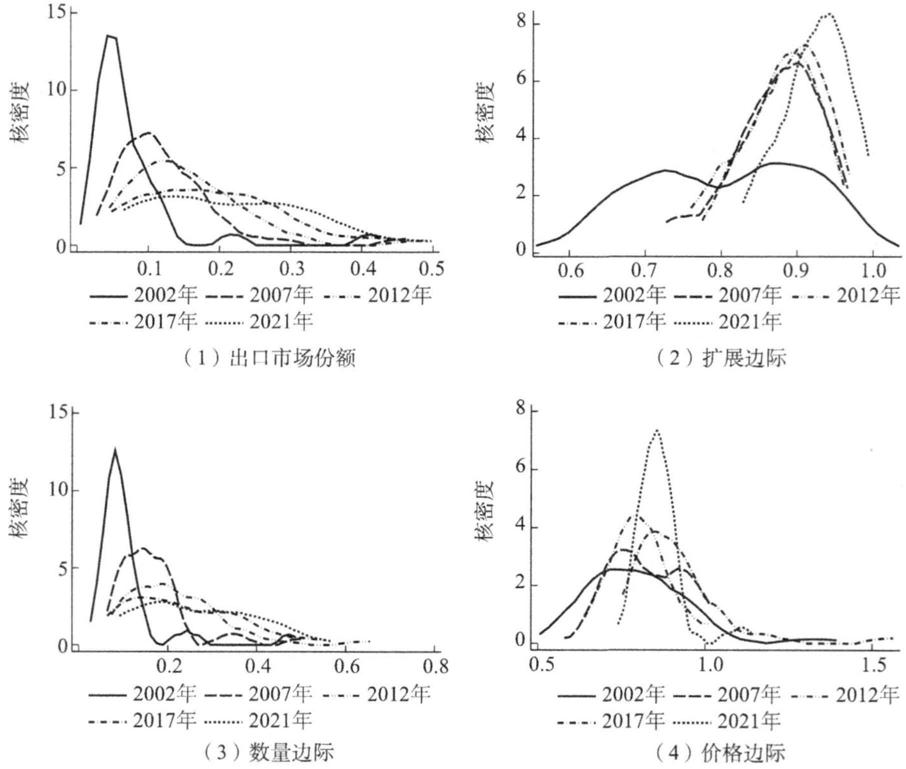

图 5-9　2002—2021 年中国制造业出口份额及三元边际动态演进

（三）中国制造业出口增长的因素分析

上文对中国制造业产品出口增长边际有了一个比较直观的认识，初步判断出中国制造业出口数量边际增长迅速，扩展边际增长次之，价格边际增长最低。为了更加形象地观察不同出口边际对中国制造业出口增长的贡献度，本书借鉴施炳展（2010）的方法，结合核密度估计和 K-S 检验，再次验证不同因素对于中国制造业出口增长的贡献。本书将式（5-10）进行调整：

$$R_{cm_{t+1}}=R_{cm_t}\times\frac{EM_{cm_{t+1}}}{EM_{cm_t}}\times\frac{P_{cm_{t+1}}}{P_{cm_t}}\times\frac{Q_{cm_{t+1}}}{Q_{cm_t}} \tag{5-16}$$

然后利用式（5-16）进行模拟分析，首先采用单因素模拟，如图 5-10 所示。图 5-10 中的实线 R2021 代表 2021 年中国制造业对 35 个主要目标市场的

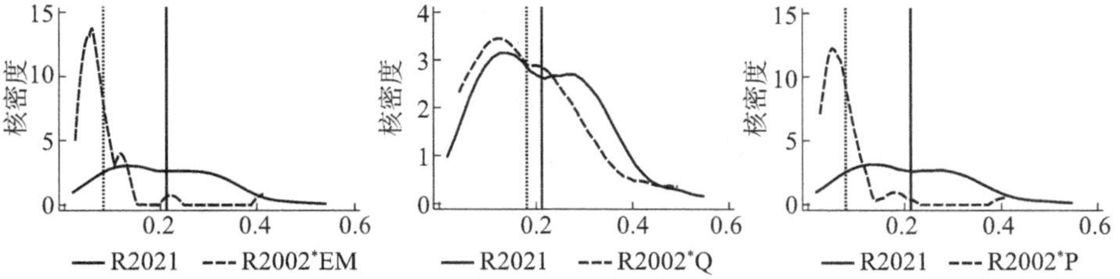

（1）扩展边际模拟　（2）数量边际模拟　（3）价格边际模拟

图 5-10　2002—2021 年中国制造业出口增长单因素模拟

出口份额核密度分布图，实竖线代表 2021 年的均值；图 5-10（1）中，虚线 R2002*EM 代表的是 2002 年中国制造业产品对 35 个主要目标市场的出口份额经过扩展边际的增长之后得到的核密度分布图，虚竖线代表 R2002*EM 的均值；图 5-10（2）中，虚线 R2002*Q 代表 2002 年中国制造业产品对 35 个主要目标市场的出口份额经过数量边际增长之后得到的核密度分布图，其中的虚竖线代表 R2002*Q 的均值。图 5-10（3）中，虚线 R2002*P 代表 2002 年中国制造业产品对 35 个主要目标市场的出口份额经过价格边际增长之后得到的核密度分布图，其中的虚竖线代表 R2002*P 的均值。除图 5-10（2）数量边际模拟图外，从上述模拟分布图的平均值和 2021 年实际分布的均值来看，都存在较大差异，均没有通过 K-S 检验。对数量边际的模拟尽管差异较小，但其模拟分布图的峰值和 2021 年的实际峰值之间仍存在差异。这也说明，从总体上看，任何一个因素都不能单独构成中国制造业出口增长的源泉。同时，也从一定程度上说明了对于制造业出口增长，数量边际的贡献度最大，扩展边际、价格边际次之。接下来，进行双因素和三因素模拟。

图 5-11 中的实线 R2021 代表 2021 年中国制造业产品对 35 个主要目标市场的出口份额核密度分布图，实竖线代表 2021 年的均值；图 5-11（1）中，虚线 R2002*EM*Q 代表的是 2002 年中国制造业产品对 35 个目标市场的出口份额经过扩展边际和数量边际增长之后得到的核密度分布图，虚竖线代表 R2002*EM*Q 的均值；图 5-11（2）中，虚线 R2002*EM*P 代表经过扩展边际和价格边际增长之后得到的核密度分布图，其中的虚竖线代表 R2002*EM*P 的均值；图 5-11（3）中，虚线 2002*Q*P 代表的是 2002 年中国制造业产品对 35 个目标市场的出口份额经过数量边际和价格边际增长之后得到的核密度分布图，其中的虚竖线代表 R2002*Q*P 的均值。从整体来看，拟合度都比单因素模拟下有所提高，尤其是扩展边际和数量边际的双因素模拟，增长后

的虚线几乎与实线重合，均值差异较小，并通过了 K-S 检验，说明数量边际和扩展边际是中国制造业产品对 35 个目标市场出口份额增长的主要动力。结合前面的分析可知，数量边际对制造业出口增长的贡献超过了扩展边际。从图 5-11（2）扩展价格模拟图中的模拟分布图的平均值和 2021 年的实际分布的均值来看，仍存在较大差异，没有通过 K-S 检验。而图 5-11（3）数量价格模拟通过了 K-S 检验，且模拟分布图的均值和 2021 年的实际分布的均值差异大大缩小。可以得出结论，中国制造业出口贸易增长来自扩展边际和价格边际的贡献度较小，特别是价格边际的作用不明显。中国制造业产品出口主要目标市场数量边际的急剧上升，很大程度上得益于其丰富的劳动力资源和较低的生产成本。但随着劳动力成本的上升，完全以数量边际增长为主来拉动本国制造业出口增长已不现实。尽管目前中国制造业扩展边际值已相对较高，但只有通过获取新技术，在新产品的研发及已有产品的质量升级上加大力度，才能维持出口市场的可持续增长。

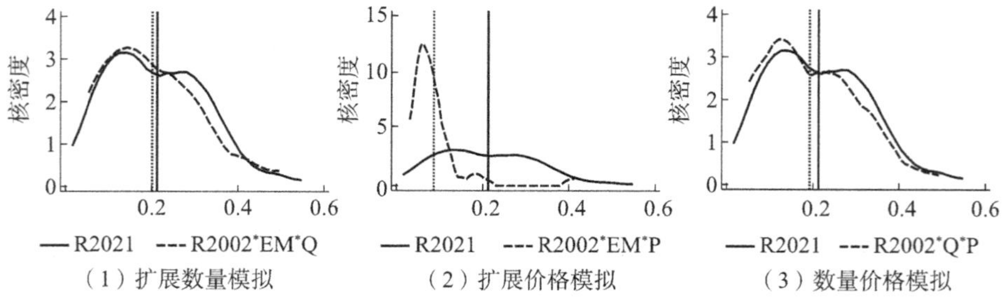

图 5-11　2002—2021 年中国制造业出口增长多因素模拟

七、小结

在分解制造业出口增长边际之前，本章首先统计了中国制造业产品中的出口零点贸易数量，结果发现，中国制造业对世界出口的零点贸易总数呈上升趋势。具体比较来看，中国制造业对北美洲、大洋洲及太平洋群岛、北美自由贸易区、欧盟出口零点贸易总数较多。同时，中国制造业对主要发达国家出口零点贸易数高于对发展中国家和地区出口零点贸易数。但近年来，中国制造业对发达国家与发展中国家和地区出口零点贸易数量之间的差距在不断缩小。

随后，本章借鉴 Hummels 和 Klenow（2005）、施炳展（2009）的分解方

法，界定了三元边际分解框架和测度方法，将中国制造业出口增长分解为产品扩展边际、产品数量边际以及产品价格边际的增长。经过分解发现，中国制造业在 2002—2021 年的出口增长中，数量边际增长最为迅速，扩展边际增长较为缓慢，价格边际增长最低。制造业产品整体出口价格长期低于世界平均水平，初步反映了中国制造业出口贸易的低价格、高数量的增长模式。而从双边分析的角度来看，中国与主要贸易伙伴的双边出口增长虽仍以数量拉动为主，但不同国家价格边际增长对总出口的拉动作用不同，体现出在中国制造业出口增长过程中存在双边路径差异。从行业分析的角度来看，中国制造业 27 个行业中大多数行业的出口增长边际变动与制造业整体行业的出口增长边际变动趋势相一致，但不同行业各边际对其出口增长的推动作用仍存在明显差异。中高端、高端制造业的出口产品多样化程度超过了低端和中低端制造业，但中低端制造业出口扩展边际的总体增长率最高。低端制造业和高端制造业的集约边际高于中低端和中高端制造业，但是中高端制造业出口集约边际的增长率最高。低端制造业和高端制造业的数量边际高于中低端和中高端制造业，但是中高端制造业出口数量边际的增长率最高。四组行业的年均出口价格边际都低于 1，且改善趋势并不明显。中国制造业出口产品仍然具备“低端的高质量、高端的低质量”的特征，尚未摆脱以量取胜的模式。

最后，本章采用核密度估计方法对不同时期的出口市场份额、扩展边际、数量边际、价格边际进行了核密度估计。从中可以看出，中国制造业出口的数量边际增幅明显，但扩展边际和价格边际增长变化相对较小。在中国制造业出口增长中，数量边际的贡献度最大，扩展边际次之，价格边际的贡献度最小。但任何一个因素都不能单独构成中国制造业出口增长的源泉，数量边际和扩展边际是中国制造业产品出口主要目标市场份额增长的主要动力。中国制造业出口增长来自价格边际的贡献度较小。

第六章　中国制造业增长中的能源环境约束综合评价

本章首先对制造业整体能源消费结构和细分行业能源消费结构进行分析，总结制造业生产中的能源、环境现状；其次，考虑能源投入和非合意产出（环境污染）对生产过程影响的外在约束条件，运用非参数的 DEA-GML-Malmquist 生产率指数法，实证测算加入环境约束的中国制造业全要素能源效率，并分析行业差距以及全要素能源效率变动的影响因素；最后，利用因子分析法，结合制造业行业的能源消耗强度、能源消费弹性系数、煤炭消耗强度、单值 CO_2 排放量和 SO_2 排放量以及绿色全要素能源效率等形成能源环境约束指数，并对中国制造业发展中的能源环境约束状况进行综合评价。

一、中国制造业能源消费现状分析

制造业部门是中国国民经济的重要支柱行业，也是能源消耗的主要部门。其发展以往主要依靠高消耗、高投入来推动，这种粗放型增长模式已经显现出很多的问题。其中，能源消耗过大、效率不高、环境污染加剧等问题逐渐成为制造业实现可持续发展的重要“瓶颈”。为了说明制造业发展中能源利用效率提高的迫切性，本部分将对制造业能源现状进行描述，分析中国制造业能源消费结构和特征。

（一）制造业整体能源消费结构和特征

能源是制造业产品生产开展的物质基础，是生产过程中的主要投入要素之一。在能源供给、环境承载力有限性的约束下，制造业生产投入中的能源总量和结构，在一定程度上决定着一个国家或地区制造业未来发展的竞争优势和地位。随着国内经济增长和制造业出口规模的扩大，国内能源消费总量不断增长，进一步提升了制造业能源约束的程度。

图 6-1 给出了 2002—2021 年中国制造业能源消费总量变动趋势以及在能源消费总量中的占比情况。在中国粗放型经济增长模式的推动下，随着制造业工业总产值的不断增加，制造业能源消费总量呈不断上升趋势。中国制造业能源消费总量从 2002 年的 88181 万吨标准煤上升到 2021 年的 293065 万吨标准煤。2021 年的制造业能源消费总量是 2002 年的 3. 3 倍，年均增速达到了 6. 82%。2002—2021 年，中国制造业能源消费总量占国内能源消费总量的比重平均为 56. 22%，甚至在 2005 年、2009 年和 2010 年这一比重均超过了 60%。近年来，中国制造业能源消费总量占国内能源消费总量的比重开始下滑，制造业能源消费总量与国内能源消费总量的差距拉大。但总体来看，制造业能源消费总量的年均增速略高于国内能源消费总量的年均增速，说明制造业仍然是国民经济行业中能源消耗最多的行业。因而，分析节能减排或者能源约束对制造业生产和出口的影响对中国未来经济和贸易转型发展十分重要。

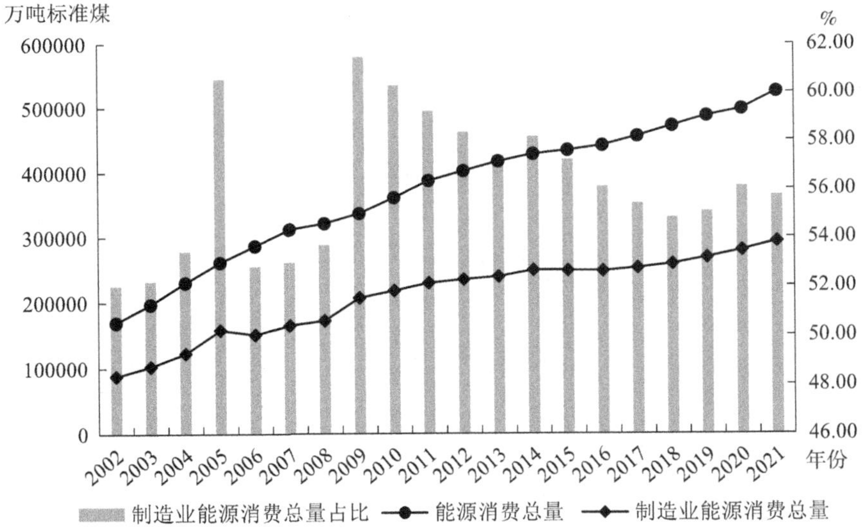

图 6-1　2002—2021 年中国制造业能源消费总量及占比变动趋势

资料来源：2003—2022 年《中国统计年鉴》。

在制造业对能源消费总量持续增加的过程中，其能源消费结构变动不明显，对煤炭、焦炭和原油的消费总量仍然占有较大比重，如表 6-1 所示。2002—2021 年，制造业对煤炭消费总量、对焦炭消费总量、对原油消费总量在制造业对能源消费总量中平均占比分别为 47. 15%、16. 51%、30. 20%。这说明中国制造业发展过程中对高污染性能源的依赖性仍然很强，这也是造成中国环境污染状况不断恶化的主要原因。同时，从表 6-1 中还可以看到，近年来中国制造业对煤炭、焦炭的消费比例呈明显下降趋势，这也在一定程度上缓解了制造业快速发展给环境带来的压力。随着制造业生产技术水平的不断提高，对天然气和水电、核电及其他新能源的消费也开始增加，表现为制造业对天然气和电力的消费比例呈上升趋势。但从整体来看，在制造业快速发展过程中，煤炭、原油和焦炭消费仍然是制造业能源消费结构的主要构成部分，已成为中国环境污染加重的主要原因。新兴能源和清洁能源的消费比例仍然较低，不能充分发挥其对制造业发展的推动力。

表 6-1　2002—2021 年中国制造业能源消费结构

单位：%

年份	煤炭占比	焦炭占比	原油占比	天然气占比	电力占比
2002	46.85	13.07	30.64	0.20	1.78
2003	47.39	13.99	28.89	0.22	1.75
2004	48.02	13.92	31.71	0.20	1.70
2005	47.42	15.13	25.78	0.19	1.54
2006	46.79	17.61	29.18	0.23	1.91
2007	44.17	16.89	28.28	0.25	2.15
2008	44.90	16.67	28.25	0.26	2.11
2009	48.55	16.96	25.52	0.21	1.72
2010	49.80	17.05	27.41	0.23	1.86
2011	51.12	17.67	26.73	0.30	1.91
2012	50.51	18.40	27.70	0.34	1.99
2013	51.74	18.45	28.35	0.40	2.06
2014	51.51	18.11	28.97	0.42	2.17
2015	52.18	17.08	30.92	0.38	2.11
2016	49.71	17.67	32.49	0.42	2.29
2017	45.89	16.69	33.19	0.51	2.63
2018	44.48	16.28	34.44	0.65	2.82
2019	42.55	16.67	35.46	0.70	2.93
2020	40.82	16.60	35.18	0.72	3.06
2021	38.68	15.32	34.94	0.82	3.36

资料来源：各种能源折算标准煤的参考系数来自《中国能源统计年鉴 2019》。

（二）制造业分行业能源消费结构和特征

前文中依照国家统计局公布的《国民经济行业分类》（GB/T 4754—2002）将要研究的制造业行业划分为 27 个行业。从 2013 年开始，在历年的《中国统计年鉴》中，能源消费分行业统计时，将橡胶制品业和塑料制品业合并为橡胶和塑料制品业。因此，为保持与年鉴中行业划分的一致性，本书调整后的制造业行业研究范围变为 26 个行业。

表 6-2 列出了这 26 个行业能源消费总量占制造业整体能源消费总量的比例。从中可以看出，能源消费占比较高的行业是 C12、C13、C18、C19、C20，年平均占比在 7%以上，其中行业 C13、C18、C19 的能源消费年均占比达 14%以上；能源消费占比较低的行业是 C2、C3、C5、C6、C7、C8、C10、C11、C14、C23、C27，年均占比在 1%以下。从各行业能源消费占比变动情况来看，除行业 C8、C11、C12、C13、C16+C17、C20、C21、C25、C26 外，其余行业能源消费占比都出现了不同程度的下降。

表 6-2 中国制造业细分行业能源消费总量占比情况 单位：%

行业	2002 年	2007 年	2012 年	2017 年	2021 年
C1	3. 46	2. 42	2. 40	2. 42	2. 30
C2	0. 96	0. 67	0. 64	0. 56	0. 44
C3	0. 35	0. 15	0. 11	0. 08	0. 06
C4	3. 95	3. 96	3. 11	2. 98	2. 71
C5	0. 46	0. 43	0. 42	0. 35	0. 34
C6	0. 27	0. 24	0. 29	0. 22	0. 18
C7	0. 45	0. 54	0. 67	0. 43	0. 39
C8	0. 12	0. 09	0. 10	0. 14	0. 16
C9	2. 99	2. 21	1. 82	1. 71	1. 43
C10	0. 25	0. 20	0. 18	0. 19	0. 19
C11	0. 19	0. 13	0. 15	0. 17	0. 19
C12	9. 09	8. 15	8. 03	10. 48	12. 53
C13	18. 44	17. 35	18. 14	19. 55	20. 61
C14	1. 15	0. 76	0. 90	0. 89	0. 82
C15	2. 38	0. 95	0. 78	0. 87	0. 93
C16+C17	1. 77	1. 79	1. 79	1. 89	1. 89
C18	14. 62	14. 01	16. 12	13. 21	12. 30

续表

行业	2002 年	2007 年	2012 年	2017 年	2021 年
C19	23.41	30.43	28.73	24.89	22.61
C20	5.46	6.59	6.66	9.24	9.01
C21	1.83	1.73	1.78	2.52	2.35
C22	1.66	1.61	1.54	1.44	1.48
C23	1.00	0.96	0.79	0.67	0.68
C24	2.06	1.50	1.67	1.73	1.90
C25	0.92	0.94	1.07	1.02	1.33
C26	0.97	1.21	1.15	1.45	2.05
C27	0.21	0.16	0.14	0.12	0.10

注：因篇幅限制，仅列出了 2002 年、2007 年、2012 年、2017 年和 2021 年的数据。

资料来源：根据 2003—2022 年《中国统计年鉴》计算而得。

在对制造业整体能源结构分析时可知，煤炭、焦炭、原油是制造业发展中主要依赖的资源投入，制造业对天然气和电力的消费比例虽然增加，但占比较低。在制造业各行业部门中，2002—2021 年，年均消费煤炭量排行前 5 位的行业是 C12、C19、C18、C13、C20，年均消费煤炭量排行后 5 位的行业是 C3、C10、C11、C8、C27；年均消费焦炭量排行前 5 位的行业是 C19、C13、C18、C22、C20，年均消费焦炭量排行后 5 位的行业是 C14、C2、C6、C3、C10；年均消费原油量排行前 5 位的行业是 C12、C13、C15、C18、C19，年均消费原油量排行后 5 位的行业是 C14、C8、C27、C10、C3；年均消费天然气排行前 5 位的行业是 C13、C12、C18、C19、C24，年均消费天然气排行后 5 位的行业是 C3、C8、C7、C27、C6；年均消费电力排行前 5 位的行业是 C19、C13、C20、C18、C4，年均消费电力排行后 5 位的行业是 C10、C27、C11、C8、C3。从中可以看出，行业 C13、C18、C19、C20 对上述能源的消费相对较高，属于能耗较高的行业；行业 C3、C8、C10、C27 对上述能源的消费相对较低，属于能耗较低的行业。

表 6-3 列出了 2002 年和 2021 年制造业分行业消费煤炭、焦炭、原油、天然气和电力的占比情况。从具体占比情况来看，大多数行业的煤炭占比较高，这与制造业整体行业能源消费结构情况相一致。但从行业的能源消费结构来看，行业能源消费变动差异较大。尽管多数行业的能源消费中煤炭占比有所下降，但行业 C3、C4、C5、C6、C7、C8、C10、C16 + C17、C22、

C23、C24、C25、C27 的煤炭占比下降最为明显，而行业 C12、C20 的煤炭占比上升幅度较大。同时，从表 6-3 中还可以看出，多数行业的能源消费中电力占比和天然气占比有所上升。到 2021 年，行业 C3、C5、C6、C7、C8、C11、C21、C22、C23、C24、C25、C26、C27 的电力消费占比均超过了煤炭消费占比。这说明，在制造业部门中部分行业的能源消费结构确实得到了优化。

表 6-3 2002 年、2021 年中国制造业分行业能源消费结构

单位：%

行业	2002 年（占比）					2021 年（占比）				
	煤炭	焦炭	原油	天然气	电力	煤炭	焦炭	原油	天然气	电力
C1	55.42	0.90	0.03	0.01	1.30	33.50	0.45	0.00	1.34	2.36
C2	63.84	0.38	0.10	0.00	1.03	29.53	0.23	0.00	1.76	1.90
C3	39.01	0.40	0.00	0.05	1.28	1.54	0.00	0.00	1.02	3.51
C4	34.43	0.13	0.00	0.03	1.67	4.60	0.07	0.00	1.16	2.93
C5	25.68	0.53	0.04	0.00	1.87	1.59	0.00	0.00	2.03	3.21
C6	25.67	0.62	0.00	0.00	1.91	2.14	0.00	0.00	0.53	3.72
C7	49.37	0.38	0.00	0.00	1.21	2.17	0.00	0.00	0.38	3.52
C8	36.11	1.07	0.00	0.00	1.37	0.31	0.00	0.00	0.62	3.81
C9	58.65	0.06	0.03	0.01	1.39	59.37	0.37	0.00	0.85	2.48
C10	20.28	0.11	0.00	0.06	1.94	7.19	0.00	0.00	1.25	3.27
C11	8.75	0.97	0.08	0.00	2.40	1.97	0.00	0.00	4.15	2.25
C12	91.38	0.82	290.72	0.25	0.53	107.12	0.20	264.11	0.64	0.48
C13	41.71	7.03	16.49	0.81	1.07	27.18	6.85	8.98	1.18	1.25
C14	44.55	0.07	0.00	0.13	1.24	20.79	0.32	0.00	1.05	2.50
C15	27.68	1.19	43.96	0.00	1.26	29.25	0.07	0.00	1.49	2.32
C16+C17	22.26	0.47	0.05	0.01	2.08	3.66	0.07	0.00	0.58	3.67
C18	63.26	2.82	0.55	0.04	0.88	47.60	3.47	0.00	1.07	1.42
C19	44.13	44.18	0.09	0.01	0.82	31.42	57.50	0.00	0.31	1.32
C20	24.00	4.73	0.03	0.02	2.19	45.30	1.89	0.00	0.34	3.46
C21	12.74	9.25	0.00	0.07	2.24	3.06	7.00	0.00	1.58	3.10
C22	20.92	15.16	0.01	0.02	1.76	0.18	5.07	0.00	0.83	3.54
C23	27.37	7.69	0.04	0.33	1.50	0.72	0.00	0.00	1.28	3.44
C24	35.75	2.34	0.00	0.13	1.83	1.43	0.19	0.00	1.54	3.37
C25	18.43	1.26	0.09	0.16	2.06	0.53	0.02	0.00	0.90	3.68

续表

行业	2002年（占比）					2021年（占比）				
	煤炭	焦炭	原油	天然气	电力	煤炭	焦炭	原油	天然气	电力
C26	6.45	0.06	0.00	0.73	2.26	1.80	0.00	0.00	0.62	3.85
C27	13.02	2.99	0.00	0.02	2.21	0.49	0.00	0.00	0.51	3.81

资料来源：各种能源折算标准煤的参考系数来自《中国能源统计年鉴2019》。

综上可知，中国制造业仍然是国民经济行业中能源消耗最多的行业。同时，无论制造业整体能源消费结构还是制造业分行业能源消费结构，制造业对煤炭等高污染能源的消费比例都过高，而对天然气和可再生的水电、核电等清洁能源的消费比例较低，说明能源消费结构有待进一步调整。在能源逐渐枯竭和环境恶化的背景下，为了实现制造业的可持续发展，必须进行制造业能源消费结构的转型升级，并以提高制造业能源效率为战略目标，实现制造业增长动能转换，最终推动中国制造业高质量发展。

二、中国制造业全要素能源效率分析

（一）全要素能源效率概念界定

世界能源委员会（1995）认为能源效率是“减少能源投入，但仍能提供相同能源服务”。对此，国内外学者主要从单要素角度和全要素角度来进行定义。早期的单要素能源效率假设产出增长与能源消费量之间存在线性相关关系，故将能源消费作为产出的唯一投入要素而忽略了资本和劳动等其他要素对产出的贡献。因此，传统的单要素能源效率仅限定生产中的能源投入与生产中的有效产出，在不考虑其他经济增长因素作用下，来考量某一地区的能源效率。其中，最常用的单要素能源效率指标是能源消耗量与产出的比值，即单位产出所消耗的能源量。这一比值越大，表示该地区的能源消耗越大，能源效率越低。

由于单要素能源效率仅仅反映能源与经济产出之间的比例关系，只能从侧面在一定程度上反映出能源的利用情况，而不能体现多种要素共同作用下能源效率变化的情况，因而其计算结果存在偏差。考虑到单要素能源效率的这一局限性，Hu 和 Wang（2006）基于数据包络分析方法提出了全要素能源效率（Total Factor Energy Efficiency，TFEE）的概念。所谓全要素能源效率是指在既定生产要素和能源投入的共同作用下，实际产出量与最大可能产出量的比例，或者是在既定产量下，最少能源投入量与实际能源投入量的比例。在数据包络分析方法中，其基本思路是通过测度样本点相对于最优点（生产前沿）的远近程度来进行相对效率的比较。之后，杨红亮和史丹（2008）又实证检验了单要素能源效率和全要素能源效率指标，并在研究中发现，全要素能源效率指标在衡量中国各地区能源效率时有着单要素能源效率指标所不可替代的优势，相对来说，更具有现实意义。至此，全要素能源效率被学术界广泛地应用到了研究中，并在应用中不断地做出改进。由于在中国经济快速增长过程中，环境问题日益突出，一些学者开始探讨环境约束对于能源效率的影响，将生产过程中的污染排放物作为非期望产出纳入全要素能源效率的测定框架中，使得该测定框架更加符合现实生产过程。因此，本书在对制造业全要素能源效率的测度中，除了将各种能源作为投入要素外，还将碳排放量这一环境指标作为生产过程中的非期望产出纳入测度框架，以期综合反映能源投入要素在制造业生产过程中的真实利用水平。

（二）DEA 模型的理论介绍

有关生产效率的研究方法主要有两种：参数法和非参数法。参数法主要有回归模型法和随机前沿分析法，非参数法主要包括指数分析和数据包络分析（Data Envelopment Analysis，DEA）。在实际运用时，参数法以随机前沿分析法应用最多，一般需要事先设定具体的生产函数形式，然后据此估计技术效率。而非参数法以数据包络分析为主，不需要事先设定具体的生产函数形式，且投入和产出变量的权重是由数学线性规划的方法自动确定，从而可以避免因主观因素而影响测算结论的准确性，并适合处理多投入、多产出的生产过程，在使用中具有非常大的优越性。本书以制造业 26 个行业为研究对象，因行业较多且各行业间差异较大，不宜设定统一的函数形式，故以数据包络分析方法为基础进行能源效率测度。

1. DEA 模型

数据包络分析方法（Cooper 等，1978）是使用数学规划模型来评价具有多个输入和多个输出的“部门”或“单位”（Decision Making Unit，DMU）之间的相对有效性。其本质就是根据输入和输出指标进行线性规划，估计一条生产前沿曲线，让所有有效率的点都位于生产前沿上，通过观察各个 DMU 是否位于生产可能集的“前沿面”上，来判断决策单元是否属于有效单元。同时，其还能通过投入冗余或者产出的不足来分析 DMU 低效的原因以及程度，为决策方提供更多必要的信息。

假设需要测量的决策单元有 n 个，每一个决策单元可以记为 $DMU_j(j=1,2,\cdots,n)$，而每个 DMU 都有 m 个投入和 q 个产出，其投入和产出分别计为 $x_{ij}(i=1,2,\cdots,m)$ 和 $y_{rj}(r=1,2,\cdots,q)$，投入和产出的权重分别计为 v_i 和 u_r。假设 $x_{ij}>0$，$y_{rj}>0$，令

$$x_j=(x_{1j},x_{2j},\cdots,x_{mj})^T,\ j=1,2,\cdots,n$$

$$y_j=(y_{1j},y_{2j},\cdots,y_{qj})^T,\ j=1,2,\cdots,n$$

$$v=(v_1,v_2,\cdots,v_m)^T$$

$$u=(u_1,u_2,\cdots,u_q)^T$$

则要进行评价的决策单元 DMU_k 的效率评价指数为

$$h_k=\frac{u^Ty_k}{v^Tx_k}$$

将以上投入和产出权重作为变量，第 k 个决策单元的效率指数为目标，将全部决策单元的效率指数作为约束条件，可以构建基于规模收益不变的 CCR 模型（Cooper 等，1978）：

$$\begin{cases}\max\dfrac{u^Ty_k}{v^Tx_k}\\ \text{s. t. }\dfrac{u^Ty_j}{v^Tx_j}\leqslant 1,\ j=1,2,\cdots,n\\ u\geqslant 0,\ v\geqslant 0\end{cases}\tag{6-1}$$

则令 $t=\dfrac{1}{v^Tx_k}>0$，$\omega=tv$，$\mu=tu$，可以将式（6-1）转换为等价的线性规划模型：

$$\begin{cases}\max \mu^Ty_k\\ \text{s. t. }\omega^Tx_j-\mu^Ty_j\geqslant 0,\ j=1,2,\cdots,n\\ \omega^Tx_k=1\\ \omega\geqslant 0,\ \mu\geqslant 0\end{cases}\tag{6-2}$$

式（6-2）的对偶模型为

$$
\begin{cases}
\min\theta \\
\text{s. t.} \sum_{j=1}^{n} x_j \lambda_j \leqslant \theta x_k \\
\sum_{j=1}^{n} y_j \lambda_j \geqslant y_k \\
\lambda_j \geqslant 0
\end{cases}
\tag{6-3}
$$

在多投入和多产出的情况下，无论是选择 CRS 模型还是 VRS 模型都会存在松弛变量问题。如果在式（6-3）中加入投入和产出的松弛变量s^-和s^+，则可表示为

$$
\begin{cases}
\min\theta - \varepsilon(s^- + s^+) \\
\text{s. t.} \sum_{j=1}^{n} x_j \lambda_j + s^- = \theta x_k \\
\sum_{j=1}^{n} y_j \lambda_j - s^+ = y_k \\
\lambda_j \geqslant 0,\ s^- \geqslant 0,\ s^+ \geqslant 0
\end{cases}
\tag{6-4}
$$

若式（6-4）的最优解为θ^*、λ^*、s^{-*}、s^{+*}，则判断决策单元是否有效的标准是：

（1）若$\theta^*<1$，则DMU_k为非 DEA 有效；

（2）若$\theta^*=1$，则DMU_k为弱 DEA 有效；

（3）若$\theta^*=1$，且$s^{-*}=0$，$s^{+*}=0$，则DMU_k为强 DEA 有效。

由于在 DEA 模型中，对规模收益的设定决定了生产前沿的形状，因而需要采用 $\sum_{j=1}^{n} \lambda_j$ 的不同约束来构建针对不同规模收益的生产技术的 DEA 模型。如果在被评价的 DMU 结果中，$\sum_{j=1}^{n} \lambda_j = 1$ 时，则说明该 DMU 处于规模收益不变的状态；当$\sum_{j=1}^{n} \lambda_j < 1$ 时，则说明该 DMU 处于规模收益递增的状态；当 $\sum_{j=1}^{n} \lambda_j > 1$ 时，则说明该 DMU 处于规模收益递减的状态。

但在径向 DEA 模型中，对 DMU 无效率程度的测量只包含了所有投入（产出）等比例缩减（增加）的比例，而松弛改进的部分在效率值的测量中没有体现。因此，Tone（2001）提出了一个非径向、非角度基于松弛的（Slack-Based Measure，SBM）效率评价模型，将投入和产出松弛量引入目标函数之中，同时从投入和产出两个角度对无效率状况进行测量。在 SBM 模型

中，投入产出可以随意缩减，而不一定是按等比例缩减，对处理含有非期望产出的情况更加合理。基于松弛的 SBM 模型的效率可以表示如下：

$$\left\{\begin{aligned} &\min\rho=\frac{1-\dfrac{1}{m}\times\dfrac{s^-}{x_k}}{1+\dfrac{1}{q}\times\dfrac{s^+}{y_k}} \\ &\text{s. t. } \sum_{j=1}^{n}x_j\lambda_j+s^-=x_k \\ &\sum_{j=1}^{n}y_j\lambda_j-s^+=y_k \\ &\lambda_j\geqslant 0,\ s^-\geqslant 0,\ s^+\geqslant 0 \end{aligned}\right. \tag{6-5}$$

式（6-5）采用 ρ^* 表示被评价的 DMU 的效率值，取值介于 0 和 1 之间。对效率指标求解可得

$$\rho^*=\left(\frac{1}{m}\times\frac{x_k-s^-}{x_k}\right)\left(\frac{1}{q}\times\frac{y_k+s^+}{y_k}\right)^{-1} \tag{6-6}$$

由式（6-6）可知，当 $\rho^*=1$，且$s^{-*}=0$，$s^{+*}=0$ 时，被评价的决策单元DMU_k有效。$\rho^*<1$，则说明被评价的决策单元DMU_k无效，这时可以通过对投入松弛和产出松弛的改变来实现有效率的生产。

由上面的 SBM 模型可知，ρ^* 的最大值为 1，使得有效 DMU 效率值相同。而当模型中投入产出指标数量较多时，可能会出现多个 DMU 同时处于有效的状况，这就无法进一步区分有效 DMU 的效率高低。为了解决这类问题，Tone（2001）将 SBM 模型拓展为超效率 SBM 模型（Super Efficiency Model of SBM, SSBM），将被评价的 DMU 从参考集中剔除，这样就允许有效 DMU 的ρ^*值大于 1，从而对有效 DMU 进行再排序。SSBM 模型如下：

$$\left\{\begin{aligned} &\min\rho_{SE}=\frac{1+\dfrac{1}{m}\times\dfrac{s^-}{x_k}}{1-\dfrac{1}{q}\times\dfrac{s^+}{y_k}} \\ &\text{s. t. } \sum_{j=1,\ j\neq k}^{n}x_j\lambda_j-s^-\leqslant x_k \\ &\sum_{j=1,\ j\neq k}^{n}y_j\lambda_j+s^+\geqslant y_k \\ &\lambda_j\geqslant 0,\ s^-\geqslant 0,\ s^+\geqslant 0 \end{aligned}\right. \tag{6-7}$$

而投入导向的 SSBM 模型可以表示为

$$\begin{cases} \min \rho_{SE} = 1 + \frac{1}{m} \times \frac{s^-}{x_k} \\ \text{s. t.} \sum_{j=1,\ j\neq k}^{n} x_j \lambda_j - s^- \leqslant x_k \\ \sum_{j=1,\ j\neq k}^{n} y_j \lambda_j \geqslant y_k \\ \lambda_j \geqslant 0,\ s^- \geqslant 0,\ s^+ \geqslant 0 \end{cases} \tag{6-8}$$

在 SSBM 模型中允许效率值ρ^*大于等于 1，这样就可以解决多个有效 DMU 之间的排序问题，从而使得对各决策单元效率测量的结果更加准确。同时，当采用 VRS 超效率 SBM 模型时，需要在式（6-8）中加入 $\sum_{j=1,\ j\neq k}^{n} \lambda_j = 1$ 为约束条件。

2. Malmquist 指数

当所观察的数据为包含多个时期点观测值的面板数据时，就可以对生产率变动情况及技术效率和技术进步各自对生产率变动所起的作用进行分析，这就是常用的 Malmquist 全要素生产率指数分析。Malmquist 指数的概念最早源于 Malmquist（1953），因此将这一类指数命名为 Malmquist 指数。Malmquist 指数用于分析两个时期生产率的变化（后一个时期与前一个时期生产率的比值）。Färe R 等（1992）最早采用 DEA 的方法计算 Malmquist 指数，并将 Malmquist 指数分解为两个方面的变化：一是被评价 DMU 在两个时期内的效率变化（Efficiency Change，EC），二是生产技术的变化（Technological Change，TC），在 DEA 中反映生产前沿的变动情况（frontier shift）。效率变化反映了 DMU 的效率改善或恶化程度，而技术变化则反映了两个时期效率前沿的变化情况。Chung Y H 等（1997）将方向距离函数引入 Malmquist 指数以处理非期望产出问题，并将其称为 Malmquist-Luenberger（ML）指数。ML 指数的核心作用是解决了非期望产出问题，因此可将 ML 指数推广为任何“包含非期望产出的 Malmquist 指数”，即 ML 指数 = M 指数+非期望产出。Oh 等（2010）在此基础上构建全局全要素生产率指数（Global Malmquist-Luenberger，GML），即从全局角度出发，基于全局生产技术集进行构造，能有效解决线性规划无解的问题与避免“技术倒退”现象出现的可能性，从而可以更加全面和深入地分析全要素生产率。本书借鉴齐亚伟和陶长琪

（2012）、许光清等（2020）的指数分解方法构建如下 GML 指数：

$$GML_t^{t+1}=\frac{1+\overrightarrow{D_0^G}\ (x^t,\ y^t,\ b^t;\ y^t,\ -b^t)}{1+\overrightarrow{D_0^G}\ (x^{t+1},\ y^{t+1},\ b^{t+1};\ y^{t+1},\ -b^{t+1})} \tag{6-9}$$

其中，$\overrightarrow{D_0^G}\ (x^t,\ y^t,\ b^t;\ y^t,\ -b^t)$ 为全局方向性距离函数，$g=(y,-b)$ 为方向向量，b 表示非期望产出。t 期的全局方向性距离函数求解模型可以表示为

$$\begin{cases}\overrightarrow{D_0^G}(x^t,\ y^t,\ b^t;\ y^t,\ -b^t)=\max\beta \\ \text{s. t.}\ \sum_{t=1}^{T}\sum_{j=1}^{n}x_{ij}^t\lambda_j^t\leqslant(1-\beta)x_{ij}^t,\ i=1,\ 2,\ \cdots,\ m \\ \sum_{t=1}^{T}\sum_{j=1}^{n}y_{rj}^t\lambda_j^t\geqslant(1+\beta)y_{rj}^t,\ r=1,\ 2,\ \cdots,\ q \\ \sum_{t=1}^{T}\sum_{j=1}^{n}b_{sj}^t\lambda_j^t\leqslant(1-\beta)b_{sj}^t,\ s=1,\ 2,\ \cdots,\ u \\ \lambda_j^t\geqslant 0,\ j=1,\ 2,\ \cdots,\ n\end{cases} \tag{6-10}$$

其中，β 为 y 增加、x 和 b 减少的最大可能数量。在上式全局方向性距离函数的基础上构建的 GML 指数就可以进一步分解为

$$GML_t^{t+1}=GPEC_t^{t+1}\times GSEC_t^{t+1}\times GPTC_t^{t+1}\times GSTC_t^{t+1} \tag{6-11}$$

其中，$GML_t^{t+1}>1$（<1）表示绿色全要素能源效率提升（下降）；$GPEC_t^{t+1}$ 为纯技术效率变化，其大于 1（小于 1）表示纯技术效率改善（恶化）；$GSEC_t^{t+1}$ 为规模效率变化，其大于 1（小于 1）表示规模效率提高（下降）；$GPTC_t^{t+1}$ 为纯技术进步变化，其大于 1（小于 1）表示技术进步（倒退）；$GSTC_t^{t+1}$ 为技术规模变化，其大于 1 或小于 1 表示技术偏离不变规模报酬（技术向不变规模报酬移动）。

$$GPEC_t^{t+1}=\frac{1+\overrightarrow{D_v^t}\ (x^t,\ y^t,\ b^t;\ g^t)}{1+\overrightarrow{D_v^{t+1}}\ (x^{t+1},\ y^{t+1},\ b^{t+1};\ g^{t+1})}$$

$$GSEC_t^{t+1}=\frac{\dfrac{1+\overrightarrow{D_c^t}\ (x^t,\ y^t,\ b^t;\ g^t)}{\overrightarrow{D_v^t}\ (x^t,\ y^t,\ b^t;\ g^t)}}{\dfrac{1+\overrightarrow{D_c^{t+1}}\ (x^{t+1},\ y^{t+1},\ b^{t+1};\ g^{t+1})}{1+\overrightarrow{D_v^{t+1}}\ (x^{t+1},\ y^{t+1},\ b^{t+1};\ g^{t+1})}}$$

$$GPTC_t^{t+1}=\frac{\dfrac{1+\overrightarrow{D_v^G}(x^t, y^t, b^t; g^t)}{1+\overrightarrow{D_v^t}(x^t, y^t, b^t; g^t)}}{\dfrac{1+\overrightarrow{D_v^G}(x^{t+1}, y^{t+1}, b^{t+1}; g^{t+1})}{1+\overrightarrow{D_v^{t+1}}(x^{t+1}, y^{t+1}, b^{t+1}; g^{t+1})}}$$

$$GSTC_t^{t+1}=\frac{\dfrac{\dfrac{1+\overrightarrow{D_c^G}(x^t, y^t, b^t; g^t)}{1+\overrightarrow{D_c^t}(x^t, y^t, b^t; g^t)}}{\dfrac{1+\overrightarrow{D_c^G}(x^{t+1}, y^{t+1}, b^{t+1}; g^{t+1})}{1+\overrightarrow{D_c^{t+1}}(x^{t+1}, y^{t+1}, b^{t+1}; g^{t+1})}}}{\dfrac{\dfrac{1+\overrightarrow{D_v^G}(x^t, y^t, b^t; g^t)}{1+\overrightarrow{D_v^t}(x^t, y^t, b^t; g^t)}}{\dfrac{1+\overrightarrow{D_v^G}(x^{t+1}, y^{t+1}, b^{t+1}; g^{t+1})}{1+\overrightarrow{D_v^{t+1}}(x^{t+1}, y^{t+1}, b^{t+1}; g^{t+1})}}}$$

（三）指标说明与数据来源

本书基于制造业 2002—2021 年的 26 个细分行业数据，使用超效率 DEA 模型对中国制造业分行业的全要素能源效率进行测算。其中所需投入和产出的指标如下：

1. 劳动投入

劳动力是指全部从事制造业工作的劳动者，本书选取规模以上制造业各行业全部从业人员年平均人数作为劳动力投入量，单位为万人，数据来源于历年《中国工业经济统计年鉴》。其中，2018 年数据来自第四次全国经济普查《中国经济普查年鉴 2018》，因 2012 年和 2017 年数据缺失，故取相邻年份的均值插入。

2. 资本投入

资本是指企业使用期超过 1 年的房屋、建筑物、机器、机械、运输工具以及其他与生产经营有关的设备、器具、工具等固定资产，不包括流动资产。很多学者通过永续盘存法，使用张军等（2004）对中国各省份估算的折旧率来对生产投入的资本存量进行估算。但由于本书的研究对象是制造业细分行业，若使用永续盘存法需人为地确定每个行业的资本折旧率，将使得数据存在一定的误差。因此，本书选取规模以上制造业各行业的固定资产净值作为资本投入指标，并用2002年为基期的固定资产投资价格指数对2002—2021年的固定资产净值进行平减，从而消除了物价变动的影响，单位为亿元。

3. 能源投入

本书使用制造业分行业的能源消费总量作为能源投入指标，单位为万吨标准煤，相关数据来自2003—2022年《中国统计年鉴》。

4. 合意产出

制造业各行业的总产值可以作为合意产出，但是《中国统计年鉴》中的制造业分行业总产值的数据在2012年后就不再进行统计了，而制造业分行业主营业务收入的数据较为完整。因此，出于数据的可得性，避免因统计口径等差异使数据存在较大误差，本书将制造业分行业主营业务收入作为合意产出变量，并以2002年为基期的分行业工业品出厂价格指数进行平减，折算为以2002年为不变价格的主营业务收入，单位为亿元。其中，2018年主营业务收入数据来自第四次全国经济普查《中国经济普查年鉴2018》。

5. 非合意产出

本书将制造业分行业的CO_2排放量作为非合意产出，但由于统计年鉴中没有制造业分行业的CO_2排放量项目与数字，因此本书需要对其进行估算。国家统计局分行业统计的能源消费总量中一共列出了9种能源，由于电力最终主要依赖煤炭、天然气等消耗得来，因而，为了避免重复计算，本部分主要以煤炭、焦炭、原油、汽油、柴油、煤油、燃料油和天然气这8种一次性消费能源为基准来核算中国分行业的CO_2排放量。这8种能源碳排放系数的计算可以参照IPCC 2006年的指导意见第二卷（能源）第六章提供的参考方法，公式为

$$\theta_g = NCV_g \times CEF_g \times COF_g \times 44/12 \quad (g=1,\ 2,\ \cdots,\ 8) \tag{6-12}$$

其中，NCV是2013年《中国能源统计年鉴》附录4中提供的一次能源的平均低位发热量；CEF表示碳排放因子①，具体数据由IPCC提供；COF表示

① 由于在IPCC 2006中没有直接提供煤炭的碳排放因子，所以在这里我们根据陈诗一（2009）提供的方法，利用IPCC 2006所提供的烟煤和无烟煤的碳排放因子的加权平均值（80%和20%）来计算煤炭的碳排放因子。

碳氧化因子，缺省值为 1；44 和 12 分别表示 CO_2 和碳的分子量，其计算结果如表 6-4 所示。

表 6-4 各种能源的碳排放系数 单位：kg CO_2/kg

能源种类	煤炭	焦炭	原油	汽油	柴油	煤油	燃料油	天然气
碳排放系数	1.99	3.04	3.07	3.19	3.16	3.10	3.24	2.18

非合意产出本身构成了生产过程的外在环境约束，使得合意产出的生产往往伴随着非合意产出这种污染"副产品"的出现，且表现出显著的正相关关系。因此，本书考虑到非合意产出作为环境成本，符合越少越好的原则，故选择超效率 SBM 模型（SSBM）进行制造业能源效率测算。

（四）基于 SSBM 模型的制造业全要素能源效率评价

本部分运用中国制造业 2002—2021 年的面板数据，投入变量选取的是劳动力、资本存量和能源投入，期望产出选取制造业主营业务收入，非期望产出选用的是碳排放，利用 SSBM 模型测度制造业分行业、不同技术密集型行业在规模报酬可变条件下的绿色全要素能源效率和传统全要素能源效率，并对测度值反映出来的技术分布特征以及行业差异进行分析。

1. 制造业分行业能源效率评价与比较

本部分运用投入导向型规模报酬可变的 DEA-SSBM 模型对中国制造业 2002—2021 年的绿色全要素能源效率（GTFEE）进行了测算。同时，为了考察环境污染约束对全要素能源效率的影响，本部分还测算了不包含非期望产出的全要素能源效率（TFEE）。具体结果如表 6-5 所示。

表 6-5 中国制造业分行业 GTFEE 和 TFEE 测度值

行业	2002 年		2007 年		2012 年		2017 年		2021 年	
	GTFEE	TFEE	GTFEE	TFEE	GTFEE	TFEE	GTFEE	TFEE	GTFEE	TFEE
C1	0.5565	0.6443	0.4943	0.5579	0.4910	0.5713	0.3793	0.4307	0.3576	0.4138
C2	0.4283	0.4543	0.4408	0.4946	0.4271	0.4747	0.3826	0.4172	0.3056	0.3503
C3	1.2759	2.4799	1.7060	3.7877	1.9306	4.2600	1.9429	4.2633	2.0965	5.2393
C4	0.4113	0.4909	0.3831	0.4538	0.3670	0.4397	0.3602	0.4292	0.3220	0.4156
C5	0.8398	0.9265	0.7017	0.8001	0.6319	0.7692	0.5685	0.6847	0.5160	0.6853
C6	1.0410	1.2165	1.0139	1.0836	0.7403	0.9528	0.7039	0.9001	0.6311	0.8376
C7	0.5970	0.6467	0.6444	0.7413	0.5356	0.6964	0.5535	0.7057	0.6321	0.8666

续表

行业	2002年		2007年		2012年		2017年		2021年	
	GTFEE	TFEE	GTFEE	TFEE	GTFEE	TFEE	GTFEE	TFEE	GTFEE	TFEE
C8	1.4948	1.8169	1.2902	1.4170	1.0124	1.0664	0.6725	0.8267	0.6685	0.8659
C9	0.3477	0.3981	0.3143	0.3601	0.3511	0.4187	0.3339	0.3976	0.2581	0.3093
C10	0.5932	0.6164	0.8216	0.6999	0.7060	0.8445	0.5759	0.7090	0.5602	0.7118
C11	0.8915	0.9534	1.0606	1.3638	0.8403	0.9900	0.6942	0.8116	0.5613	0.7214
C12	1.1016	1.6098	1.0255	1.1529	0.6061	0.8399	0.6208	0.8708	0.5056	0.7100
C13	0.3650	0.4224	0.4667	0.5873	0.5880	0.7994	0.5387	0.7448	0.4311	0.5842
C14	0.4994	0.5487	0.4183	0.4606	0.4692	0.5169	0.4368	0.4920	0.3548	0.3832
C15	0.5810	0.6714	0.4394	0.5068	0.4678	0.5615	0.4419	0.5355	0.3614	0.4339
C16+C17	0.4646	0.5240	0.4113	0.4738	0.3906	0.4599	0.3594	0.4166	0.3452	0.4303
C18	0.2636	0.3147	0.2903	0.3436	0.3953	0.5094	0.3593	0.4603	0.2996	0.3648
C19	0.4128	0.4550	0.6733	0.9054	1.0017	1.0101	0.5788	0.8114	0.6214	0.8587
C20	0.4071	0.4756	0.4498	0.5485	0.5523	0.7406	0.5469	0.7473	0.4633	0.6129
C21	0.6041	0.6990	0.5615	0.6636	0.4378	0.4957	0.3821	0.4512	0.4371	0.5445
C22	0.4860	0.5443	0.5630	0.6383	0.4898	0.5349	0.4487	0.4862	0.4897	0.5835
C23	0.5229	0.5770	0.5239	0.5840	0.5177	0.5486	0.4646	0.4753	0.4892	0.5547
C24	0.5804	0.6300	0.7189	0.8001	0.8358	0.9799	0.7828	0.9020	0.6996	0.7661
C25	0.7252	0.7691	0.7200	0.7847	0.6015	0.6201	0.5719	0.5730	0.6530	0.7248
C26	1.4417	2.8065	1.4627	2.0800	1.5538	2.0512	1.5590	1.8930	1.4711	1.9267
C27	1.0000	0.9010	1.0395	1.0902	0.7616	0.8945	0.8380	0.9496	0.6822	0.8205
均值	0.6201	0.7286	0.6411	0.7549	0.6166	0.7485	0.5571	0.6843	0.5155	0.6583

注：传统和绿色全要素能源效率的制造业均值是各行业数值的几何平均。

由表6-5可知，中国制造业各行业的TFEE明显高于含有碳排放的GTFEE。从制造业分行业绿色全要素能源效率来看，存在明显的行业差距。在样本期间，有12个行业的绿色全要素能源效率均值高于制造业总体均值，分别为C3、C5、C6、C8、C10、C11、C12、C19、C24、C25、C26、C27。其中，烟草制品业（C3）在研究样本期间绿色全要素能源效率数值都在1以上，是所有制造业行业中绿色全要素能源效率最高的行业，且呈现了上升的趋势。这主要是因为，烟草制品业的资本和能源密集程度低，但却有较高的工业增加值。在样本期间，黑色金属冶炼及压延加工业（C19）、交通运输设备制造业（C24）的绿色全要素能源效率也呈上升趋势，在个别年份，其数值甚至超过了1。通信设备、计算机及其他电子设备制造业（C26）的绿色全要素能源效率均值虽低于烟草制品业（C3），但在样本期间相对稳定，其数值在1.5左右波动。皮革、毛皮、羽毛（绒）及其制品业（C6），家具制造业（C8）以及石油加工及炼焦业（C12）的绿色全要素能源效率变动幅度较大，呈快速下降趋势。皮革、毛皮、羽毛（绒）及其制品业（C6）从2002年的1.0410下降到2021年的0.6311，家具制造业（C8）从2002年的1.4948下降到2021年的0.6685，石油加工及炼焦业（C12）从2002年的1.1016下降到2021年的0.5056，逐渐远离生产前沿面。纺织服装及其他纤维制品业（C5）、文教体育用品制造业（C11）和仪器仪表及文化、办公用机械制造业（C27）的绿色全要素能源效率也呈波动下降趋势，逐渐转变成能源使用的低效率状态。而印刷业和记录媒介的复制业（C10）、电气机械及器材制造业（C25）的绿色全要素能源效率的变动趋势不明显。

除上述12个行业外，其余14个行业在样本期间的绿色全要素能源效率均值低于制造业总体均值。其中，行业C2、C4、C9、C18的绿色全要素能源效率均值在0.4以下，行业C1、C14、C15、C16+C17、C21、C22、C23的绿色全要素能源效率均值在0.4~0.5，行业C7、C13、C20的绿色全要素能源效率均值在0.5~0.6。其中，C13、C18、C20的绿色全要素能源效率呈现上升趋势，C7、C22、C23的绿色全要素能源效率变动不大，C1、C2、C4、C9、C14、C15、C16+C17、C21的绿色全要素能源效率呈下降趋势。

图6-2给出了2002—2021年中国制造业传统和绿色全要素能源效率均值。在样本期间，制造业TFEE均值约为0.7169，考虑了碳排放的GTFEE均值为0.5921，两个测度值之间差距较大。这说明，随着制造业生产过程中各种能源要素投入的增大，碳排放这种污染“副产品”的出现，提高了环境成本，使得能源效率明显降低。造成这种状况的可能原因是各行业所使用的生产技术与环境发展并不匹配，制造业生产扩张主要是靠能源、资本等要素投入而不是技术效率推动，在创造大量期望产出的同时也不可避免地造成环境污染等非期望产出的增加。如何平衡二者关系，在推动制造业增长中，尽可能减少对环境的损害，实现制造业可持续发展，仍然是制造业亟须解决的重要问题。由于绿色全要素能源效率更能真实地反映制造业实际生产率水平，因此要制定精准的节能减排策略，用绿色全要素能源效率指标来替代传统的不包含非期望产出的全要素能源效率指标更加合理。

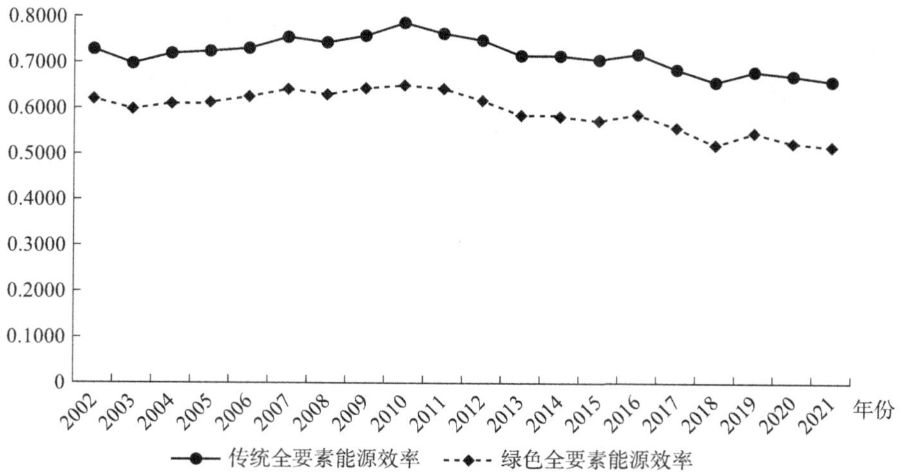

图 6-2　2002—2021 年中国制造业传统和绿色全要素能源效率均值

注：绿色全要素能源效率的制造业均值是各行业绿色全要素能源效率的几何平均。

如图 6-2 所示，制造业绿色全要素能源效率总体水平较低。在样本期间，均值为 0. 5921，远低于前沿面上的能源效率值 1，意味着制造业平均还有 40. 79%的节能减排潜力。从历年的变化趋势来看，2002—2003 年，由于国内重化工业的再次兴起，高耗能、高排放行业快速增长，导致了绿色全要素能源效率的下降；2004—2009 年，由于国内提出建设环境友好型、资源节约型社会的新要求，加上一系列节能减排政策的推行，使得中国制造业的绿色全要素能源效率出现了增长趋势；2010 年之后，为应对国际金融危机，国内出台了一系列的经济刺激计划，并调整了出口退税产品范围，使一些高污染、高耗能的产业得以继续发展，从而导致了中国制造业绿色全要素能源效率的再次下降。中国是典型“多煤少油贫气”的国家，而煤炭又是环境污染的主要来源，如果不改变目前制造业能源消费结构，则在环境约束下推动制造业能源效率稳速提升压力较大。同时，制造业绿色全要素能源效率并未随着国内的制造业快速发展而出现明显改善，反而处在不断恶化的下降阶段，表明中国目前尚处于环境库兹涅茨倒“U”型曲线的左侧。

综上可知，当在全要素能源效率分析框架中加入二氧化碳排放量作为非期望产出时，中国制造业行业全要素能源效率整体偏低，各行业普遍存在能源“无效率”现象，并且各行业间的能源效率存在较大差距，分布十分不均。多数行业历年的绿色全要素能源效率保持平稳或呈现下降的趋势。从行业特征来看，绿色全要素能源效率较低的行业多属于高耗能、高污染的行业。而中国制造业较低的绿色全要素能源效率水平存在以下两个原因：一是中国制造业生产具有高投入、高能耗的显著特点，为了提高生产增长速度而忽略效率的提高，特别是近些年来，在制造业生产增长速度逐渐放缓的背景下，为了保持生产稳定，加大了要素的投入力度，从而引起能源较低的效率水平；二是从绿色全要素能源效率的定义来看，其实是潜在能源投入与实际能源投入的比值，因此，随着制造业生产扩展，实际能源投入越来越多，势必导致实际能源投入与潜在能源投入的缺口较大，从而造成制造业全要素能源效率徘徊在较低水平。

2. 不同技术分组行业能源效率评价与比较

前面我们已经对 26 个行业按技术属性进行了分组，分为低端制造业、中低端制造业、中高端制造业、高端制造业。但由于全要素能源效率测算中所需的数据没有具体到产品，因此无法将中高端制造业和高端制造业中的一些产品完全划分开，因此最终将这四组不同技术属性的行业归并为三类：低端制造业、中端制造业和高端制造业，其中高端制造业是中高端和高端制造业的综合。表 6-6 列出了技术属性不同的这三类行业在不考虑环境污染约束和考虑环境约束的情况下全要素能源效率测度值。

由表 6-6 可知，2002—2021 年中国不同技术分组制造业的 TFEE 测度值明显高于含有碳排放的 GTFEE 测度值。从样本期间年均值来看，低端制造业 TFEE 测度值约为 0.7736，而考虑了碳排放的 GTFEE 测度值为 0.6250；中端制造业 TFEE 测度值约为 0.6124，而考虑了碳排放的 GTFEE 测度值为 0.4921；高端制造业 TFEE 测度值约为 0.7256，而考虑了碳排放的 GTFEE 测度值为 0.6272。可见，不同技术分组制造业 TFEE 测度值都大于 GTFEE 测度值，尤其是中端制造业的 TFEE 和 GTFEE 两个测度值之间差距较大。这说明，不管是低技术行业，还是高技术行业，加入碳排放这种非期望产出，都会使其真实能源效率偏低。

具体从技术属性和绿色全要素能源效率均值来看，高端制造业的绿色全要素能源效率始终位于制造业整体的绿色全要素能源效率之上，并在 2011 年之后逐渐超过了低端制造业的绿色全要素能源效率。这些行业多属于资本和技术密集型，能源投入、碳排放量较少，而产业增加值提升明显。低端制造业的绿色全要素能源效率也始终位于制造业整体的绿色全要素能源效率之上，但在2011年之后低于高端制造业。低端制造业的绿色全要素能源效率在2002—2007年呈上升趋势，并在2008—2011年保持了相对稳定后开始出现下降趋势。这些行业多数属于轻工业，已经实现了一定程度的集约发展，能源投入和碳排放相应减少，但随着外部经济环境的冲击和劳动力成本上升的影响，传统劳动密集型行业的产出受到了较大的抑制。而中端制造业的绿色全要素能源效率在样本期间明显低于制造业整体水平，呈明显下降趋势。2011年之后，低端制造业与中端制造业的差距大幅缩小，但与高端制造业的差距却在拉大。因此，中国节能降耗的重点应放在中端制造业，应加强中端制造业能源政策的落实，加大科技发展的支持力度，推动产业结构优化升级。

表6-6　2002—2021年中国制造业按技术属性分组后的GTFEE和TFEE测度值（几何平均）

年份	低端制造业		中端制造业		高端制造业		制造业均值	
	GTFEE	TFEE	GTFEE	TFEE	GTFEE	TFEE	GTFEE	TFEE
2002	0.6938	0.8185	0.4891	0.5852	0.6331	0.7314	0.6201	0.7286
2003	0.6710	0.7879	0.4717	0.5559	0.6086	0.6991	0.5981	0.6975
2004	0.6847	0.8081	0.4771	0.5671	0.6235	0.7313	0.6098	0.7194
2005	0.6896	0.8276	0.4873	0.5800	0.6168	0.7134	0.6123	0.7242
2006	0.7054	0.8260	0.5013	0.5974	0.6240	0.7191	0.6249	0.7306
2007	0.7099	0.8408	0.5245	0.6289	0.6472	0.7474	0.6411	0.7549
2008	0.6733	0.8070	0.5301	0.6432	0.6502	0.7405	0.6295	0.7434
2009	0.6776	0.8191	0.5732	0.6599	0.6517	0.7562	0.6432	0.7580
2010	0.6881	0.8396	0.5385	0.6865	0.6864	0.7936	0.6497	0.7860
2011	0.6885	0.8325	0.5069	0.6390	0.6904	0.7714	0.6422	0.7628
2012	0.6436	0.8087	0.5320	0.6464	0.6455	0.7509	0.6166	0.7485
2013	0.5986	0.7365	0.4964	0.6361	0.6340	0.7445	0.5848	0.7147
2014	0.5824	0.7270	0.4974	0.6417	0.6449	0.7510	0.5817	0.7144
2015	0.5730	0.7117	0.5051	0.6488	0.6222	0.7388	0.5727	0.7057
2016	0.5901	0.7334	0.5253	0.6751	0.6252	0.7289	0.5861	0.7180
2017	0.5689	0.7202	0.4618	0.5979	0.6155	0.7034	0.5571	0.6843
2018	0.5275	0.7018	0.4268	0.5564	0.5794	0.6758	0.5189	0.6566
2019	0.5496	0.7400	0.4451	0.5817	0.6199	0.6780	0.5458	0.6791
2020	0.5290	0.7139	0.4472	0.5840	0.5733	0.6802	0.5233	0.6703
2021	0.5244	0.7056	0.4329	0.5633	0.5672	0.6710	0.5155	0.6583
均值	0.6250	0.7736	0.4921	0.6124	0.6272	0.7256	0.5921	0.7169

综上，基于各个年份的估计结果，我们对低端、中端、高端制造业的绿色全要素能源效率进行了横截面的对比分析。从中可以看出，近年来高端制

造业的绿色全要素能源效率高于低端和中端制造业，低端制造业高于中端制造业，即高端制造业的能源效率利用情况最好，中端制造业最差，且高端制造业与中端制造业的绿色全要素能源效率存在较大差距。这主要是因为在中端制造业中多为资源密集型的产业，能源工业和高能耗产业占比较大，技术水平相对不高，造成其绿色全要素能源效率相对偏低。由此也可以看出，中端制造业的节能减排潜力大，更有可能实现较多的节能减排指标。

（五）基于 GML 指数的制造业全要素能源效率评价

本书以制造业 26 个行业为研究对象，运用非参数 DEA-Malmquist 生产率指数法，构建了全局全要素生产率指数（Global Malmquist - Luenberger, GML），在实证测算各行业绿色全要素能源效率的基础上将测算结果进一步分解为纯技术效率、规模效率、纯技术进步和技术规模变化，以此探究制造业绿色全要素能源效率变动的源泉。其中，任一指数变化大于 1 时，表明其对生产率的提高作出了贡献；变化小于 1 时，表明其对生产率的提高起到了反向的作用。

1. 基于 GML 指数的制造业分行业能源效率评价与比较

从图 6-3 历年中国制造业绿色全要素能源效率的 GML 指数来看，只有 2014 年、2018 年的 GML 指数低于 1，其余年份都大于 1。从波动幅度大小来看，在样本期间，绿色全要素能源效率的变动幅度较大。2003—2007 年，制造业绿色全要素能源效率的增长速度为 10%左右，甚至在 2003 年的增长速度达到了 18.56%。其后，只有 2010 年达到了 7.94%、2011 年达到了 13.25%、2019 年达到了 5.77%、2021 年达到了 10.34%，其余年份都低于 5%。2014 年、2018 年，制造业绿色全要素能源效率增长速度下降。总体来看，在样本期间，GML 指数的几何均值为 1.0587，也即制造业绿色全要素生产率的年均增长速度为 5.87%。在同期相对高速增长的经济态势下，制造业生产因环境成本的增加，其能源利用水平与经济发展速度并不匹配，其增长方式仍以要素驱动的粗放式增长为主，节能减排压力仍然较大。

从制造业绿色全要素能源效率的 GML 指数分解来看（见表 6-7），2003—2021 年中国制造业的纯技术效率指数（GPEC）的年几何均值为 0.9903 且变动不大，纯技术进步指数（GPTC）的年几何均值为 1.0376，规模效率指数（GSEC）的年几何均值为 0.9958，技术规模指数（GSTC）的年几何均值为 1.0347 且明显下降。由上述年几何均值可知，由于技术水平的提高以及技术进步所带来的生产规模报酬递增，纯技术进步、技术规模有所提升，其提升的平均速度分别为 3.76%和 3.47%。而节能降耗的约束条件使纯技术效率不仅没有上升，反而下降了 0.97%，同时要素或经济的过度集聚也导致规模效率下降了 0.42%。可见，在考虑环境污染情况下，技术进步是全要素能源效率增长的主要源泉，技术规模提升的相对贡献次之，纯技术效率的恶化和规模效率的下降遏制了绿色全要素能源效率的增长。这说明，随着国内制造业产业结构调整的力度逐渐加大和研发投入增加，制造业企业创新能力不断提升，技术进步、科技创新对制造业绿色全要素能源效率提高的作用逐渐显现出来；但生产中所带来的环境污染会导致技术效率的不断恶化，不利于制造业实现可持续发展，再加上目前制造业产业集聚化水平不高、管理水平不足也会降低纯技术效率与规模效率的效果。同时，需要注意的是，当考虑环境污染的制约时，企业会将部分技术用于节能减排，从而降低技术水平对制造业总产值增长的贡献；或者通过缩小生产规模来实现能耗和污染排放的减少，从而进一步降低规模效率的作用。

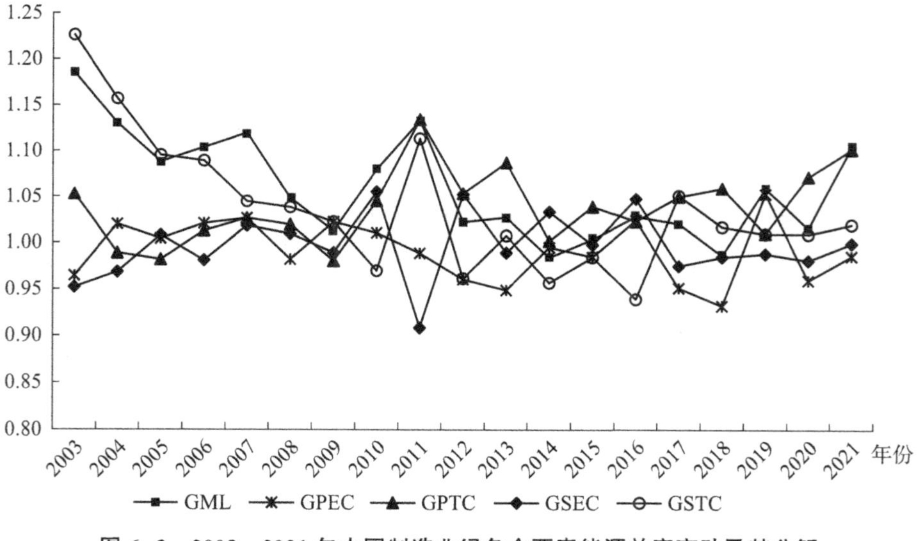

图 6-3　2003—2021 年中国制造业绿色全要素能源效率变动及其分解

注：图中每年的数值都是当年相对于上一年的效率变动值及其分解。

为进一步分析行业异质性条件下制造业各行业绿色全要素能源效率的变动情况以及原因，表 6-7 给出了 2003—2021 年中国 26 个行业的绿色全要素能源效率变化指数及其分解的几何均值。在样本期间，制造业各行业绿色全要素能源效率增长率差异明显，但随着时间推移其增长率趋于收敛。从表 6-7中可以看出，各行业 GML 指数都超过了 1，说明各行业年均绿色全要素能源效率都有了不同程度的提升。其中，烟草制品业（C3）的绿色全要素能源效率的年均增长速度最高，达到 9.44%。除烟草制品业外，其余行业的绿色全要素能源效率变动都在 9%以下，而行业 C1、C5、C6 的绿色全要素能源效率的年均增长速度相对偏低，分别为 3.76%、3.97%和 3.49%。

表 6-7　2003—2021 年中国制造业 26 个行业的绿色全要素能源效率变动及其分解

行业	GML	GPEC	GPTC	GSEC	GSTC
C1	1.0376	0.9770	1.0610	0.9939	1.0071
C2	1.0641	0.9824	1.0221	1.0065	1.0529
C3	1.0944	1.0265	0.9840	0.9854	1.0996
C4	1.0502	0.9872	1.0589	0.9974	1.0073
C5	1.0397	0.9747	1.0408	1.0018	1.0230
C6	1.0349	0.9740	1.0235	0.9917	1.0468
C7	1.0795	1.0030	0.9932	1.0077	1.0753
C8	1.0472	0.9585	1.0049	1.0244	1.0613
C9	1.0632	0.9844	1.0260	1.0063	1.0460
C10	1.0816	0.9970	0.9930	1.0136	1.0779
C11	1.0567	0.9759	1.0091	1.0172	1.0549
C12	1.0424	0.9598	1.0787	0.9747	1.0330
C13	1.0448	1.0088	1.0717	0.9617	1.0049
C14	1.0530	0.9822	1.0359	1.0016	1.0333
C15	1.0817	0.9753	1.0039	1.0226	1.0804
C16+C17	1.0510	0.9845	1.0482	0.9992	1.0193
C18	1.0626	1.0068	1.0533	0.9883	1.0139
C19	1.0699	1.0218	1.0810	0.9674	1.0013
C20	1.0533	1.0068	1.0325	0.9709	1.0435
C21	1.0468	0.9831	1.0461	0.9984	1.0195
C22	1.0641	1.0004	1.0517	0.9965	1.0149
C23	1.0623	0.9965	1.0424	0.9990	1.0237

续表

行业	GML	GPEC	GPTC	GSEC	GSTC
C24	1.0636	1.0099	1.0662	0.9839	1.0039
C25	1.0561	0.9945	1.0592	0.9937	1.0089
C26	1.0605	1.0011	1.0730	0.9681	1.0198
C27	1.0686	0.9801	1.0266	1.0216	1.0397

从表6-7中可以看出，各行业绿色全要素能源效率增长率大于行业平均增长率的有13个行业，分别是C2、C3、C7、C9、C10、C15、C18、C19、C22、C23、C24、C26、C27。这些行业多属于行业垄断程度较高或高技术领域。从分解结果中可知，这13个行业的GSTC全部大于1，而GPEC>1的有行业C3、C7、C18、C19、C22、C24、C26；GPTC>1的有行业C2、C9、C15、C18、C19、C22、C23、C24、C26、C27；GSEC>1的有行业C2、C7、C9、C10、C15、C27。其中，烟草制品业（C3）的纯技术效率提高，且技术偏离不变规模报酬，但技术退步、规模效率在下降。非金属矿物制品业（C18），黑色金属冶炼及压延加工业（C19），通用设备制造业（C22），交通运输设备制造业（C24），通信设备、计算机及其他电子设备制造业（C26）的纯技术效率提高，技术进步，且技术偏离不变规模报酬，但规模效率在下降。木材加工及木、竹、藤、棕、草制品业（C7）的纯技术效率和规模效率提高，且技术偏离不变规模报酬，但技术退步。印刷业和记录媒介的复制业（C10）规模效率提高，且技术偏离不变规模报酬，但技术退步、纯技术效率下降。饮料制造业（C2），造纸及纸制品业（C9），化学纤维制造业（C15），仪器仪表及文化、办公用机械制造业（C27）的规模效率提高，技术进步，且技术偏离不变规模报酬，但纯技术效率在下降。总体来看，这13个行业中大多数行业的规模效率在下降，但技术在进步。

另外，各行业绿色全要素能源效率增长率小于行业平均增长率的有13个行业，分别是C1、C4、C5、C6、C8、C11、C12、C13、C14、C16+C17、C20、C21、C25。从GML的分解中可知，这13个行业的GPTC和GSTC全部大于1，而GPEC>1的有行业C13、C20；GSEC>1的有行业C5、C8、C11、C14。其中，化学原料及化学制品业（C13）、有色金属冶炼及压延加工业（C20）的纯技术效率提高，技术进步，且技术偏离不变规模报酬，但规模效率在下降。食品加工制造业（C1），纺织业（C4），皮革、毛皮、羽毛（绒）及其制品业（C6），石油加工及炼焦业（C12），橡胶和塑料制品业（C16+C17），金属制品业（C21），电气机械及器材制造业（C25）的技术规模扩大、技术进步，但纯技术效率、规模效率在下降。纺织服装及其他纤维制品业（C5）、家具制造业（C8）、文教体育用品制造业（C11）、医药制造业（C14）的技术进步、规模效率提高，且技术偏离不变规模报酬，但纯技术效率在下降。

综上可知，制造业26个行业绿色全要素能源效率增长的推动因素尽管存在行业差异，但总体来看，除了C3、C7、C10之外，大多数行业的技术进步实现了正向变化，技术进步成为多数行业能源效率提升的主要推动力，且技术进步推动各类行业表现出了规模报酬递增的趋势，而大多数行业的规模效率和纯技术效率在下降。这一方面说明多数行业通过集聚整合达到规模经济的效果尚未实现，另一方面说明多数行业的管理水平不高，知识经验积累不足。

2. 基于GML指数的不同技术分组行业能源效率评价与比较

前文从技术层面分析了制造业绿色全要素能源效率，本部分将在此基础上进一步比较分析不同技术分组行业绿色全要素能源效率变动的原因。表6-8、表6-9分别列出了技术属性不同的三类行业绿色全要素能源效率变动值及其分解。

表6-8 2003—2021年中国制造业按技术属性分组后的GML指数

年份	低端制造业	中端制造业	高端制造业
2003	1.1449	1.1995	1.2278
2004	1.1182	1.1212	1.1501
2005	1.1071	1.0660	1.0800
2006	1.1085	1.0733	1.1184
2007	1.1192	1.1012	1.1317
2008	1.0724	1.0163	1.0398
2009	1.0277	0.9799	1.0152
2010	1.0910	1.0628	1.0763
2011	1.1280	1.1003	1.1602
2012	1.0422	1.0236	0.9962
2013	1.0286	1.0407	1.0155
2014	0.9689	0.9831	1.0029

续表

年份	低端制造业	中端制造业	高端制造业
2015	0.9908	1.0516	0.9873
2016	1.0120	1.0529	1.0294
2017	1.0267	0.9611	1.0527
2018	0.9763	1.0260	0.9712
2019	1.0712	1.0718	1.0323
2020	0.9876	1.0474	1.0274
2021	1.1252	1.0778	1.0945
均值	1.0588	1.0543	1.0616

注：表中每年的 GML 指数是当年相对于上一年的绿色全要素能源效率变动值。

由表 6-8 可知，2003—2021 年低端制造业、中端制造业和高端制造业的绿色全要素能源效率的年均 GML 指数都超过了 1。可见，虽然不同技术属性行业的绿色全要素能源效率呈现波动，但整体上保持了上升趋势。同时，从三类不同技术属性行业 GML 指数的几何均值来看，高端制造业和低端制造业的绿色全要素生产率年均增速都高于制造业整体年均增速，且高端制造业的绿色全要素能源效率的年均增速快于低端制造业与中端制造业，低端制造业的绿色全要素能源效率的年均增速快于中端制造业。中端制造业基本上为资源密集型产业，对能源消耗较多、碳排放量较大，从而使其绿色全要素能源效率提升相对较慢。从整体来看，中端制造业拉低了制造业绿色全要素能源效率的增长速度。从三类不同技术属性行业 GML 指数历年变动来看，从 2005 年开始，低端制造业的 GML 指数超过了中端制造业，而从 2013 年开始，中端制造业的 GML 指数又超过了低端制造业，到 2017 年又被低端制造业反超；高端制造业的 GML 指数在 2005 年、2008—2010 年、2012—2013 年、2015 年、2018—2019 年、2021 年低于低端制造业，在 2012—2013 年、2015—2016 年、2018—2020 年低于中端制造业。但总体来看，高端制造业已经成为制造业整体绿色全要素能源效率提升的主要推动力。

表 6-9　2003—2021 年中国制造业按技术属性分组后的 GML 指数分解

年份	低端制造业				中端制造业				高端制造业			
	GPEC	GPTC	GSEC	GSTC	GPEC	GPTC	GSEC	GSTC	GPEC	GPTC	GSEC	GSTC
2003	0.9671	0.9874	0.9250	1.2961	0.9644	1.0774	0.9367	1.2325	0.9614	1.1216	0.9973	1.1416
2004	1.0204	0.9642	0.9459	1.2014	1.0113	0.9606	0.9702	1.1895	1.0245	1.0397	0.9956	1.0845
2005	1.0071	0.9555	1.0181	1.1301	1.0215	0.9866	0.9726	1.0876	0.9891	1.0115	1.0192	1.0591
2006	1.0230	0.9835	0.9786	1.1257	1.0287	0.9972	0.9586	1.0914	1.0118	1.0596	0.9989	1.0444
2007	1.0063	1.0073	1.0536	1.0479	1.0463	1.0304	0.9625	1.0611	1.0371	1.0467	1.0133	1.0288
2008	0.9484	1.0250	1.0717	1.0293	1.0107	1.0005	0.9476	1.0606	1.0047	1.0245	0.9777	1.0333
2009	1.0063	0.9735	1.0137	1.0348	1.0813	0.9430	0.9120	1.0538	1.0023	1.0140	1.0130	0.9861
2010	1.0156	1.0035	1.0859	0.9858	0.9394	1.1845	1.0907	0.8757	1.0533	1.0095	0.9954	1.0169
2011	1.0006	1.0861	0.8693	1.1941	0.9414	1.2082	0.9478	1.0207	1.0058	1.1449	0.9315	1.0817
2012	0.9348	1.0481	1.1145	0.9544	1.0495	1.0243	0.9396	1.0134	0.9350	1.0777	1.0563	0.9359
2013	0.9301	1.0754	1.0387	0.9900	0.9331	1.1691	1.0077	0.9467	0.9821	1.0484	0.9198	1.0723
2014	0.9729	0.9843	1.0034	1.0083	1.0020	1.0349	1.0507	0.9023	1.0171	1.0006	1.0572	0.9321
2015	0.9839	1.0094	0.9986	0.9991	1.0156	1.0858	1.0128	0.9416	0.9648	1.0431	0.9860	0.9949
2016	1.0299	0.9907	1.0028	0.9891	1.0398	1.0469	1.0929	0.8850	1.0048	1.0456	1.0706	0.9152
2017	0.9640	1.0516	0.9782	1.0354	0.8792	1.0686	0.9794	1.0446	0.9845	1.0324	0.9666	1.0714
2018	0.9273	1.0676	1.0252	0.9620	0.9243	1.0823	0.9436	1.0869	0.9414	1.0306	0.9627	1.0398
2019	1.0419	1.0295	1.0447	0.9559	1.0428	1.0443	0.9821	1.0022	1.0699	0.9632	0.9255	1.0824
2020	0.9625	1.0438	0.9245	1.0633	1.0047	1.0477	0.9958	0.9992	0.9249	1.1202	1.0425	0.9513
2021	0.9912	1.0977	1.0185	1.0152	0.9679	1.1247	0.9970	0.9929	0.9893	1.0885	0.9762	1.0412
年几何均值	0.9854	1.0194	1.0041	1.0498	0.9936	1.0565	0.9831	1.0217	0.9942	1.0476	0.9941	1.0253

注：变动指数的均值是不同技术分组行业变动指标的几何平均。

对于高端制造业而言，2003—2021 年，纯技术进步和技术规模指数的年几何均值都大于 1，而纯技术效率和规模效率指数的年几何均值都小于 1。GPTC 和 GSTC 这两项分解指标的年几何均值表明技术进步和技术规模提升的平均速度分别为 4.76%和 2.53%。GPEC 和 GSEC 这两项分解指标的年几何均值表明纯技术效率和规模效率分别下降了 0.58%和 0.59%。总体来看，高端制造业的纯技术效率和规模效率指数多是负向变动，这也意味着技术进步是高端制造业绿色全要素生产率增长的主要提升路径。对于中端制造业而言，2003—2021 年，纯技术进步和技术规模指数年几何均值都大于 1。GPTC 和 GSTC 这两项分解指标的年几何均值表明技术进步和技术规模提升的平均速度分别为 5.65%和 2.17%。由此可见，中端制造业的纯技术进步指数均值明显大于技术规模指数。具体分年份来看，中端制造业的纯技术进步指数有 4 年小于 1，技术规模指数有 7 年小于 1。而中端制造业的纯技术效率和规模效率指数几何均值均小于 1。GPEC 和 GSEC 这两项分解指标的年几何均值表明纯技术效率和规模效率分别下降了 0.64%和 1.69%。同时，与高端制造业比较，中端制造业的规模效率指数和技术规模指数均值相对较低，这是造成中端制造业绿色全要素能源效率增长速度相对高端制造业低的主要原因。但由于中端制造业在样本期间大部分年份的纯技术进步指数大于 1，在一定程度上改善了规模指标贡献相对不足的状况。对于低端制造业而言，2003—2021 年，纯技术进步指数、技术规模指数和规模效率指数年几何均值都大于 1。GPTC、GSTC 和 GSEC 这三项分解指标的年几何均值表明技术进步、技术规模、规模效率提升的平均速度分别为 1.94%、4.98%和 0.41%。由此可见，技术规模指数年几何均值明显大于纯技术指数、规模效率指数。技术规模指数有 7 年小于 1，且其规模效率指数大于 1 的年份多于中端和高端制造业。这说明，规模指标对低端制造业生产率提升的贡献相对中端和高端制造业来说较为重要。而低端制造业的纯技术效率指数年几何均值均小于 1。GPEC 这项分解指标的年几何均值表明，低端制造业的纯技术效率下降了 1.46%。

综上可知，对于三类不同技术属性行业来说，技术进步对其绿色全要素生产率的增长都起到了重要作用，中端制造业的年均技术进步率最高，高端制造业次之，低端制造业最低。技术进步推动三类不同技术属性行业的生产边界都偏离不变规模报酬技术，表现出规模报酬递增的趋势，但相对来说，低端制造业因技术进步引起的规模效应更加明显。这表明低端制造业主要是通过引进先进技术而不是自主创新提升其技术水平，而技术带来的规模报酬递增，推动了其绿色全要素生产率的增长。三类不同技术属性行业的纯技术效率在样本期间都有所恶化，恶化程度从高到低依次为低端制造业、中端制造业和高端制造业。这说明，不同技术属性行业中都存在因技术或管理因素而造成的能源利用不足或污染排放量过高的情况，其中低端制造业最为严重。而中端制造业规模效率下降最为明显，这可能与资源密集型行业要素聚集过度有关。高端制造业的规模效率增长为负，这可能是因为高技术行业中的高级要素集聚不足而基础要素投入较多，从而导致产出不足，引起效率下降。低端制造业的规模效率增长为正，但增速较低，这说明低端制造业经过多年的发展，在现有的技术和管理水平下，生产要素的集聚效应已经发挥出来，能够在一定程度上实现更多产出的增加。

三、中国制造业能源环境约束综合指数构建和评价

能源投入是制造业生产过程中重要的物质投入，是实现制造业增长的必不可缺少的物质条件。目前，中国制造业生产过程中使用的能源以传统化石能源为主，由于化石能源具有不可再生性，因此随着能源消耗量的不断增加，能源对生产增长的约束不断凸显。再加上传统能源本身的物理特性会对环境产生较多污染，因此制造业增长中的环境问题也伴随其生产过程而产生。可以说，能源和环境约束已经成为中国制造业可持续增长的重要约束条件，成为影响中国制造业增长质量提升的重要因素。本部分内容充分考虑了能源约束与环境约束的双重条件，拟利用因子分析法从不同细分类指标出发，对中国制造业增长中的能源环境约束情况进行宏观综合评价。

（一）因子分析法

因子分析法是主成分分析法的一种扩展，同样是利用降维的思想，通过研究各个变量间的相关系数矩阵，按照这些变量相关性大小进行分组，将具有错综复杂关系的多个变量归结为少数几个公共因子的一种多元统计分析方法。因此，因子分析法的基本目的就是用少数几个因子来描述许多指标或因素之间的联系，即将相关性比较大的几个变量归结在同一组中，每一组变量就成为一个因子，且各个因子之间是独立的、不相关的，使得较少的几个因子能反映原始数据资料的大部分信息。这样，在尽量减少信息丢失的前提下，可以从众多指标中提取少量的不相关指标进行问题分析，并根据公共因子对

实测变量的贡献率，即方差贡献率确定权重，进而可以计算出综合因子得分。

由上可知，因子分析法的基本思路就是用较少的相互独立的因子变量来代替原始变量的大部分信息，其数学模型表示如下：

$$\begin{cases} x_1=\alpha_{11}f_1+\alpha_{12}f_2+\alpha_{13}f_3+\cdots+a_{1m}f_m+\varepsilon_1 \\ x_2=\alpha_{21}f_1+\alpha_{22}f_2+\alpha_{23}f_3+\cdots+a_{2m}f_m+\varepsilon_2 \\ x_3=\alpha_{31}f_1+\alpha_{32}f_2+\alpha_{33}f_3+\cdots+a_{3m}f_m+\varepsilon_3 \\ \vdots \\ x_p=\alpha_{p1}f_1+\alpha_{p2}f_2+\alpha_{p3}f_3+\cdots+a_{pm}f_m+\varepsilon_p \end{cases} \tag{6-13}$$

其中，x_1，x_2，x_3，…，x_p 为 p 个原始变量；f_1，f_2，f_3，…，f_m 为 m 个相互独立的公共因子变量（$m\leqslant p$）；ε_1，ε_2，ε_3，…，ε_p 为 p 个特殊因子（表示每个变量中不能被公共因子解释的部分，只对相应的原始变量起作用）。其中，$\alpha_{ij}(i=1，2，3，\cdots，p；j=1，2，3，\cdots，m)$ 称为因子载荷，是第 i 个原有变量在第 j 个因子上的载荷，其绝对值越大，表明公共因子 f_j 与变量 x_i 的相关性越强。也就是说，公共因子 f_j 反映变量 x_i 的信息越多。

进一步，将式（6-13）反过来，可以将公共因子变为原始变量的线性组合：

$$\begin{cases} f_1=b_{11}x_1+b_{12}x_2+b_{13}x_3+\cdots+b_{1p}x_p \\ f_2=b_{21}x_1+b_{22}x_2+b_{23}x_3+\cdots+b_{2p}x_p \\ f_3=b_{31}x_1+b_{32}x_2+b_{33}x_3+\cdots+b_{3p}x_p \\ \vdots \\ f_m=b_{m1}x_1+b_{m2}x_2+b_{m3}x_3+\cdots+b_{mp}x_p \end{cases} \tag{6-14}$$

根据式（6-14）就可以得出第 i 个因子得分为

$$f_i=b_{i1}x_1+b_{i2}x_2+b_{i3}x_3+\cdots+b_{ip}x_p(i=1，2，3，\cdots，m)$$

其中，b_{ip} 就是第 i 个因子的得分对应于第 p 个变量 x_p 的系数。计算出因子得分函数的系数后，就可以求出所有公共因子的得分。

在因子分析过程中，根据各公共因子得分，以各因子的方差贡献率占提取的公共因子总方差贡献率的比重为权重进行加权汇总，可以得出综合因子得分：

$$F=\lambda_1f_1+\lambda_2f_2+\cdots+\lambda_mf_m \tag{6-15}$$

（二）能源环境约束指标体系的构建及数据说明

本部分针对制造业能源消耗和国内环境承载力特点，根据国内外学者的研究成果，总结提炼出了与能源和环境约束有关的指标。同时，从国外工业化发展的历程来看，要突破制造业能源环境约束边界的限制，还可以从技术创新的角度来考虑。因此，在构建能源环境约束指标体系时，除了能源约束指标、环境约束指标外，从缓解制造业发展中能源环境约束的角度，加入技术支持指标。具体如表 6-10 所示。

表 6-10 能源环境约束指标体系的构成因素

目标指数	一级指标	二级指标	方向性
能源环境约束指数	能源约束指标	能源消费弹性	正向性
		能源消耗强度	正向性
		能源缺口	正向性
		煤炭消耗强度	正向性
	环境约束指标	单值 CO_2 排放量	正向性
		单值 SO_2 排放量	正向性
	技术支持指标	绿色全要素能源效率	负向性

表 6-10 中所涉及的具体变量选择如下：

（1）能源消费弹性。能源消费弹性系数是从能源的使用角度研究能源消费与制造业发展关系的指标，即能源消费年增长速度与制造业总产值（以主营业务收入替代）年增长速度的相对值。相关数据来自《中国统计年鉴》。

（2）能源消耗强度。能源消耗强度也被称为单位产值能耗，是指一个国家或地区、部门或行业单位产值一定时间内消耗的能源量。从行业角度讲，能源消耗强度是制造业能源消费总量与制造业总产值（以主营业务收入替代）之比，反映制造业对能源的依赖程度，单位为千克标准煤/元。相关数据来自《中国统计年鉴》《中国经济普查年鉴》。

（3）能源缺口。对于能源缺口指标，我们用制造业能源消费总量与一次能源生产总量之比来表示，当能源缺口值较大时，表明制造业能源消费量较大，需要较多的能源来维持生产活动，此时制造业生产中的能源约束问题较为严重；当能源缺口值较小时，表明能源生产量远大于制造业能源消费量，尚有较多的能源可供储存及制造业生产使用，此时能源约束状况得到改善。相关数据来自《中国统计年鉴》。

（4）煤炭消耗强度。从前文分析中可知，在中国制造业能源消费结构中，煤炭占有较大比重，这也是环境污染加重的重要原因之一。因此，本部分加入了单值能源消耗指数，即制造业煤炭消耗总量比制造业总产值（以主营业务收入替代），单位为千克/元。相关数据来自《中国统计年鉴》《中国经济普查年鉴》。

（5）单值 CO_2 和 SO_2 排放量。对环境约束指标本部分主要选用制造业单位产出 CO_2 排放量和 SO_2 排放量，即制造业 CO_2 排放量、SO_2 排放量与制造业总产值（主营业务收入替代）的百分比，单位为千克/元。CO_2、SO_2 排放量的数据来自《中国环境统计年鉴》和《中国环境年鉴》。

（6）绿色全要素能源效率。制造业长期粗放型发展模式加剧了国内能源环境承载压力。只有提高劳动、资本、能源等要素的生产率，实现最大产出，才是突破能源环境约束边界束缚的重要途径。对于绿色全要素能源效率指标，使用前文利用 DEA-SSBM 模型测度出的数据。

（三）能源环境约束指标合成及评价

能源环境约束细分类指标由于正负向不同，拟合成能源环境约束总指数时，由于变量作用相互抵消会导致计算误差，因此必须对其中的逆向指标进行正向化处理。在逆向指标的处理上，相关文献通常使用对其取倒数或用 1 去减的形式进行统一处理。在前文构建的指标体系中，只有技术支持指标中的绿色全要素能源效率指标为逆向指标，且为正值。对绿色全要素能源效率指标通过用 1 减去其值进行正向化处理，因为 1 减去绿色全要素能源效率的数据有明显的经济学含义，为节能减排潜力。尽管能源环境约束指标体系中的各个维度及细分类指标包含绝对量和相对量等不同类型的数据，但 SPSS 软件为了消除不同量纲和数量级对结果的影响，在分析过程中会默认自动进行标准化处理，因此无须事先对各个细分类指标的原始数据进行无量纲化处理。

经过正向化处理，评价体系中的各个指标的数值变动与能源环境约束程度的增减相一致，即指标数值的增加反映能源环境约束程度增强，指标数值的减少反映能源环境约束程度减弱。

1. 制造业整体能源环境约束指数

因子分析的前提条件是原有变量间必须存在较强的相关性，通过 KMO 检验和 Bartlett 球形度检验就可以确定原始数据变量的相关关系，从而判断原始变量是否适合做因子分析。如表 6-11 所示，KMO 值为 0.702，大于 0.5，并且 Bartlett 球形度检验结果显示近似卡方值为 246.800，sig. 值为 0.000，在 1%的水平下显著，因此拒绝不存在相关关系的原假设，适合做因子分析。

表 6-11　KMO 和 Bartlett 的检验

取样足够多的 KMO 度量		0.702
Bartlett 球形度检验	近似卡方	246.800
	自由度（df）	15
	显著性（sig.）	0.000

本书采用主成分分析法，通过计算标准化处理后的原始数据的特征值、贡献率和累计贡献率，可以提取公共因子。

如表 6-12 所示，可以看出变量相关系数矩阵有两个较大的特征根为 4.229、1.066。初始因子解的情况显示第一公共因子对原始变量的方差贡献率为 68.832%，第二公共因子对原始变量的方差贡献率为 19.422%，其累计贡献率达到 88.254%。说明前两个公共因子提供了原始数据 6 个指标所能表达的足够的信息，因此本书提取两个公共因子是合适的。

表 6-12　相关矩阵的特征值与方差贡献率

成分	初始特征值			提取载荷平方和			旋转载荷平方和		
	总计	方差百分比/%	累计贡献率/%	总计	方差百分比/%	累计贡献率/%	总计	方差百分比/%	累计贡献率/%
1	4.229	70.489	70.489	4.229	70.489	70.489	4.130	68.832	68.832
2	1.066	17.765	88.254	1.066	17.765	88.254	1.165	19.422	88.254
3	0.682	11.364	99.619						
4	0.018	0.293	99.912						
5	0.004	0.071	99.983						
6	0.001	0.017	100.000						

为了进一步利用公共因子对原始变量做出具有实际意义的解释，本部分采用方差最大法对因子载荷矩阵进行旋转，并列出了旋转后的因子载荷矩阵，同时通过回归分析得出因子得分系数矩阵，如表 6-13 所示。

表 6-13　旋转载荷矩阵和因子得分系数矩阵

指标	旋转后的因子矩阵		因子得分系数矩阵	
	因子 1	因子 2	因子 1	因子 2
Zscore（能源消费弹性）	0.052	0.934	0.128	0.862
Zscore（能源消耗强度）	0.991	-0.047	0.250	0.078
Zscore（煤炭消耗强度）	0.991	-0.096	0.244	0.034
Zscore（单值 CO_2 排放量）	0.990	-0.051	0.250	0.074
Zscore（单值 SO_2 排放量）	0.976	-0.173	0.231	-0.039
Zscore（绿色全要素能源效率）	-0.480	0.500	-0.063	0.399

由表 6-13 可知，第一公共因子在能源消耗强度、煤炭消耗强度、单值 CO_2 排放量、单值 SO_2 排放量这 4 个指标上有较大载荷。这几项指标主要反映能源和环境承载力，因此第一公共因子可命名为能源环境因子。第二公共因子在能源消费弹性和绿色全要素能源效率这 2 个指标上有较大载荷。这两项指标主要反映能源利用效率水平，因此第二公共因子可命名为技术因子。进一步，我们通过表 6-13 中的成分得分系数矩阵就可以求出公共因子的得分，计算方法如下：

$$f_1=0.128x_1+0.250x_2+0.244x_3+0.250x_4+0.231x_5-0.063x_6 \quad (6-16)$$

$$f_2=0.862x_1+0.078x_2+0.034x_3+0.074x_4-0.039x_5+0.399x_6 \quad (6-17)$$

其中，f_1 和 f_2 分别为能源环境因子得分和技术因子得分，进而根据这两个公共因子的方差贡献率，通过加权平均可以求得能源与环境约束综合指数。计算公式如下：

$$F=(68.832\times F_1+19.422\times F_2)/88.254 \quad (6-18)$$

通过以上的估计过程，可以得出中国制造业能源与环境约束指数的综合指标，具体结果如表 6-14 所示。

表 6-14　中国制造业因子得分和能源环境约束综合指数

年份	F_1	F_2	F
2002	2.38582	-0.09648	1.84
2003	1.79195	0.13912	1.43
2004	1.37209	-0.04951	1.06
2005	1.35639	0.32593	1.13
2006	0.59841	-0.69095	0.31

续表

年份	F_1	F_2	F
2007	0. 23393	-0. 63158	0. 04
2008	-0. 11185	-0. 65455	-0. 23
2009	0. 22333	0. 44687	0. 27
2010	-0. 2217	-0. 85283	-0. 36
2011	-0. 35822	-0. 77217	-0. 45
2012	-0. 50017	-0. 57423	-0. 52
2013	-0. 65943	-0. 34401	-0. 59
2014	-0. 6707	-0. 08798	-0. 54
2015	-0. 76573	-0. 43694	-0. 69
2016	-0. 84384	-0. 47905	-0. 76
2017	-0. 95875	-0. 59957	-0. 88
2018	-0. 89557	0. 02183	-0. 69
2019	-0. 28527	3. 54873	0. 56
2020	-0. 67719	1. 44487	-0. 21
2021	-1. 01351	0. 34250	-0. 72

注：F_1、F_2 分别表示使用主成分分析法提取的两个公共因子，F 表示最终拟合出的能源环境约束指数。

由前文对能源环境约束指数的细分类指标的界定可知，能源环境约束指数是一个负向指标，能源环境约束指数的变化可以反映能源及环境约束程度的增减变化。其数值越大，表明能源环境约束程度越强；数值越小，表明能源环境约束程度越弱。根据表 6-14 可知，2002—2021 年，中国制造业能源环境约束指数呈明显下降趋势，表明从整体来看，随着国内技术水平的提升和产业结构调整，中国制造业发展受能源环境约束的程度在不断减弱。具体来看，2002—2007 年，能源环境约束指数相对较高，特别是 2002—2003 年，由于国内重化工业的再次兴起，高耗能、高排放行业快速增长，能源环境约束指数处于样本期间最高峰。2008—2021 年，除 2009 年、2014 年、2018 年、2019 年之外，能源环境约束指数一直呈现下跌趋势，但这一期间的下跌幅度相对放缓。其中，2009 年，能源环境约束指数出现明显增长。可见，国际金融危机对中国制造业绿色发展造成了一定程度的冲击影响。这种冲击主要表现在：高耗能、高排放行业反弹压力加大，使得高耗能工业增速较快；一些企业效益回落，使得企业对节能减排的投入减少。2019 年，能源环境约束又出现一次明显增长，主要原因在于，2019 年的环境污染程度虽然有所缓和，但能源消费增长速度明显高于制造业产值增长速度。总之，传统的高投入、高消耗、高排放、低效率的粗放型增长方式已经难以为继，必须加快制造业产出增长方式的转变。而为了寻求制造业发展的新动力，国内也已对制造业产业结构转型升级提出了新的要求，从而使制造业在能源消耗总量、能源消耗结构、污染排放方面都有了新的转变，能源环境约束缓解，这也是实现能源环境和产业和谐发展、走新型工业化道路的必然选择。

2. 制造业分行业能源环境约束指数

本书在分析制造业各行业能源和环境约束时，指标体系的构建与前文制造业整体能源环境约束分析的指标体系构建原则相一致，仍然保留了能源指标、环境指标和技术指标三部分。能源指标包括分行业能源消费弹性、能源消耗强度、煤炭消耗强度，环境指标包括分行业单值 CO_2 排放量和单值 SO_2 排放量，技术指标为分行业绿色能源效率。在这 6 个指标中对于绿色能源效率这个负向指标同样采取用 1 减去其值的方法进行正向化处理，并利用 SPSS 软件对所有的指标进行标准化。

对所有指标的数据（2002—2021 年制造业行业数据）标准化后，运用 SPSS 软件，通过因子分析，采用主成分分析法提取因子可以得出如下结果：标准化后的原始数据经过 KMO 和 Bartlett 球形度检验，得出 KMO 值均大于 0.5，Bartlett 球形度检验近似卡方系数在 100 以上，显著性水平均为 0.000，各项指标都符合使用因子分析法的检验条件。而通过因子旋转采用方差最大法，前两个主成分特征根值超过 1，其累计方差贡献率达到 70%以上，能够表达原始数据的大部分信息。

其中，第一公共因子在能源消耗强度、煤炭消耗强度、单值 CO_2 排放量、单值 SO_2 排放量这 4 个指标上有较大载荷，同样命名为能源环境因子。第二公共因子在能源消费弹性和绿色全要素能源效率这 2 个指标上有较大载荷，同样命名为技术因子。如上文一样，通过成分得分系数矩阵就可以求出公共因子的得分，进而根据这两个公共因子的方差贡献率通过加权平均可以求得分行业能源与环境约束综合指数和排名，如表 6-15 所示。

表 6-15　中国制造业细分行业能源环境约束指数及排名

行业	2002 年		2007 年		2012 年		2017 年		2021 年	
	F	排名	*F*	排名	*F*	排名	*F*	排名	*F*	排名
C1	-0. 22	17	-0. 13	14	-0. 22	12	-0. 23	15	-0. 25	14
C2	-0. 18	19	0. 1	19	-0. 06	18	-0. 2	17	-0. 26	13
C3	-0. 48	7	-0. 62	3	-1. 21	1	-0. 84	2	-0. 58	4
C4	-0. 26	15	0	17	0. 59	21	-0. 05	19	-0. 19	16
C5	-0. 53	6	-0. 43	9	-0. 42	9	-0. 39	8	-0. 65	2
C6	-0. 55	5	-0. 53	6	-0. 37	11	-0. 42	6	-0. 4	9
C7	-0. 19	18	-0. 11	15	-0. 2	14	-0. 24	14	-0. 31	11
C8	-0. 45	8	-0. 58	4	-0. 69	3	-0. 85	1	-0. 51	6
C9	0. 54	20	1. 12	24	0. 84	23	0. 44	21	0. 34	21
C10	-0. 4	12	-0. 46	8	-0. 45	7	-0. 38	9	-0. 35	10
C11	-0. 6	3	-0. 53	7	-0. 59	4	-0. 46	5	-0. 28	12
C12	1. 69	25	1. 3	25	1. 85	26	2. 16	26	2. 24	26
C13	0. 86	23	0. 8	22	0. 74	22	0. 68	22	0. 95	23
C14	-0. 25	16	0	18	-0. 15	15	-0. 25	13	-0. 13	18
C15	0. 54	21	0. 17	20	0. 22	19	0. 17	20	0. 09	20
C16+C17	-0. 33	14	-0. 1	16	-0. 08	16	-0. 2	18	-0. 16	17
C18	2. 15	26	2. 29	26	1. 73	25	1. 47	24	1. 3	24
C19	1. 55	24	1. 08	23	1. 26	24	1. 61	25	1. 41	25
C20	0. 64	22	0. 17	21	0. 47	20	0. 85	23	0. 83	22
C21	-0. 44	10	-0. 25	13	-0. 21	13	-0. 23	16	-0. 1	19
C22	-0. 41	11	-0. 34	11	-0. 07	17	-0. 32	12	-0. 23	15
C23	-0. 36	13	-0. 31	12	-0. 42	10	-0. 35	11	-0. 45	7
C24	-0. 45	9	-0. 43	10	-0. 59	5	-0. 38	10	-0. 69	1
C25	-0. 65	1	-0. 54	5	-0. 45	8	-0. 4	7	-0. 53	5
C26	-0. 63	2	-0. 95	1	-0. 97	2	-0. 69	3	-0. 63	3
C27	-0. 58	4	-0. 72	2	-0. 54	6	-0. 5	4	-0. 45	8

注：*F* 表示最终拟合出的行业能源环境约束指数，因篇幅有限仅列出 2002 年、2007 年、2012 年、2017 年、2021 年的数据。本表中，按照拟合出的能源环境约束指数大小进行排名，指数越小，排名越高，表示其受能源环境约束程度越低。

从表 6-15 中可以看出，2002 年制造业各行业能源环境约束程度排名前十的是：电气机械及器材制造业（C25），通信设备、计算机及其他电子设备制造业（C26），文教体育用品制造业（C11），仪器仪表及文化、办公用机械制造业（C27），皮革、毛皮、羽毛（绒）及其制品业（C6），纺织服装及其他纤维制品业（C5），烟草制品业（C3），家具制造业（C8），交通运输设备制造业（C24），金属制品业（C21）。2007年制造业各行业能源环境约束指数排名前十的是：通信设备、计算机及其他电子设备制造业（C26），仪器仪表及文化、办公用机械制造业（C27），烟草制品业（C3），家具制造业（C8），电气机械及器材制造业（C25），皮革、毛皮、羽毛（绒）及其制品业（C6），文教体育用品制造业（C11），印刷业和记录媒介的复制业（C10），纺织服装及其他纤维制品业（C5），交通运输设备制造业（C24）。2012年制造业各行业能源环境约束程度排名前十的是：烟草制品业（C3），通信设备、计算机及其他电子设备制造业（C26），家具制造业（C8），文教体育用品制造业（C11），交通运输设备制造业（C24），仪器仪表及文化、办公用机械制造业（C27），印刷业和记录媒介的复制业（C10），电气机械及器材制造业（C25），纺织服装及其他纤维制品业（C5），专用设备制造业（C23）。2017年制造业各行业能源环境约束程度排名前十的是：家具制造业（C8），烟草制品业（C3），通信设备、计算机及其他电子设备制造业（C26），仪器仪表及文化、办公用机械制造业（C27），文教体育用品制造业（C11），皮革、毛皮、羽毛（绒）及其制品业（C6），电气机械及器材制造业（C25），纺织服装及其他纤维制品业（C5），印刷业和记录媒介的复制业（C10），交通运输设备制造业（C24）。2021年制造业各行业能源环境约束程度排名前十的是：交通运输设备制造业（C24），纺织服装及其他纤维制品业（C5），通信设备、计算机及其他电子设备制造业（C26），烟草制品业（C3），电气机械及器材制造业（C25），家具制造业（C8），专用设备制造业（C23），仪器仪表及文化、办公用机械制造业（C27），皮革、毛皮、羽毛（绒）及其制品业（C6），印刷业和记录媒介的复制业（C10）。

从表6-15中所列出的5个年度进入能源环境约束程度排名前十的行业来看，烟草制品业（C3）由于盈利能力性强，而且自身能源消耗低，对环境的危害较小，因而其受能源环境约束的程度一直较低。但随着禁烟的大力宣扬以及各种政策的出台，国家对烟草行业的管控进一步加强，也更加注重烟草行业的节能减排，使得烟产量得到了有效的抑制，从而造成近年来烟草制品业的能源环境约束程度在不断提升。除此之外，如交通运输设备制造业（C24），电气机械及器材制造业（C25），通信设备、计算机及其他电子设备制造业（C26），仪器仪表及文化、办公用机械制造业（C27）等行业由于行业技术含量较高，产品附加值较大，所以其受能源环境约束程度相对较低，排名一直靠前。另外，如印刷业和记录媒介的复制业（C10）、文教体育用品制造业（C11）等轻工行业，能源消耗量较低，污染排放较少，因而其受能源环境约束的程度也相对较低。

按能源环境约束指数大小排名，2002 年制造业各行业能源环境约束指数较大的是：非金属矿物制品业（C18）、石油加工及炼焦业（C12）、黑色金属冶炼及压延加工业（C19）、化学原料及化学制品业（C13）、有色金属冶炼及压延加工业（C20）、化学纤维制造业（C15）、造纸及纸制品业（C9）。2007 年制造业各行业能源环境约束指数较大的是：非金属矿物制品业（C18）、石油加工及炼焦业（C12）、造纸及纸制品业（C9）、黑色金属冶炼及压延加工业（C19）、化学原料及化学制品业（C13）、有色金属冶炼及压延加工业（C20）、化学纤维制造业（C15）、饮料制造业（C2）。2012 年制造业各行业能源环境约束指数较大的是：石油加工及炼焦业（C12）、非金属矿物制品业（C18）、黑色金属冶炼及压延加工业（C19）、造纸及纸制品业（C9）、化学原料及化学制品业（C13）、纺织业（C4）、有色金属冶炼及压延加工业（C20）、化学纤维制造业（C15）。2017 年制造业各行业能源环境约束指数较大的是：石油加工及炼焦业（C12）、黑色金属冶炼及压延加工业（C19）、非金属矿物制品业（C18）、有色金属冶炼及压延加工业（C20）、化学原料及化学制品业（C13）、造纸及纸制品业（C9）、化学纤维制造业（C15）。2021 年制造业各行业能源环境约束指数较大的是：石油加工及炼焦业（C12）、黑色金属冶炼及压延加工业（C19）、非金属矿物制品业（C18）、化学原料及化学制品业（C13）、有色金属冶炼及压延加工业（C20）、造纸及纸制品业（C9）、化学纤维制造业（C15）。

从表 6-15 中所列出的 5 个年度能源环境约束指数较高的行业来看，行业范围相对稳定，基本上属于资源密集型行业，对能源消耗量大，对环境污染破坏严重，能源利用效率低。同时，科技含量较低、缺乏创新能力也是导致资源加工型制造业受能源环境约束程度相对较高的原因。需要注意的是，高技术水平行业的通用设备制造业和专用设备制造业的能源环境约束指数排名一直较为靠后，可能与行业技术创新不足以及外部市场变动有关。

四、小结

本章首先对制造业整体能源消费结构和细分行业能源消费结构进行了基本分析，结果发现，在制造业对能源消费总量持续增加的过程中，其能源消费结构变动不明显。无论是从制造业整体还是从细分行业的角度来看，煤炭、原油和焦炭仍然是制造业能源消费的主要构成部分，已成为中国环境污染加重的主要原因；新兴能源和清洁能源的消费比例仍然较低，未能发挥其对制造业的拉动作用。

其次，本章运用中国制造业2002—2021年的面板数据，将碳排放量这一环境指标作为生产过程中的非期望产出纳入测度框架，使用超效率SBM模型测度制造业分行业、不同技术密集型行业在规模报酬可变条件下的绿色全要素能源效率和传统全要素能源效率，得出以下结论：

第一，TFEE测度值整体来说高于GTFEE，说明碳排放等非期望产出会让制造业能源效率有所损失，但是能源使用过程中一定会产生碳排放，用绿色全要素能源效率（GTFEE）来替代传统的不包含非期望产出的全要素能源效率（TFEE）来作为各个行业的能源效率评价指标更加合理。

第二，制造业绿色全要素能源效率并未随着国内的制造业快速发展而出现明显改善，反而处在不断恶化的下降阶段，表明中国目前尚处于环境库兹涅茨倒“U”型曲线的左侧。

第三，中国制造业行业全要素能源效率整体偏低，各行业普遍存在能源“无效率”现象，并且各行业间的能源效率存在较大差距，分布十分不均。多数行业历年的绿色全要素能源效率保持平稳或呈下降趋势。从行业特征来看，绿色全要素能源效率较低的行业多属于高耗能、高污染的行业。

第四，高端制造业的绿色全要素能源效率高于低端和中端制造业，低端制造业高于中端制造业，且高端制造业与中端制造业的绿色全要素能源效率存在较大差距。相对来说，中端制造业的节能减排潜力大，更有可能实现较多的节能减排指标。

再次，本章以制造业26个行业为研究对象，运用非参数DEA-Malmquist生产率指数法，构建了全局全要素生产率指数，结果发现：

第一，在考虑环境污染情况下，技术进步是全要素能源效率增长的主要源泉，技术规模效率提升的相对贡献次之，纯技术效率的恶化和规模效率的下降遏制了绿色全要素能源效率的增长。

第二，对于三类不同技术属性行业来说，技术进步对其绿色全要素生产率的增长起到了主导作用，中端制造业的年均技术进步率最高，高端制造业次之，低端制造业最低。技术进步推动三类不同技术属性行业的生产边界都偏离了不变规模报酬技术，表现出规模报酬递增的趋势，但低端制造业因技术进步引起的规模效应更加明显。三类不同技术属性行业的纯技术效率在样本期间都有所恶化，恶化程度依次为低端制造业、中端制造业和高端制造业。而中端制造业的规模效率下降最为明显，高端制造业的规模效率增长为负，低端制造业的规模效率增长为正，但增速较低。总体来看，技术进步是促进全要素能源效率提高、引起行业间差异的主要原因。

最后，本章充分考虑能源约束与环境约束的双重条件，利用因子分析法从不同细分类指标出发，对中国制造业增长中的能源环境约束情况进行了宏观综合评价。2002—2021 年，中国制造业能源环境约束指数呈明显下降趋势，表明中国制造业发展受能源环境约束的程度在不断减弱。而从行业角度分析，一些行业技术含量较高、产品附加值较大、能源消耗量较低，污染排放较少，因而受能源环境约束程度相对较低；传统资源密集型行业，由于能源消耗量大，对环境污染破坏严重，能源利用效率低、创新能力不足，所以受能源环境约束的程度相对较高。

第七章　能源环境约束、制造业出口增长边际、出口增长速度的动态效应

中国制造业发展过程中存在大量能源浪费和低效率现象，尚存在较大的节能减排空间。在中国内需不足的情况下，中国制造业发展对外部市场的依赖程度仍然较高，因此中国制造业出口增长边际以及出口增速必然影响国内能源效率和环境状况。在以上相关研究的基础上，本章将进一步分析能源环境约束、制造业出口增长边际、制造业出口增长速度的动态效应。本章利用Johansen协整检验模型，分别对能源环境约束、制造业出口增长边际、出口增长速度进行协整关系检验，并建立包含能源环境约束指数、制造业出口增长边际与出口增长速度等变量在内的时变参数向量自回归模型（Time-Varying Parameter Vector Auto Regression，TVP-VAR），重点分析能源环境约束指数对中国制造业出口增长边际变动和出口增长速度的动态作用路径，以及制造业出口增长边际变动对能源环境约束程度影响的动态作用路径。根据时变参数向量自回归模型和估计出的脉冲响应函数，论证能源效率的提高和污染排放的减少是否能够优化中国制造业出口增长结构，从而稳定中国制造业出口增长速度；论证中国制造业出口增长结构的优化是否能够进一步对中国能源效率的提高和污染排放的减少发挥积极作用。

一、时变参数向量自回归模型

在利用计量经济模型做实证分析时，很多学者会以某个经济理论为依据，并借助计量模型来刻画经济变量之间的结构关系。而在现实分析中，通过观察经济变量之间的动态变化，有时比观察经济变量之间的结构关系更容易捕捉到分析问题所需的信息。同时，在一个方程组中，解释变量和被解释变量可能会同时出现在方程的左右两边，从而在模型估计时，会要求方程组中的方程是可识别的（恰好识别或过度识别）。为了达到识别的目的，常常要假定

某些外生变量或前定变量仅出现在某些方程中。但 Sims 认为，当无法判断其中的变量是否为外生变量时，在回归之前，进行主观假定是不可靠的，因而于 1980 年提出了向量自回归（VAR）模型。向量自回归模型可以不用区分内生变量和外生变量，其中的每个方程都以所有被解释变量多期的滞后值作为解释变量，可以反映多个变量之间的动态关系，而其中的脉冲响应函数可以通过对各关键变量的结构性冲击来研究各经济变量间的影响作用，因此被广泛应用于宏观经济学分析中。但传统的 VAR 模型设定 VAR 系数以及扰动项的方差都是固定的，无法确定捕捉经济结构变换以及参数的时变特征，不太适合宏观时间序列变量的研究。为此，Primiceri2005 年参考了结构 VAR 模型的系数和误差项方差随时间变化的特征，放宽了参数的常数约束条件，用时变参数向量自回归模型（TVP-VAR）分析了美国货币政策传导机制的动态变动。研究结果发现，该模型能够有效捕捉所研究变量间的长期时变特性和非线性特征，更有助于研究某一系统的结构变化。D'Agostino 等 2013 年运用美国的宏观经济数据，通过向 VAR 模型中引入结构性变化判断其能否提高宏观经济预测准确性的研究，进一步印证了 TVP-VAR 模型相对于其他 VAR 模型具有更强的预测效果。基于此，本书选取 TVP-VAR 模型来分析能源环境约束、制造业出口增长边际和制造业出口增长速度之间的时变关系。

TVP-VAR 模型是在结构向量自回归（SVAR）模型的基础上发展而来的，其系数和冲击的协方差矩阵具有时变特征。SVAR 模型是 VAR 模型的结构式，模型中包含变量的当期相关关系，能够反映变量之间的作用与反馈作用。在研究中，使用结构 VAR 的目的是运用经济理论从残差中重新获得结构性信息。VAR 模型的信息是 SVAR 模型的结构性信息的线性组合，通过 SVAR 模型我们可以区分不同冲击对经济变量的影响。基本的 SVAR 模型可以定义为

$$Ay_t = F_1 y_{t-1} + F_2 y_{t-2} + \cdots + F_p y_{t-p} + \mu_t, \quad t = p+1, \ \cdots, \ n \qquad (7-1)$$

其中，y_t 代表由观测变量构成的 $k\times1$ 维向量；A，F_1，F_2，…，F_p 代表 $k\times k$ 系数矩阵；随机扰动项 μ_t 代表 $k\times1$ 维结构性冲击；p 表示模型的滞后期。假设随机扰动项 $\mu_t \sim$（0，SS），则

$$S = \begin{bmatrix} \sigma_1 & 0 & \cdots & 0 \\ 0 & \ddots & \ddots & \vdots \\ \vdots & \ddots & \ddots & 0 \\ 0 & \cdots & 0 & \sigma_k \end{bmatrix} \qquad (7-2)$$

其中，$\sigma_j(j=1, 2, \cdots, k)$ 是结构性冲击的标准差。而用递归识别法来确定模型结构冲击间的同期关系，则需要假定 A 是一个下三角矩阵，从而减少模型中待估参数的个数，使得 VAR 模型估计起来更简单有效（Primiceri，2005；Jouchi Nakajima，2011）。下三角矩阵 A 可以表示为

$$A=\begin{bmatrix} 1 & 0 & \cdots & 0 \\ \alpha_{21} & \ddots & \ddots & \vdots \\ \vdots & \ddots & \ddots & 0 \\ \alpha_{k1} & \cdots & \alpha_{k,k-1} & 1 \end{bmatrix} \tag{7-3}$$

则可以将式（7-1）改写成如下简化形式的 VAR 模型：

$$y_t = B_1 y_{t-1} + B_2 y_{t-2} + \cdots + B_p y_{t-p} + A^{-1} S\varepsilon_t,\ \varepsilon_t \sim N(0,\ I_k) \tag{7-4}$$

其中，$B_i=A^{-1}F_i$，$i=1, 2, \cdots, p$，对 B_i 矩阵中行元素进行堆叠可以形成 $k^2p\times1$ 维列向量 b，并定义 $X_t=I_k\otimes(y'_{t-1},\ y'_{t-2},\ \cdots,\ y'_{t-p})$，$\otimes$代表克罗内克乘积，从而将式（7-4）转化为

$$y_t=X_t b+A^{-1}S\varepsilon_t \tag{7-5}$$

其中，所有参数都假定不随时间变化，因此该模型还不具备时变特征。若放宽这一约束条件，将时变性引入原来 SVAR 模型的方差协方差矩阵，则既可以体现外生冲击本身具有的异方差性的特点，又可以体现外生冲击的变化特征，由此便得到了多元非线性的 TVP-VAR 模型。该模型可以设定为如下形式：

$$y_t=X_t b_t+A_t^{-1}S_t\varepsilon_t \tag{7-6}$$

其中，系数矩阵 b_t、参数矩阵 A_t^{-1} 和随机波动的协方差矩阵 S_t 都能随时间变动。参照 Primiceri（2005）和 Jouchi Nakajima（2011）的处理方式，为了获得更有效的参数估计结果，现将下三角矩阵中 A_t 非 0 和 1 的向量堆叠成为列向量，则有

$$\alpha_t=(\alpha_{21},\ \alpha_{31},\ \alpha_{32},\ \alpha_{41},\ \cdots,\ \alpha_{k,k-1})'$$

为了更准确有效地观察到结构上的变化，可以将上述动态参数假定为服从一个随机游走过程，以减少模型中参数个数。

令对数随机率波动矩阵为 $h_t=(h_{1t},\ h_{2t},\ \cdots,\ h_{kt})'$，且 $h_{jt}=\log\sigma_{jt}^2$，$j=1, \cdots, k, t=p+1, \cdots, n$。假定式（7-6）中的参数服从以下随机游走过程：

$$b_{t+1}=b_t+\mu_{bt},\ \alpha_{t+1}=\alpha_t+\mu_{\alpha t},\ h_{t+1}=h_t+\mu_{ht}$$

其中，μ_{bt}、$\mu_{\alpha t}$、μ_{ht}都为扰动项，包括 ε_t 在内用矩阵可以表示为

$$\begin{bmatrix}\varepsilon_t\\ \mu_{bt}\\ \mu_{\alpha t}\\ \mu_{ht}\end{bmatrix} \sim N\left[0,\ \begin{bmatrix}I & 0 & 0 & 0\\ 0 & S_b & 0 & 0\\ 0 & 0 & S_\alpha & 0\\ 0 & 0 & 0 & S_h\end{bmatrix}\right],\ t=p+1,\ \cdots,\ n \tag{7-7}$$

其中，$b_{p+1}\sim N(\mu_{b0},\ S_{b0})$，$\alpha_{p+1}\sim N(\mu_{\alpha 0},\ S_{\alpha 0})$，$h_{p+1}\sim N(\mu_{h0},\ S_{h0})$，说明结构性冲击对时变参数 b_t、α_t、h_t 之间的扰动是互不相关的。另外，I 为单位矩阵，S_b、S_α、S_h 为正定对角矩阵。

根据上文的推导，通过一个有效的参数估计过程就可以得到能刻画出时变的动态效应过程的 TVP-VAR 模型。结合本书研究目的，需要分别构建两个 TVP-VAR 模型：

模型 1：$y_t=X_tb_t+A_t^{-1}S_t\varepsilon_t$，$y_t=(EEC_t,\ MRI_t,\ MRE_t,\ GW_t)$

模型 2：$y_t=X_tb_t+A_t^{-1}S_t\varepsilon_t$，$y_t=(EEC_t,\ MRP_t,\ MRQ_t,\ GW_t)$

其中，EEC_t 是能源环境约束指数，MRI_t 是制造业出口集约边际，MRE_t 是制造业出口扩展边际，MRP_t 是制造业出口价格边际，MRQ_t 是制造业出口数量边际，GW_t 是制造业出口增长速度。

由于 TVP-VAR 模型为参数动态假定的多元时间序列模型，为了避免极大似然估计法对参数估计的过度识别问题，需要利用数值方法对模型中的参数进行估计。本节借鉴 Jouchi Nakajima（2011）的做法，采用贝叶斯推断下的马尔科夫链蒙特卡洛（MCMC）抽样方法对所构建的 TVP-VAR 模型进行参数估计。MCMC 抽样时，会进行充分的 n 次 Gibbs 迭代，在 burn-in 阶段去除前 m 个预烧值建立 Gibbs 样本，以此来保证马尔科夫链收敛。参数 MCMC 估计方法会先设定先验密度函数 $\pi(\omega)$，$\omega=(S_b,\ S_\alpha,\ S_h)$，并据此获得参数的后验分布；然后通过从条件后验分布 $\pi(b,\ \alpha,\ h|y)$ 中抽取有效样本并重复该过程来估计参数。以模型 1 为例，具体参数估计步骤如下：

（1）参照 Jouchi Nakajima（2011）的方法，时变参数的初始值可先设定为 $\mu_{\alpha 0}=\mu_{b0}=\mu_{h0}=0$，协方差矩阵为 $S_{\alpha 0}=S_{b0}=S_{h0}=10\times I$，并假定协方差矩阵的第 i 个对角线参数的先验分布为 $(S_b)_i^{-2}\sim Gamma(40,\ 0.02)$，$(S_\alpha)_i^{-2}\sim Gamma(4,\ 0.02)$，$(S_h)_i^{-2}\sim Gamma(4,\ 0.02)$。前文提到假定参数 b、α 和 h 的先验分布均为正态分布，$b_{p+1}\sim N(\mu_{b0},\ S_{b0})$，$\alpha_{p+1}\sim N(\mu_{\alpha 0},\ S_{\alpha 0})$，$h_{p+1}\sim N(\mu_{h0},\ S_{h0})$，$S_b$、$S_\alpha$、$S_h$ 为正定对角矩阵。所以，根据假定的参数初始值以及

先验分布，先对上述三个随机游走过程的各期方差进行估计。

（2）在给定样本数据 y 后，采用 MCMC 算法抽样生成参数的后验分布。具体步骤：给定 α、h、S_b、y，抽样 b；给定 b，抽样 S_b；给定 b、h、S_α、y，抽样 α；给定 α，抽样 S_α；给定 b、α、S_h、y，抽样 h；给定 h，抽样 S_h。然后返回重新抽样。

待所有参数被估计出来以后，就可以计算出脉冲响应函数。脉冲响应函数可以分析当一个误差项发生变化，或者说，模型受到某种冲击时对系统的动态影响。通过做脉冲响应函数，可以了解变量间的相互影响和影响程度，它解决了结构模型变量之间同期相关性和变量之间存在滞后性的问题。

二、变量处理和数据来源

基于前文对 TVP-VAR 模型和 MCMC 估计方法的介绍，本节把第五章和第六章估计出的相关变量运用到该模型中，并运用 TVP-VAR 模型来分析中国能源环境约束、制造业出口增长边际和制造业出口增长速度之间的动态作用关系。本章构建的 TVP-VAR 模型共包含三个变量：能源环境约束、制造业出口增长边际和制造业出口增长速度。具体指标说明如下：

1. 能源环境约束

利用第六章中估算出的能源环境约束指数作为制造业出口增长中能源环境约束状况的代理变量。由于该指标为年度数据，因此需要采用二次插值法将其转换为季度数据，以 *EEC* 表示。需要说明的是，能源环境约束指数是环境约束与负向化处理后的绿色全要素能源效率的综合指数，是一个负向指标。能源环境约束指数越大，表明能源效率和环境状况越差。

2. 制造业出口增长边际

在第五章分析制造业出口增长源泉时，先将中国制造业出口市场份额分解为集约边际和扩展边际，然后进一步将集约边际分解为价格边际和数量边际。利用各增长边际数值可以研究能源环境约束与制造业出口增长边际之间的关系。由于这些数值全部是年度数据，因此也需要采取二次插值法将其转换为季度数据。集约边际、扩展边际、价格边际、数量边际分别以 *MRI*、*MRE*、*MRP*、*MRQ* 表示。

3. 制造业出口增长速度

根据前文统计出的制造业出口额计算，制造业出口额数据来自 CEPII BACI 国际贸易数据库。在引入模型时，需要采用二次插值法将制造业出口额年度数据转换为季度数据，然后计算制造业出口环比增长率，以 *GW* 表示。

另外，为了消除季节因素的影响，所有指标将采用 Census X-12 方法进行季节性调整。模型选取中国制造业 2002 年第一季度至 2021 年第四季度的数据作为样本区间，样本容量为 80。样本区间覆盖了中国制造业出口波动的关键时期，因而能够有效捕捉能源环境约束与制造业出口增长边际以及制造业出口增长速度的时变关系。

三、平稳性检验和 Johansen 协整检验

在将变量代入 TVP-VAR 模型时，需要先检验数据的平稳性。当检验的时间序列数据是平稳的（不存在单位根），要想进一步考察各变量间的因果联系，可以采用格兰杰因果检验，并直接建立 VAR 模型。若时间序列数据属于非平稳序列，则很可能出现伪回归，那么进行格兰杰因果检验就没有实际意义，需要进行协整检验。协整的意义就是检验它们的回归方程所描述的因果关系是不是伪回归，即检验变量之间是否存在长期均衡关系。

本书构建的 TVP-VAR 模型所需数据为 2002 年第一季度至 2021 年第四季度的时间序列数据。为了确保数据的平稳性，避免出现伪回归问题，需要对各原始变量先进行平稳性检验。而平稳性检验中最常用的就是运用 ADF 检验检查时间序列中是否存在单位根。如果存在单位根就是非平稳时间序列，一般可以通过差分的方法来消除单位根，得到平稳序列。本书采用 ADF 检验对模型所需时间序列数据进行单位根检验，检验结果如表 7-1 所示。

表 7-1　ADF 检验结果

变量	*ADF* 统计值	置信水平			*P* 值	结论
		1%	5%	10%		
EEC	-2.34627	-4.0869	-3.4717	-3.1629	0.4042	不平稳
DEEC	-4.6437	-4.0925	-3.4744	-3.1645	0.0019	平稳
MRI	-1.5284	-4.0869	-3.4717	-3.1629	0.8109	不平稳
DMRI	-3.8242	-4.0869	-3.4717	-3.1629	0.0206	平稳
MRE	-2.7402	-4.0869	-3.4717	-3.1629	0.2241	不平稳

续表

变量	ADF 统计值	置信水平			P 值	结论
		1%	5%	10%		
DMRE	-3.8083	-4.0869	-3.4717	-3.1629	0.0215	平稳
MRP	-2.5388	-4.0869	-3.4717	-3.1629	0.3092	不平稳
DMRP	-4.1390	-4.0817	-3.4692	-3.1615	0.0085	平稳
MRQ	-1.5572	-4.0869	-3.4717	-3.1629	0.8003	不平稳
DMRQ	-3.9537	-4.0869	-3.4717	-3.1629	0.0145	平稳
GW	-2.6212	-4.0851	-3.4709	-3.1625	0.2724	不平稳
DGW	-6.9720	-4.0851	-3.4709	-3.1625	0.0000	平稳

由 ADF 检验可知，表 7-1 中各变量的原始序列皆是不平稳序列。在对所有时间序列进行一阶差分后的 ADF 检验中发现，各变量在 5%的显著性水平下表现为无单位根的平稳序列，即所有序列为一阶单整。由于检验的原始数据是非平稳的，并且各个序列是同阶单整，为避免模型中出现伪回归现象，还应对变量进行协整检验，来进一步确定各变量之间是否存在协整关系。

本书利用 Johansen 协整检验模型对能源环境约束、中国制造业出口增长边际、中国制造业出口增长速度进行协整关系检验。Johansen 协整检验是基于 VAR 模型的一种检验方法，需要首先建立 VAR 模型和确定 VAR 模型最优滞后阶数。根据 LR 准则、FPE 准则、AIC 准则、SC 准则以及 HQIC 准则，模型 1 和模型 2 的滞后期都确定为 1 期。在确定了 VAR 模型的最优滞后期为 1 期后，就可以对模型进行协整检验，结果如表 7-2 所示。

表 7-2　Johansen 协整检验结果

模型	原假设	特征值	迹统计量	临界值（5%）	P 值
模型 1（*EEC*，*MRI*，*MRE*，*GW*）	None *	0.34343	85.37895	63.8761	0.0003
	At most 1 *	0.288544	52.98305	42.91525	0.0037
	At most 2 *	0.2393	26.76902	25.87211	0.0386
	At most 3	0.071452	5.708287	12.51798	0.4982
模型 2（*EEC*，*MRP*，*MRQ*，*GW*）	None *	0.286877	69.26887	63.8761	0.0164
	At most 1 *	0.262579	43.23502	42.91525	0.0464
	At most 2	0.174959	19.78113	25.87211	0.2372
	At most 3	0.062535	4.97233	12.51798	0.6004

注：* 表示在 5%显著性水平下拒绝原假设。

由表 7-2 可知，各模型在 5%的显著性水平下拒绝了没有协整关系的零假设，各变量之间至少存在两个协整关系。因此，各变量在所考察的样本区间内存在长期稳定的均衡关系，符合建立 TVP-VAR 模型的条件。

四、脉冲响应函数

TVP-VAR 模型是在 VAR 模型的基础上加入参数的时变特征，因此每一期都会得到一次模型估计。与传统 VAR 模型不同的是，TVP-VAR 模型会产生两种脉冲响应函数。

（一）等间隔脉冲响应函数

等间隔脉冲响应函数反映了在样本期间，当自变量随机扰动项受到冲击时，其他变量在固定时间间隔后所受到的影响大小。通过绘制每一期解释变量的单位冲击对固定时间间隔后被解释变量所产生影响的脉冲响应函数图，可以很好地分析不同提前期的能源环境约束对制造业出口增长边际和出口增长速度的时滞影响。本书设定提前 1 期、提前 4 期、提前 8 期，分别代表短期、中期和长期，用来分析模型系统对外生冲击的响应。

（二）时点脉冲响应函数

时点脉冲响应函数反映在特定时点上各变量受系统结构冲击的动态影响。通过绘制时点脉冲响应函数图，可以很好地分析在不同特殊时点上，能源环境约束对制造业出口增长边际和出口增长速度的影响。本书选取的代表性时点为 2005 年第三季度、2009 年第一季度、2014 年第二季度和 2020 年第一季度。选择这 4 个时点的原因在于：一方面，这 4 个时点处于样本期间的前期、中期和后期，能够提供比较准确的信息，从而对模型进行全面分析，使估计结果更加可靠；另一方面，由本书前面章节对制造业出口增长的分析结果可知，这 4 个时点代表着 4 个不同的制造业出口增长波动阶段。首先，随着 2005 年 1 月 1 日全球纺织品服装贸易进入零配额时代，各国在该领域的摩擦进一步加剧，针对主要纺织品出口国的限制性措施随之增加，这些都对中国纺织产品出口产生了重要的影响。而进入 21 世纪以来，中国以农民工为主体的普通劳动力的工资持续上涨，使得大部分行业劳动力成本在 2005 年以后增长速度加快。过快上涨的劳动力成本不仅让部分低附加值的外资企业纷纷出逃，也使以劳动要素投入为主的低端制造业的出口受到巨大冲击。因此，我们选取2005年第三季度作为第1个特定的冲击时点。其次，2008年美国次贷危机演变为全球性金融危机后，不仅加剧了金融市场动荡，也使全球投资和消费信心受到了极大抑制。到2008年后半期，美国、欧盟、日本三大经济体已经陷入衰退的边缘，中国制造业对美国、欧盟和日本等主要市场的出口增长下滑。此外，受发达国家经济下滑影响，发展中国家以及新兴经济体增长也开始放慢，对部分发展中国家的出口增长也开始由升转降。在世界经济形势急剧下滑和国内要素成本上升等多重因素的影响下，外需严重萎缩，2009年第一季度中国进出口大幅下降。因此，我们选取2009年第一季度作为第2个特定的冲击时点。再次，2014年，世界经济增长低迷，中国经济增长放缓、结构性矛盾凸显。受国内资源环境以及外部压力的影响，截至2014年，中国外贸增速已连续3年未达标，出口的拉动作用渐显乏力。中国对外贸易正处于增速换挡期和结构转型期，并已经从高速增长阶段进入中高速增长的区间，甚至在2014年1—4月，外贸出现多年不遇的进口和出口“双下降”的情况。2014年5月9—10日，习近平总书记在河南开封、郑州等地考察工作，首次提出“新常态”重要论断，强调要从当前中国经济发展的阶段性特征出发，适应新常态，保持战略上的平常心态。经济进入新常态后，经济增长将从原先的资源要素驱动向创新驱动转型。因此，我们选取2014年第二季度作为第3个特定的冲击时点。最后，在国内外风险挑战明显上升的情况下，2019年，中国外贸进出口实现了量的稳定增长和质的稳步提升。2020年1月15日，中美双方签署中美第一阶段经贸协议。至此，中美经贸摩擦实现阶段性“止战”，中国外贸也有望实现平稳增长。但新冠疫情的暴发使得世界经济增长和全球贸易遭受严重冲击，中国外贸发展的外部环境变得更加复杂严峻。受此次疫情影响，2020年中国第一季度出口下滑明显。因此，我们选取2020年第一季度作为第4个特定的冲击时点。

五、集约边际、扩展边际对能源环境约束冲击的脉冲响应

（一）TVP-VAR参数估计与模型诊断

本章利用OxMetrics 6对TVR-VAR模型的程序代码进行设定和回归。根据前文的最优滞后期诊断，对滞后期的设定为1，将马尔科夫链蒙特卡洛迭代

次数设定为 10000 次，舍弃前 1000 次不稳定的数据，以检验参数估计的有效性和稳定性。具体参数估计结果如表 7-3 所示。

表 7-3 参数估计结果及模型诊断（模型 1）

参数	均值	标准差	95%置信区间	CD 统计量	无效因子
S_{b1}	0.0223	0.0024	[0.0180, 0.0276]	0.438	4.44
S_{b2}	0.0229	0.0027	[0.0184, 0.0288]	0.000	5.42
$S_{\alpha 1}$	0.0460	0.0094	[0.0314, 0.0673]	0.606	78.96
$S_{\alpha 2}$	0.0496	0.0106	[0.0331, 0.0743]	0.144	45.60
S_{h1}	1.1477	0.3361	[0.6548, 1.9590]	0.006	80.20
S_{h2}	0.2022	0.1311	[0.0609, 0.5549]	0.790	127.13

表 7-3 给出了参数估计所需的后验均值、标准差、95%置信区间、Geweke 提出的收敛诊断概率（CD 统计量）和无效因子。Geweke 提出的收敛诊断概率计算公式如下：

$$Geweke=\frac{(\bar{x}_0-\bar{x}_1)}{\sqrt{\frac{\widehat{\sigma_0^2}}{n_0}+\frac{\widehat{\sigma_1^2}}{n_1}}} \tag{7-8}$$

其中，$\bar{x}_j=\frac{1}{n_j}\sum_{i=m_j}^{m_j+n_j-1}x^{(i)}$，$x^{(i)}$ 为第 i 个观测值，$\sqrt{\frac{\widehat{\sigma_j^2}}{n_j}}$ 为 $\bar{x}_j$ 的标准差。Geweke 值能判断模拟得到的马尔科夫链是不是收敛于参数的后验分布，如果 MCMC 抽样是平稳的，则其收敛于标准正态分布。所以，可以通过比较其统计值与正态分布临界值来判断估计出来的结果是不是拒绝原假设。

无效因子是后验样本均值的方差与不相关序列样本均值的方差的比率，可以用来评价马尔科夫链混合程度。其计算公式如下：

$$Inef = 1 + 2\sum_{s=1}^{B_m}\rho_s \tag{7-9}$$

其中，ρ_s 为滞后 s 期的样本自相关系数。无效因子为得到不相关样本所需抽样的次数，因此，无效因子值越小，就越表明 MCMC 估计方法对参数的后验分布进行了有效的抽样。

从表 7-3 的估计结果来看，各参数的 CD 统计量均未超过 5%显著性水平下的临界值（临界值为 1.96），不能拒绝 MCMC 抽样结果向平稳分布（参数的后验分布）收敛的原假设，表明其整体收敛性较好。从表 7-3 中无效因子来看，除s_{h2}的无效因子略高之外，其他变量参数的无效因子偏小，表明MCMC估计方法对模型1中参数的后验分布进行了有效抽样，即能够让模型产生有效的样本，而模拟次数的增加会降低无效因子略高的影响。就参数s_{h2}而言，MCMC模拟抽样10000次后，模型1可以得到79（10000/127.13）个不相关的样本，这说明该模型参数依然可以有足够多的不相关样本做后验分析。

图7-1给出了模型1的MCMC抽样估计参数的自相关系数、收敛路径和后验分布密度函数。从第一行估计参数的自相关系数可以看出，经过10000次迭代抽样的估计参数的自相关系数迅速衰减，并逐渐收敛于0，说明MCMC估计方法有效消除了抽样产生的自相关性。从第二行的收敛路径可以看出，参数序列基本围绕后验均值呈波动聚类的运动轨迹，说明抽样得到的参数服从平稳过程，参数之间是相互独立的。从第三行的分布图可以看出，各参数的后验分布密度函数类似正态分布，因此本书的取值抽样是有效的。

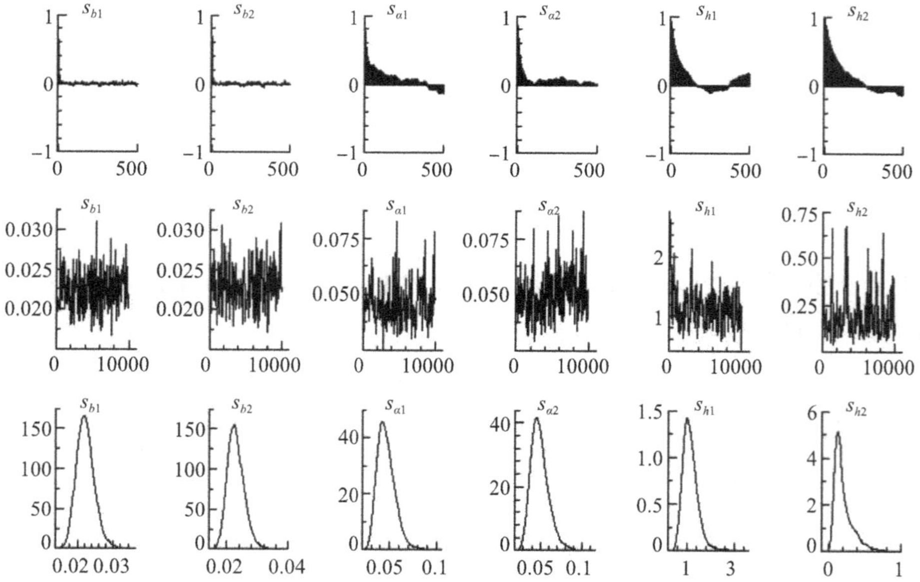

图7-1　样本自相关系数、收敛路径及后验分布密度函数（模型1）

综上，结合表7-3和图7-1可以看出，模型1参数估计的拟合过程稳定性、收敛性较好，即模型本身能够获取足够多的不相关有效样本，可以有效支持实证分析的后续推断，即本书通过MCMC估计方法的抽样是有效的，构建了平稳有效的TVP-VAR模型。

（二）等时间间隔冲击的时变参数响应分析

本部分首先呈现了能源环境约束、集约边际、扩展边际和制造业出口增长速度这四个变量的等间隔脉冲响应图（见图 7-2）。其中，y 轴为脉冲响应值，x 轴为不同的时间点。图中 3 条波动线分别代表提前 1 期、提前 4 期和提前 8 期的各变量脉冲响应曲线，对应中国能源环境变化的短期、中期和长期效应，体现了能源环境约束变量的冲击分别对制造业出口集约边际、扩展边际以及制造业出口增长速度产生的滞后影响。从图 7-2 中可以看出，在不同的提前期，各变量对能源环境约束冲击的脉冲响应轨迹存在一定差异。

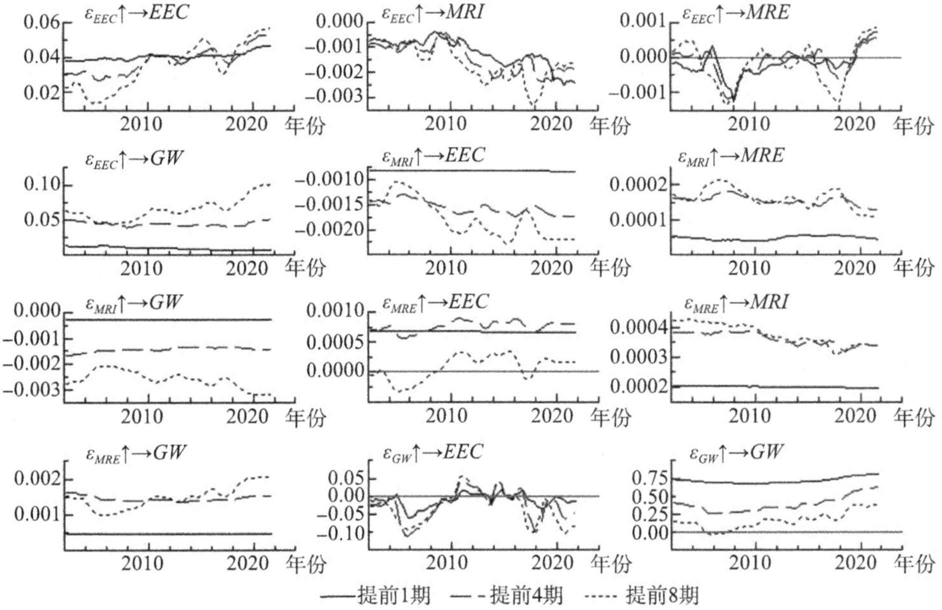

图 7-2　集约边际、扩展边际对能源环境约束冲击的等间隔脉冲响应

等时间间隔冲击响应函数表示变量在不同提前期的相互作用关系，并根据脉冲响应趋势图，得到在特定时间间隔的前提下自变量每变化 1 单位对因变量的影响。若响应函数位于零线以上，则为正向响应；反之，则为负向响应。

图 7-2 中第一行左图表示的是能源环境约束对其自身的脉冲响应。从图中可以看出，短期曲线趋势较为稳定，没有明显的时变特征，而中期、长期曲线具有明显的时变特征，且随着时间的推移呈上升态势，说明能源环境约

束对自身的影响是逐渐增强的，存在一定的能源环境变化的积累效应。

图 7-2 中第一行中间图表示的是制造业出口集约边际对能源环境约束冲击的脉冲响应。3 条不同提前期的响应曲线波动特征相似，表明模型 1 的估计具有稳健性。另外，3 条不同提前期的响应曲线具有明显的波动性，说明制造业出口集约边际对能源环境约束冲击的响应也具有明显的时变特征。从脉冲图像整体来看，给定能源环境约束指数一个正向的冲击，3 条不同提前期的响应大多是负向的。由于能源环境约束是一个负向指标，能源环境约束指数越高，能源环境约束程度就越强。因此，脉冲响应函数图像表明，能源环境约束增强不利于制造业出口集约边际增长。3 条不同提前期的响应曲线走势较为相似，但从脉冲响应函数值来看，影响程度明显不同。其中，提前 8 期冲击下，制造业出口集约边际的响应最为强烈，提前 4 期冲击的响应次之，提前 1 期冲击的响应最弱。这在一定程度上说明，原先依赖丰裕资源所形成的比较优势，从长期来看，会因能源环境约束的增强而削弱。对资源和环境的提前透支会降低旧产品和旧市场出口增长的持续发展能力，最终导致制造业出口集约边际下降。在样本期间，3 条不同提前期脉冲响应曲线显现出了阶段性变动特征。金融危机爆发之前，外部市场需求高涨，使得能源环境约束尽管对制造业出口集约边际增长产生负向影响，但影响程度较小且平稳。金融危机爆发后，国家出台了一系列外贸政策来应对外部冲击，从而减弱了能源环境约束对制造业出口集约边际的负向影响。但 2011 年之后，能源环境约束对制造业出口集约边际的负向影响呈持续扩大的趋势。

图 7-2 中第一行右图表示的是制造业出口扩展边际对能源环境约束冲击的脉冲响应。对比图 7-2 中第一行中间图可以看到，随着时间推移，能源环境约束对制造业出口集约边际的影响程度要比对制造业出口扩展边际的影响程度大。造成这一现象有两个方面的原因：一方面，在第五章制造业出口扩展边际分解中，由于数据的可获得性，仅能按照 6 位数编码进行产品划分，因而分解出的扩展边际无法捕捉到更多的新产品变动信息；另一方面，能源环境约束所带来的生产成本的增加更直接地影响了出口数量和价格的变动，而产品进入或退出市场需要的调整周期较长，因而扩展边际的响应要更加滞后。分别观察提前 1 期、提前 4 期和提前 8 期冲击下制造业出口扩展边际的响应曲线可以发现，提前 1 期的响应多为负向，而提前 4 期和提前 8 期的响应围绕零线波动，存在相对较多正向值。这在一定程度上说明，短期内能源环境约束冲击带来了企业生产成本的上涨，会进一步提高企业出口成本，改变进

入国际市场的门槛效率，从而使扩展边际下降。但从长期来看，能源环境约束会激励企业为弥补生产成本上升而进行技术创新，使制造业企业的生产效率得到提高，更多的企业能达到进入国际市场的门槛效率，从而使扩展边际上升。但在2007—2010年、2016—2020年，制造业出口扩展边际对能源环境约束冲击的长期负向响应明显。造成这一反常现象的可能原因是，中央政府为应对金融危机以及经济增长下行压力，给予企业更多的财政支持，反而助长了部分出口企业的惰性，导致企业提高产品附加值的动力不足且政府财政压力增大，从而使得能源环境约束在这段时期的创新补偿效应低于成本挤占效应，对扩展边际的长期正向刺激作用发挥不出来。

图7-2中第二行左图表示的是制造业出口增长速度对能源环境约束冲击的脉冲响应。对比图7-2中第一行的中间图和右图可以看到，能源环境约束对制造业出口增长速度的影响程度比对制造业出口二元边际的影响程度要大。这主要是因为相比制造业出口规模，制造业出口增长二元边际变动的影响因素要复杂得多。从脉冲图像整体来看，给定能源环境约束一个正向的冲击，3个不同提前期的响应都是正向的。其中，提前1期的响应较小且随着时间推移逐渐往零线收敛，提前4期的响应为正且稳定，提前8期的响应为正并随着时间推移不断扩大。这说明短期内能源环境约束使得制造业出口产品成本上涨，会导致制造业出口贸易竞争优势下降，成为制造业出口增速提升的“瓶颈”。当出口增长的规模和速度受到影响时，企业就会进行技术革新或者寻找新的能源替代品，调整生产结构来摆脱生产对传统能源的依赖。产业结构调整和能源的替代可以在一定程度上缓解能源环境约束的制约，从而使得制造业出口增长的规模和速度不会受到实质性影响。在这一过程中，还会形成促进技术进步、技术创新的推动力量，使得企业出口的制造业产品质量得到提高。因此，从长期来看，能源环境约束对企业行为的“倒逼”所产生的技术进步和产品结构调整效应，有助于稳定制造业出口增长速度。

图7-2中第二行中间图表示的是能源环境约束对制造业出口集约边际冲击的脉冲响应。从脉冲响应图像整体来看，3条不同提前期的响应曲线都在零线以下，表明在研究的样本期间，制造业出口集约边际冲击对能源环境约束的影响路径没有发生结构转变。给定制造业出口集约边际一个正向冲击，对能源环境约束产生了持续的负向影响。其中，提前1期冲击的响应较小，贴近零线；提前8期的脉冲值远高于提前1期、提前4期的脉冲值，且随着时间的推移不断扩大。由前文可知，当企业参与全球价值链分工建立在低端生产

环节时，会抑制内部创新动力。这时，制造业出口集约边际增长产生的规模效应会对能源效率、环境状况产生负向影响。而随着出口企业数量扩张，国外市场竞争会更加激烈，原先留在国际市场上的企业为了保持竞争力必须不断提高生产效率。而由前文不同技术分组制造业出口集约边际的分解可知，在研究样本期间，中高端、高端制造业出口集约边际增长的年复合率最高。2007 年之后，中高端制造业出口集约边际超过了中低端制造业。中高端、高端制造业不同于中低端制造业，多属于低能耗、低污染、高技术含量的产品。这说明，原先留在国际市场上的企业通过技术创新提高了生产效率，使得出口的产品结构不断升级，从而在长期推动了能源效率及环境状况的改善。

图 7-2 中第三行中间图表示的是能源环境约束对制造业出口扩展边际冲击的脉冲响应。与能源环境约束对制造业出口集约边际冲击的脉冲响应进行比较，可以看到，制造业出口集约边际对能源环境的影响高于制造业出口扩展边际对能源环境的影响。这主要是因为在制造业出口份额中，集约边际仍是其增长的主要推动力量。从脉冲响应图像整体来看，提前 1 期和提前 4 期冲击的响应曲线都在零线以上，提前 8 期冲击的响应曲线在零线上下波动。其中，提前 1 期的响应为正且稳定；提前 4 期冲击的响应略高于提前 1 期且变动趋势平稳；提前 8 期冲击的响应，在金融危机爆发之前主要表现为负向，在金融危机爆发之后主要表现为正向，表明在研究的样本期间，制造业出口产品多样化程度的提升，并没有对能源效率提高及环境状况改善起到积极的影响，且中短期影响更为显著。而在前文的不同技术分组制造业出口扩展边际分解中，4 个不同技术分组行业的扩展边际的年复合增长率都较低，但是中低端制造业的总体增长率最高。中低端制造业多属于能耗高、污染高的行业。因此，造成制造业出口扩展边际对能源环境约束产生负向冲击的主要原因就在于，当前中国制造业出口扩展边际增长并没有以低能耗、低污染的产品为主。

图 7-2 中第四行中间图表示的是能源环境约束对制造业出口增长速度冲击的脉冲响应。从脉冲响应数值来看，制造业出口增长速度对能源环境的影响更为明显。从脉冲响应图像整体来看，提前 4 期和提前 8 期冲击的影响程度更大，且波动更明显。这说明从长期来看，制造业出口增长速度更容易引起能源环境约束变动。而从不同阶段来看，2010 年之前，制造业出口增长速度提升对能源环境约束产生了负向冲击。可能的原因在于，中国加入世界贸易组织之后，贸易成本的降低使得制造业出口增速加快，生产规模扩大，对

经济增长的贡献度较高。而从纯规模报酬的角度来分析，当制造业生产规模扩大后，单位产出需要的投入可能会减少，收入增长明显，从而导致制造业全要素能源效率的提高，使得制造业出口增速的提升反而降低了能源环境约束程度。2010—2017 年，3 条不同提前期冲击的响应多为正向，制造业出口增速提升增强了能源环境约束程度。2017 年之后，3 条不同提前期冲击的响应又转变为负向，制造业出口增速提升降低了能源环境约束程度。这些变化进一步表明，制造业出口增长的规模效应可能给能源、环境带来正反两方面的影响。若不改变经济结构和生产技术水平，出口规模扩张一定会造成能源的加速消耗和污染物的过度排放，环境质量就会趋于恶化。

图 7-2 中第三行左图和第四行左图分别表示的是制造业出口增长速度对集约边际和扩展边际冲击的脉冲响应。从脉冲响应绝对值来看，制造业出口集约边际对出口增长速度的影响更为明显，这与第五章中制造业出口增长边际贡献的分解结果相一致。图 7-2 中第三行左图显示，3 个不同提前期的冲击都呈现出了负向响应。提前 1 期的脉冲响应已经趋向于零，影响微乎其微。提前 4 期和提前 8 期的响应绝对值大于提前 1 期的响应绝对值，并且提前 8 期冲击的负向响应随着时间推移呈现缓慢扩大的趋势。这表明制造业出口集约边际增长不利于稳定和提高制造业出口增长速度。图 7-2 中第四行左图表示的是制造业出口增长速度对扩展边际冲击的脉冲响应。给定制造业出口扩展边际一个正向的冲击，3 个不同滞后期都呈现出了正向响应。提前 1 期和提前 4 期的响应较为稳定，提前 8 期的响应具有明显的时变特征。其中，提前 8 期冲击的正向响应随着时间推移呈明显上升趋势。这说明从长期来看，制造业出口扩展边际增长更有利于稳定和提高制造业出口增长速度，未来更需要依赖制造业出口产品多样化拉动制造业出口增长。

图 7-2 中第二行右图表示的是制造业出口扩展边际对制造业出口集约边际冲击的脉冲响应。在不同时点上，制造业出口集约边际对制造业出口扩展边际都存在微弱的正向影响，并且长期效应超过了短期效应。从长期来看，制造业出口集约边际能够推动出口产品多样化发展。图 7-2 中第三行右图表示的是制造业出口集约边际对制造业出口扩展边际冲击的脉冲响应。同样，在不同时点上，制造业出口扩展边际对制造业出口集约边际都存在微弱的正向影响，并且长期效应超过了短期效应。但随着时间的推移，长期正向影响在逐渐减弱，说明制造业出口产品多样化发展在一定程度上有利于推动制造业出口集约边际增长。

（三）不同时点冲击的时变参数响应分析

前文分析了给定能源环境约束一个正向的冲击时，制造业出口集约边际、扩展边际和制造业出口增长速度在不同滞后期数的时变参数脉冲响应结果。本部分将讨论基于不同时点给定能源环境约束一个正向冲击时，制造业出口集约边际、扩展边际与制造业出口增长速度的响应情况。本书将正向冲击的4个时点设定为2005年第三季度、2009年第一季度、2014年第二季度和2020年第一季度，时点脉冲响应结果如图7-3所示。

在图7-3中，不同标记线代表了不同时点冲击反应函数，冲击反应期设置为8期，即2年。从图7-3中可以看到，在不同滞后期，能源环境约束对制造业出口集约边际、扩展边际和制造业出口增长速度冲击效果存在差异。

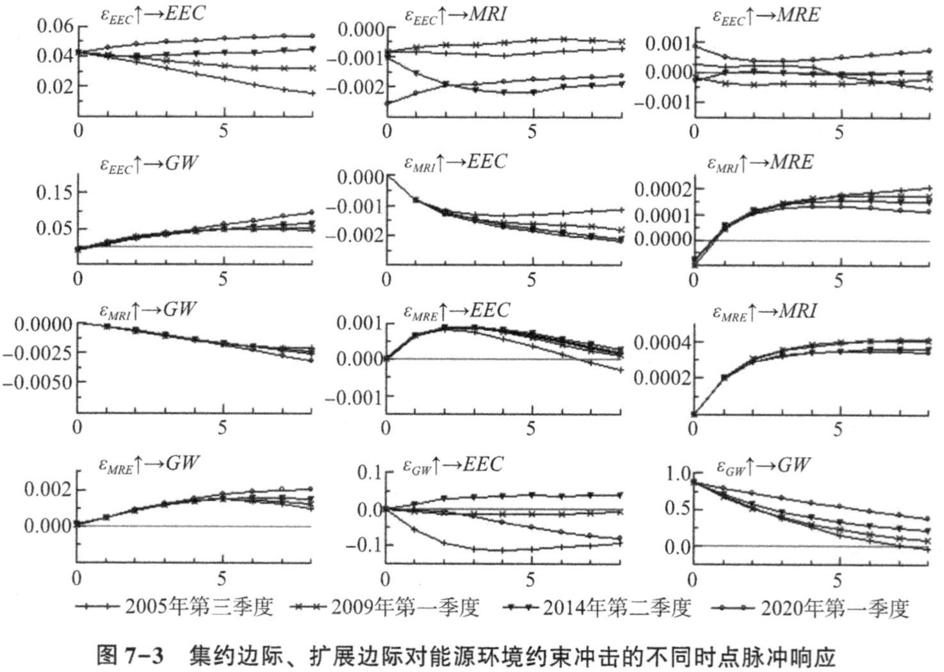

图7-3 集约边际、扩展边际对能源环境约束冲击的不同时点脉冲响应

图7-3中第一行左图表示的是不同时点上能源环境约束对自身冲击的脉冲响应。从图中可以看出，4个不同时点上，当期冲击的响应一致。在第1期之后，能源环境约束对自身冲击的响应呈发散状态。随着时间推移，在2005第三季度和2009年第一季度，能源环境约束对自身冲击的正向响应减弱；在2014年第二季度和2020年第一季度，能源环境约束对自身冲击的正向响应增

强，进一步说明了能源环境变化存在明显的积累效应。

图 7-3 中第一行中间图表示的是不同时点上制造业出口集约边际对能源环境约束冲击的脉冲响应。从脉冲响应图像来看，在 4 个时点上，制造业出口集约边际对能源环境 1 个单位正向冲击的响应都为正值，从第 2 期开始逐渐平稳，与前文等间隔脉冲响应的结论相一致。整体来看，在 2005 年第三季度和 2009 年第一季度，制造业出口集约边际对能源环境约束冲击的负向响应程度较低；在 2014 年第二季度和 2020 年第一季度，制造业出口集边际对能源环境约束冲击的负向响应程度较高，尤其是在 2009 年第一季度，制造业出口集约边际对能源环境约束冲击的负向响应随着时间推移缓慢减小，这表明政府为应对外部冲击所采取的外贸支持政策有利于减缓能源环境约束对制造业出口集约边际的负向影响。

图 7-3 中第一行右图表示的是不同时点上制造业出口扩展边际对能源环境约束冲击的脉冲响应。从脉冲响应图像来看，在 2005 年第三季度和 2020 年第一季度，能源环境约束对制造业出口扩展边际的当期影响为正向；在 2009 年第一季度和 2014 年第二季度，能源环境约束对制造业出口扩展边际的当期影响为负向。随着时间的推移，在 2005 年第三季度，能源环境约束对制造业出口扩展边际的影响在第 4 期之后很快转变为负向。而 2009 年第一季度，在第 1—3 期，能源环境约束对制造业出口扩展边际的负向影响有缓慢扩大的趋势。这说明金融危机的爆发，加上能源环境约束所带来的生产成本上升，使得制造业企业开拓新市场和新产品的障碍增大。

图 7-3 中第二行左图表示的是不同时点上制造业出口增长速度对能源环境约束冲击的脉冲响应。从脉冲响应图像来看，4 个不同时点上，制造业出口增长速度对能源环境约束冲击的当期响应不显著。在第 1 期之后，4 个不同时点的脉冲响应曲线呈现正向变动，且随着时间推移正向响应不断扩大。但 2009 年第一季度的正向响应在第 5 期之后开始减小，说明在金融危机爆发后，制造业出口企业经营困难增多，出口利润不确定性提高，从而导致能源环境约束对制造业出口增长速度提升的作用减弱。而 2014 年第二季度和 2020 年第一季度的脉冲响应值逐渐增大，超过 2005 年第三季度和 2009 年第一季度，说明经济进入新常态后，在经济增长从原先的资源要素驱动向创新驱动转型的过程中，技术创新发展可以实现制造业生产最少的能源投入、最小化的环境污染，从而使得能源环境约束对制造业出口增长速度的提升作用增强。同时，从整体来看，4 个时点的中长期效应多大于短期效应，这与前文等间隔脉

冲响应的分析一致。

图 7-3 中第二行、第三行、第四行中间图分别表示的是不同时点上能源环境约束对制造业出口集约边际、扩展边际和制造业出口增长速度冲击的时点脉冲响应。从能源环境约束对制造业出口集约边际冲击的脉冲响应图像来看，4 个不同时点当期冲击的脉冲响应都为 0，说明制造业出口集约边际对能源环境约束的短期影响不显著。从第 2 期开始，各时点脉冲响应曲线分离并呈持续的负向影响，这同样表明，制造业出口集约边际冲击对能源环境约束的作用机制没有发生结构转变，且出口集约边际增长有利于减缓能源环境约束，对能源效率提高及环境状况改善起到积极的影响。从不同时点的脉冲响应函数可以看出，2005 年第三季度的脉冲响应函数绝对值明显低于其他 3 个时点的脉冲响应绝对值，且随着时间的推移其减缓能源环境约束的作用减弱。从能源环境约束对制造业出口扩展边际冲击的脉冲响应图像来看，4 个不同时点当期冲击的脉冲响应都为 0，说明制造业出口扩展边际对能源环境约束的短期影响不显著。在第 1 期之后，各时点脉冲响应曲线呈上升趋势；第 2 期之后，各时点脉冲响应曲线分离，并逐渐贴近零线，特别是 2005 年第三季度，能源环境约束对制造业出口扩展边际冲击的响应转为负向，表明从长期来看，随着技术水平的提高，制造业出口扩展边际增长会有利于能源效率的提高、环境状况的改善。从能源环境约束对制造业出口增长速度冲击的脉冲响应图像来看，4 个不同时点当期冲击的脉冲响应都为 0，这同样说明了制造业出口增长速度对能源环境约束的短期影响不显著。第 1 期之后，能源环境约束对制造业出口增长速度冲击的响应出现了分散状态。在 2009 年第一季度，能源环境约束对制造业出口增长速度冲击的响应为负，且响应程度较小。在 2014 年第二季度，能源环境约束对制造业出口增长速度冲击的响应为正，且随着时间的推移不断扩大。在出口增长进入新常态后，为了稳定出口增长，会放宽对能源消耗型行业的一些限制，从而使得能源环境约束程度增强。整体来看，多数时点上的能源环境约束对制造业出口增长速度冲击的响应均为负向。

图 7-3 中第三行和第四行左图分别表示的是不同时点上制造业出口增长速度对制造业出口集约边际和扩展边际冲击的脉冲响应。从制造业出口增长速度对出口集约边际冲击的脉冲响应图像来看，4 个不同时点当期冲击的脉冲响应都为 0，说明集约边际对制造业出口增长速度的短期影响不显著。在第 1 期之后，制造业出口增长速度对集约边际冲击的响应都为负值，且随着时间的推移不断扩大，说明集约边际的增长不利于提升制造业出口增长速度。从

制造业出口增长速度对出口扩展边际冲击的脉冲响应图像来看，4 个不同时点当期冲击的脉冲响应都为 0，说明扩展边际对制造业出口增长速度的短期影响不显著。在第 1 期之后，制造业出口增长速度对扩展边际冲击的响应都为正值，且随着时间的推移不断扩大，说明扩展边际的增长有利于提升制造业出口增长速度。需要注意的是，除 2020 年第一季度之外，扩展边际增长对制造业出口增长速度的正向影响随着时间推移在减弱。因此，需要警惕扩展边际增长推动制造业出口增长速度提升的持续能力。

图 7-3 中第二行和第三行右图分别表示的是不同时点上制造业出口扩展边际对制造业出口集约边际以及制造业出口集约边际对制造业出口扩展边际冲击的脉冲响应。从制造业出口扩展边际对制造业出口集约边际冲击的脉冲响应图像来看，4 个不同时点当期冲击的脉冲响应都为负，说明短期内出口集约边际增长不利于出口扩展边际增长。在第 1 期之后，制造业出口扩展边际对集约边际冲击的响应全部转为正值，且随着时间的推移逐渐平稳。从制造业出口集约边际对制造业出口扩展边际冲击的脉冲响应图像来看，4 个不同时点当期冲击的脉冲响应都为 0，说明出口扩展边际对出口集约边际的短期影响不显著。在第 1 期之后，出口扩展边际对集约边际冲击的响应全部为正值，且随着时间的推移逐渐平稳。

（四）时变特征总结

由以上实证结果可知，能源环境约束对制造业出口集约边际、扩展边际和制造业出口增长速度的影响在方向及程度大小上具有一定的时变特征，得出以下结论：

第一，制造业出口集约边际对能源环境约束冲击的响应具有阶段性，且长期效应相对更加明显。在金融危机爆发之前，外部需求高涨，可以缓解能源环境约束对制造业出口集约边际增长的负向冲击。金融危机爆发之后，国家出台了一系列扶持政策，缓解了出口企业困难，企业信心逐步恢复，在一定程度上抵消了能源环境约束带来的负向影响。但 2011 年之后，能源环境约束对制造业出口集约边际增长的负向影响持续扩大。

第二，能源环境约束对制造业出口扩展边际影响程度相对要小，并且其作用机制也存在结构性变化。短期内，能源环境约束冲击会提高进入国际市场的门槛效率，使扩展边际下降。从长期来看，能源环境约束会激励企业为弥补生产成本上升而进行技术创新，使更多的企业和产品能够进入国际市场，从而使扩展边际上升。但在2007—2010年、2016—2020年，能源环境约束的创新补偿效应未超过成本抵消效应，其对扩展边际的长期正向刺激作用没有完全显现。

第三，能源环境约束对制造业出口增长速度的影响大于对制造业出口二元边际的影响。能源环境约束在短期内会成为制造业出口增长速度提升的“瓶颈”，但从长期来看，能源环境约束对企业技术创新和产品结构调整的“倒逼”反而有助于稳定和提升制造业出口增长速度。

第四，制造业出口集约边际对能源环境约束的影响比制造业出口扩展边际对能源环境约束的影响显著。当前，中国制造业出口集约边际增长以低能耗、低污染、高技术的行业为主，集约边际出口的产品结构不断升级，从而在长期推动了能源效率及环境状况的改善。而中国制造业出口扩展边际增长并没有以低能耗、低污染的产品为主，因此，制造业出口产品多样化程度的提升并没有对能源效率提高及环境状况改善起到积极的影响。制造业出口增长速度对能源环境约束存在非对称性影响，其提升所产生的规模效应可能给能源环境约束带来正反两方面的影响。若不改变经济结构和生产技术水平，出口规模扩张一定会造成能源的加速消耗和污染物的过度排放，环境质量就会趋于恶化。

第五，制造业出口集约边际对制造业出口增长速度的影响比扩展边际对制造业出口增长速度的影响显著。制造业出口集约边际增长不利于稳定和提高制造业出口增长速度，而从长期来看，制造业出口扩展边际增长更有利于稳定和提高制造业出口增长速度，未来更需要依赖制造业出口产品多样化拉动制造业出口增长。

第六，从长期来看，制造业出口集约边际能够推动出口产品多样化发展，制造业出口产品多样化发展在一定程度上有利于推动制造业出口集约边际增长，并且长期效应超过了短期效应。

六、价格边际、数量边际对能源环境约束冲击的脉冲响应

（一）TVP-VAR参数估计与模型诊断

本节将利用OxMetrics 6对TVP-VAR模型的程序代码进行设定和回归。根据前文的最优滞后期诊断，对滞后期的设定为1，将马尔科夫链蒙特卡洛迭

代次数设定为10000次，舍弃前1000次不稳定的数据，以检验参数估计的有效性和稳定性。具体参数估计结果如表7-4所示。

表7-4 参数估计结果及模型诊断（模型2）

参数	均值	标准差	95%置信区间	CD统计量	无效因子
s_{b1}	0.0222	0.0024	[0.0180，0.0274]	0.903	3.97
s_{b2}	0.0229	0.0027	[0.0183，0.0287]	0.788	3.92
$s_{\alpha 1}$	0.0466	0.0099	[0.0314，0.0705]	0.899	67.71
$s_{\alpha 2}$	0.0534	0.0126	[0.0338，0.0829]	0.001	122.94
s_{h1}	1.2044	0.3007	[0.7088，1.8881]	0.858	43.02
s_{h2}	0.1916	0.1216	[0.0653，0.5259]	0.025	97.23

表7-4给出了参数估计所需的后验均值、标准差、95%置信区间、Geweke提出的收敛诊断概率（CD统计量）和无效因子。从估计结果来看，各参数的CD统计量均为超过5%显著性水平下的临界值（临界值为1.96），均不能拒绝MCMC抽样结果向平稳分布（参数的后验分布）收敛的原假设，表明其整体收敛性较好。无效因子为得到不相关样本所需抽样的次数，因此，无效因子值越小，就越表明MCMC估计方法对参数的后验分布进行了有效的抽样。从表7-4中无效因子来看，除$s_{\alpha 2}$外，其他参数的无效因子值均小于100，表明MCMC估计方法对模型2中参数的后验分布进行了有效抽样。而对于参数$s_{\alpha 2}$，本书模拟抽样10000次后，模型2可以得到81（10000/122.94）个不相关的样本，说明该模型参数依然可以有足够多的不相关样本做后验分析。

图7-4给出了模型2的MCMC抽样估计参数的自相关系数、收敛路径和后验分布密度函数。从第一行估计参数的自相关系数可以看出，经过10000次迭代抽样的估计参数的自相关系数迅速衰减，并逐渐收敛于0，说明MCMC估计方法有效消除了抽样产生的自相关性。从第二行的收敛路径可以看出，参数序列基本围绕后验均值呈波动聚类的运动轨迹，说明抽样得到的参数服从平稳过程，参数之间是相互独立的。从第三行的分布图可以看出，各参数的后验分布密度函数类似正态分布，因此本书的取值抽样是有效的。

综上，结合表7-4和图7-4可以看出，模型2参数估计的拟合过程稳定性、收敛性较好，即模型本身能够获取足够多的不相关有效样本，可以有效支持实证分析的后续推断，即本书通过MCMC估计方法的抽样是有效的，构建了平稳有效的 TVP-VAR 模型。

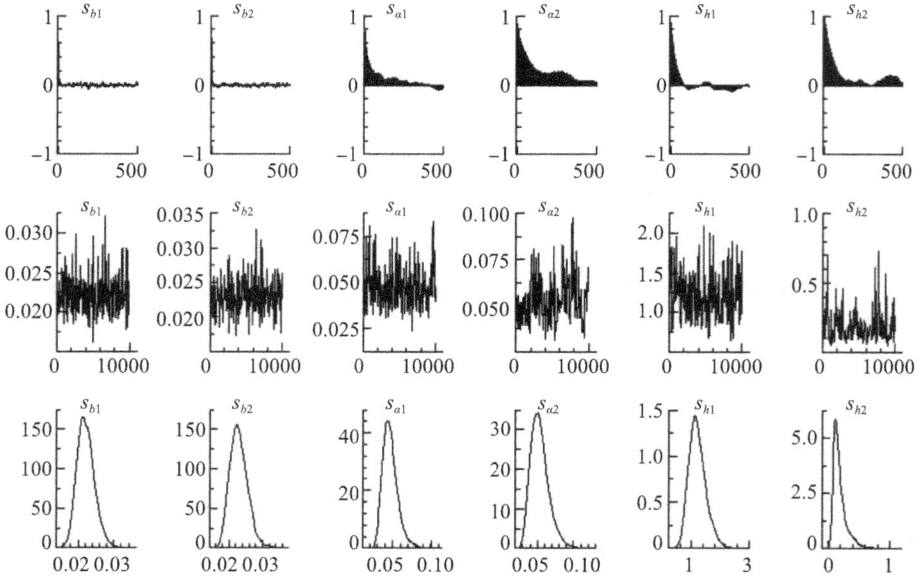

图 7-4　样本自相关系数、收敛路径及后验分布密度函数（模型 2）

（二）等时间间隔冲击的时变参数响应分析

同前文一样，本部分呈现了能源环境约束、制造业出口价格边际和数量边际以及制造业出口增长速度的等间隔脉冲响应图（见图 7-5）。其中，y 轴为脉冲响应值，x 轴为不同的时间点。图中 3 条波动线分别代表提前 1 期、提前 4 期和提前 8 期的各变量脉冲响应曲线，分别对应能源环境约束的短期、中期和长期效应，体现了能源约束变量的正向冲击分别对制造业出口价格边际、数量边际和制造业出口增长速度产生的滞后影响。从图 7-5 中可以看出，在不同的提前期，各变量对能源环境约束冲击的脉冲响应轨迹存在一定差异。

图 7-5 中第一行左图表示的是制造业出口价格边际对能源环境约束冲击的脉冲响应。3 条不同提前期的响应曲线波动特征相似，表明模型 2 的估计具有稳健性。另外，3 条不同提前期的响应曲线具有明显的波动性，说明制造业出口价格边际对能源环境约束冲击的响应具有明显的时变特征。从脉冲图像整体来看，2010 年之前，能源环境约束对制造业出口价格边际的影响主要表现为短期效应，但 2010 年之后，能源环境约束对制造业出口价格边际的影响主要表现为长期效应。在样本期间，能源环境约束冲击对制造业出口价格边

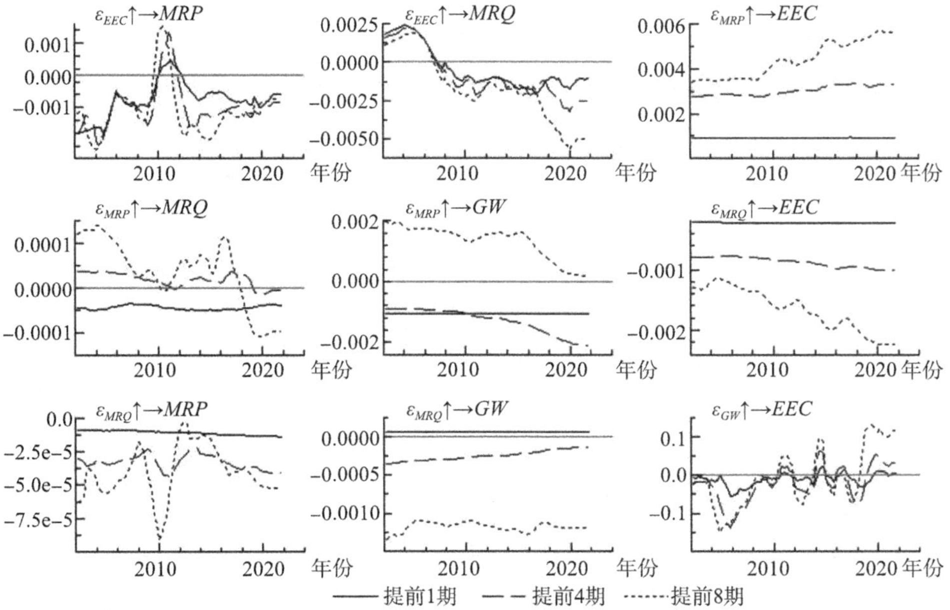

图 7-5　价格边际、数量边际对能源环境约束冲击的等间隔脉冲响应

际的作用机制随着时间的推移发生了结构性的改变。短期内，能源环境约束冲击会导致企业投入成本上升，已进入国际市场的企业面临两种选择：一是提高产品价格来维持现有利润水平，二是保持原有价格水平或降低价格水平来维持市场份额。如果出口企业选择保持原有价格水平或降低价格水平来维持其国际市场份额，则会导致出口价格边际下降，而数量边际短期内不受冲击。对比图 7-5 中第一行左图和第二行右图可以发现，金融危机爆发前，能源环境约束在短期内确实造成了制造业出口价格边际下降，但对数量边际存在正向冲击。金融危机爆发后，由于政策红利的推动，不同提前期的脉冲响应值都在 2010 年前后穿过零线达到了峰值。其中，提前 4 期和提前 8 期的正向冲击大于提前 1 期的正向冲击。2012 年之后，不同提前期冲击的响应全部转为负向。总体来看，能源环境约束对制造业出口价格边际的影响以负向为主。这说明在面对能源环境约束所带来的生产成本冲击时，更多企业选择了以保持原有价格水平或降低价格水平的方式来维持出口数量的稳定。随着发达国家再工业化战略的实施和“逆全球化”的影响，中国制造业出口下行压力将会不断增大，若不能及时调整自身在全球价值链中的位置，提高出口产品技术含量，则通过提高出口产品价格来应对能源环境约束带来的生产成本冲击将更难实现。

图 7-5 中第一行中间图表示的是制造业出口数量边际对能源环境约束冲击的脉冲响应。3 条不同提前期的响应曲线波动特征相似，表明模型 2 的估计具有稳健性。对比图 7-5 中第一行左图可以看到，能源环境约束对制造业出口数量边际的影响要比对制造业出口价格边际的影响程度大。由前文的分析可知，一旦能源环境约束引起出口成本上涨，企业若想维持原有出口增长不发生变化，要么提高出口产品价格，要么增加出口产品数量。但短期内，企业很难调整生产投入结构和改进技术，制造业出口价格边际很难提升，导致企业会选择以增加出口产品数量的方式来维持原有的出口增长不变。从脉冲图像整体来看，给定能源环境约束一个正向的冲击，2010 年之前，不同提前期的响应大部分情况下是正向，且提前 1 期冲击下数量边际的响应更为明显；2010 年之后，不同提前期的脉冲响应逐渐转变为负向，并随着时间的推移呈现持续性负向影响，且提前 8 期冲击下的数量边际响应更为明显。之所以出现这样的阶段性特征，主要原因在于：金融危机爆发前，外部需求高涨，中国制造业出口呈现爆炸式增长，使得制造业出口数量边际对能源环境约束冲击的短期响应表现为正向。金融危机爆发后，由于政府财政刺激计划的支持，制造业出口数量下降的趋势逐渐放缓，尤其是在中短期内制造业出口数量边际对能源环境约束冲击的负向响应相对较弱且平缓。近年来，能源环境约束对制造业出口数量边际的负向冲击不断增强，尤其是长期负向效应越来越显著。能源环境约束对制造业出口数量边际的冲击先是体现在生产成本的变动所带来的影响上。生产成本的增加会让企业重新考虑资源配置、减少或控制技术创新支出，形成对研发投入资金的挤占，从而对制造业技术创新以及出口质量升级产生抵消效应，降低制造业出口竞争力。因此，当创新补偿效应无法超过抵消效应时，制造业出口数量边际无法提升。

图 7-5 中第一行右图表示的是能源环境约束对制造业出口价格边际冲击的脉冲响应。从脉冲响应图像整体来看，3 条不同提前期的响应曲线都在零线以上。这表明在研究的样本期间，制造业出口价格边际冲击对能源环境约束的影响路径没有发生结构转变。给定制造业出口增长价格边际一个正向冲击，对能源环境约束产生了持续的正向影响，且随着时间的推移正向响应不断扩大。一旦出口价格上涨，更多的企业为了追求利润可能会选择进入国际市场，导致能源需求和污染排放的增加。特别是当国内能源较为丰裕时，企业为了获取更高的利润将会引导资金、劳动、能源等不断流向高耗能行业，产生对

其他行业的挤占效应，从而加剧潜在的能源短缺情况。从前文对制造业出口价格边际的分解来看，出口价格边际较高的行业集中在低端和中低端行业，尤其是中低端行业的出口增长价格边际年复合增长率最高。而中低端行业多属于能耗高、污染高的行业，因此，随着中低端行业出口价格边际的不断上涨，若政府不对企业生产行为进行引导和调整，中低端行业生产扩大将会使能源消耗增大、污染排放增多。在这种情况下，制造业出口价格边际的增长将对能源效率提高及环境状况改善产生消极的影响。

图 7-5 中第二行右图表示的是能源环境约束对制造业出口数量边际冲击的脉冲响应。对比图 7-5 中第一行右图可以发现，能源环境约束对制造业出口价格边际冲击的响应更为明显。从脉冲响应图像整体来看，3 条不同滞后期的响应曲线都在零线以下。这表明在研究的样本期间，制造业出口数量边际冲击对能源环境约束的影响路径也没有发生结构转变。给定制造业出口数量边际一个正向冲击，对能源环境约束产生了持续的负向影响，且随着时间的推移能够产生更大的负向影响。由前文对不同技术分组制造业出口数量边际的分解可知，在研究样本期间，中高端、高端制造业出口数量边际增长的年复合率最高。原先留在国际市场上的企业通过技术创新，提高了生产效率，使得出口的产品结构不断升级。这说明从长期来看，推动出口产品结构升级，扩大高技术水平产品出口数量不会增强能源环境约束程度，反而有利于提高能源效率及改善国内环境状况。总体来看，能源环境约束对制造业出口数量边际冲击的脉冲响应与对制造业出口集约边际冲击的脉冲响应较为相似。这也进一步证明了制造业出口集约边际中数量边际的贡献要大于价格边际，即集约边际增长更多地表现在量的扩张上。

图 7-5 中第二行和第三行左图分别表示的是制造业出口数量边际对制造业出口价格边际冲击的脉冲响应和制造业出口价格边际对制造业出口数量边际冲击的脉冲响应。对比两个图可以发现，制造业出口数量边际对制造业出口价格边际的影响微乎其微。如图 7-5 中第二行左图所示，给定制造业出口价格边际一个正向的冲击，提前 1 期的脉冲响应曲线在零线以下且平稳，提前 4 期和提前 8 期的脉冲响应曲线大部分在零线以上。这说明在短期内，提高价格水平会导致出口数量减少；从长期来看，价格水平的提升，反而有助于稳定制造业出口数量增长。但在面对外部剧烈冲击时，价格水平提升对制造业出口增长数量边际的正向影响会削弱。如图 7-5 中第三行左图所示，给定制造业出口数量边际一个正向冲击，3 个不同提前期的脉冲响应曲线都在零

线以下，说明制造业出口数量的扩大会抑制制造业出口增长价格边际的提升，尤其是在面对外部剧烈冲击时，制造业出口数量边际对制造业出口价格边际的负向冲击更大。

图 7-5 中第二行和第三行中间图分别表示的是制造业出口增长速度对价格边际和数量边际冲击的脉冲响应。从制造业出口增长速度对出口价格边际冲击的响应来看，提前 1 期和提前 4 期的脉冲响应曲线都在零线以下，且提前 1 期冲击的负向响应平稳、提前 4 期冲击的负向响应随着时间的推移不断扩大。提前 8 期的脉冲响应曲线在零线以上，但随着时间的推移，逐渐接近零线，长期效应衰减，说明短期内价格边际增长不利于稳定和提升制造业出口增长速度；从长期来看，价格边际增长可以稳定和提升制造业出口增长速度。从制造业出口增长速度对出口数量边际冲击的响应来看，提前1 期的脉冲响应曲线在零线以上呈现正向影响且平稳，提前 4 期和提前 8 期的脉冲响应曲线在零线以下，且提前 8 期冲击的负向响应较为稳定和持久，说明短期内数量边际增长有利于稳定和提升制造业出口增长速度，但从长期来看，数量边际增长不利于稳定和提升制造业出口增长速度。

（三）不同时点冲击的时变参数响应分析

前文分析了给定能源环境约束一个正向的冲击时，制造业出口价格边际、数量边际在不同滞后期数的时变参数脉冲响应结果。接下来，本书将讨论基于不同时点给定能源环境约束一个正向冲击时，制造业出口价格边际与制造业出口数量边际的响应情况。本书将正向冲击的 3 个时点设定为 2005 年第三季度、2009 年第一季度、2014 年第二季度和 2020 年第一季度，脉冲响应结果如图 7-6 所示。

图 7-6 中第一行左图表示的是不同时点上制造业出口价格边际对能源环境约束冲击的时点脉冲响应。从脉冲响应图像来看，在不同时点上，制造业出口价格边际对能源环境约束 1 单位正向冲击的响应都为负值，这与图 7-5 中等间隔脉冲响应的结论一致。这进一步表明，能源环境约束程度增强不利于制造业出口价格边际增长。具体观察不同时点上价格边际对能源环境约束冲击的负向响应，各时点的响应表现出了明显差异。在 2005 年第三季度，价格边际对能源环境约束冲击的负向响应平稳；在 2009 年第一季度，价格边际对能源环境约束冲击的负向响应在第 4 期之后，开始逐渐减弱并向零线收敛；在 2014 年第一季度，价格边际对能源环境约束冲击的负向响应随着时间推移

不断扩大；在 2020 年第一季度，价格边际对能源环境约束冲击的负向响应在第 4 期之后，也开始缓慢减弱并向零线收敛。由此可见，若没有政策红利的影响，能源环境约束对制造业出口价格边际存在持续的负向作用。

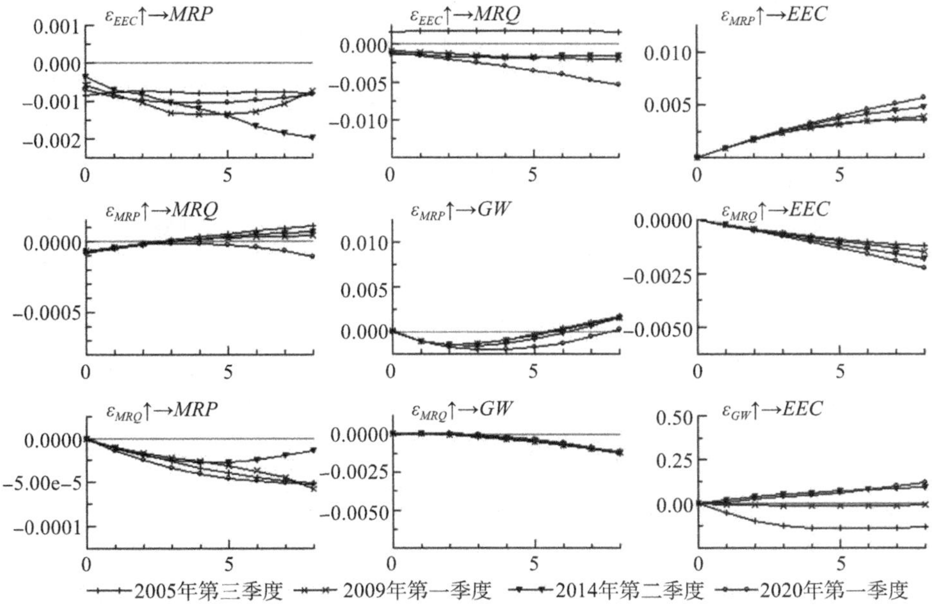

图 7-6　价格边际、数量边际对能源环境约束冲击的不同时点脉冲响应

图 7-6 中第一行中间图表示的是不同时点上制造业出口数量边际对能源环境约束冲击的时点脉冲响应。从脉冲响应图像来看，与图 7-5 结论一致，除 2005 年第三季度之外，其他 3 个时点上制造业出口数量边际对能源环境约束 1 单位正向冲击的响应都为负值，且随着时间的推移，能源环境约束对制造业出口数量边际的负向影响扩大。相对来说，在 2009 年第一季度和 2014 年第二季度，能源环境约束对制造业出口数量边际冲击的负向响应程度要小且平稳，说明为应对金融危机，政府所实施的大规模刺激计划可以在一定程度上缓解能源环境约束对制造业出口数量边际的负向冲击。

图 7-6 第一行和第二行右图分别表示的是不同时点上能源环境约束对制造业出口价格边际和数量边际冲击的时点脉冲响应。从脉冲响应图像来看，4 个不同时点当期冲击的脉冲响应都较弱。这说明制造业出口价格边际和数量边际对能源环境约束的短期影响都不显著。从能源环境约束对制造业出口价格边际冲击的脉冲响应来看，随着时间推移，各时点能源环境约束对制造业

出口价格边际冲击的脉冲响应曲线分离并呈持续的正向影响。这同样表明，制造业出口价格提升会加大能源环境约束，对能源效率提高及环境状况改善产生消极的影响。从能源环境约束对制造业出口数量边际冲击的脉冲响应来看，随着时间推移，各时点能源环境约束对制造业出口数量边际冲击的脉冲响应曲线分离并呈持续的负向影响，说明制造业出口数量边际的增长会减缓能源环境约束，对能源效率提高及环境状况改善起到积极的影响。

图 7-6 中第二行和第三行左图表示的是不同时点上制造业出口数量边际对制造业出口价格边际冲击的脉冲响应和制造业出口价格边际对制造业出口数量边际冲击的脉冲响应。如图 7-6 中第二行左图所示，除 2020 年第一季度外，其余 3 个时点上制造业出口数量边际对制造业出口价格边际的冲击反应一开始为负向，大约 3 期滞后逐渐转为正向。这同样说明了出口价格的提高在短期不利于制造业出口数量边际增长，但长期可以推动制造业出口数量边际增长。如图 7-6 中第三行左图所示，在不同时点上制造业出口数量边际对制造业出口价格边际不存在当期影响。除 2014 年第一季度外，随着时间推移，其余 3 个时点上制造业出口价格边际对制造业出口数量边际冲击的负向响应增大，说明制造业出口数量扩张不利于制造业出口价格边际增长。

图 7-6 中第二行和第三行中间图表示的是不同时点上制造业出口增长速度对价格边际和数量边际冲击的时点脉冲响应。从制造业出口增长速度对价格边际冲击的脉冲响应图像来看，4 个时点价格边际对制造业出口增长速度不存在当期影响。前 3 个时点价格边际对制造业出口增长速度的影响在第 6 期之后转为正向；2020 年第一季度，在第 8 期之后才转为正向。这说明需要更长的滞后期才能发挥价格边际对制造业出口增长速度的推动作用。从制造业出口增长速度对数量边际冲击的脉冲响应图像来看，4 个时点数量边际对制造业出口增长速度在第 1—2 期产生微小正向影响，在第 4 期之后，逐渐转为负向影响。这说明从长期来看，制造业出口数量边际增长不利于稳定和提升制造业出口增长速度。

（四）时变特征总结

根据以上实证结果可知，能源环境约束对制造业出口价格边际和出口数量边际的影响在方向及影响程度大小上具有一定的时变特征，以下结论：

第一，制造业出口价格边际对能源环境约束冲击的响应具有阶段性特征。2010 年之前，能源环境约束对制造业出口价格边际的影响主要表现为短期负向冲击；2010—2012 年，能源环境约束对制造业出口价格边际产生了正向影响；但 2012 年之后，能源环境约束对制造业出口价格边际的影响主要表现为长期负向冲击。总体来看，能源环境约束对制造业出口价格边际的影响以负向为主。这说明在面对能源环境约束所带来的生产成本冲击时，企业更多地选择了以保持原有价格水平或降低价格水平的方式来维持出口数量的稳定。而且，在中国制造业出口下行压力不断增大的情况下，若不能推动出口产品结构升级，增加出口产品技术含量，则通过提高出口产品价格来应对能源环境约束带来的生产成本冲击将更难以实现。

第二，能源环境约束对制造业出口数量边际影响程度相对要高，并且其作用机制存在结构性变化。2010 年之前，能源环境约束对制造业出口数量边际的影响主要表现为短期正向效应；2010 年之后，能源环境约束对制造业出口数量边际的影响主要表现为持续的长期负向效应。总体来看，能源环境约束抑制了制造业出口数量增长，且这种抑制作用随时间推移在不断扩大。当能源环境约束所带来的创新补偿效应无法超过成本抵消效应时，制造业出口数量边际很难实现增长。

第三，制造业出口价格边际影响能源环境约束的作用机制没有发生结构性转变，其对能源环境约束产生了持续的正向影响，且随着时间的推移不断扩大。主要原因在于，在样本期间，中低端行业出口价格边际不断增长，使得企业为了获取更高利润将资源不断流向能源消耗较大的行业，产生了对其他行业的挤占效应，从而提升了能源环境约束程度。

第四，相比数量边际，能源环境约束对制造业出口价格边际冲击的响应更为明显。制造业出口数量边际对能源环境约束的作用机制也没有发生结构性转变，其对能源环境约束产生了持续的负向影响，且随着时间的推移不断扩大。主要原因在于，原先留在国际市场上的企业通过技术创新使得出口产品结构不断升级，从而对能源效率提高和环境状况改善起到了积极的影响。且能源环境约束对制造业出口数量边际冲击的脉冲响应与对制造业出口集约边际冲击的脉冲响应较为相似，从而进一步论证了制造业出口数量边际是集约边际增长的主要力量。

第五，制造业出口数量边际对制造业出口价格边际的影响较弱。短期内，提高价格水平会导致出口数量减少；从长期来看，价格水平的提升，反而有助于稳定制造业出口数量增长。而制造业出口数量的扩大会抑制制造业出口价格边际的提升，尤其是在面对外部剧烈冲击时，制造业出口数量边际对制造业出口价格边际的负向冲击更大。

第六，短期内，价格边际增长不利于稳定和提高制造业出口增长速度；从长期来看，价格边际增长可以稳定和提高制造业出口增长速度。短期内，数量边际增长有利于稳定和提高制造业出口增长速度；从长期来看，数量边际增长不利于稳定和提高制造业出口增长速度。

七、小结

本章在对 TVP-VAR 模型和 MCMC 估计方法进行梳理的基础上，构造了包含能源环境约束指数、制造业出口增长边际和制造业出口增长速度 3 个变量的时变参数向量自回归模型（TVP-VAR），以研究能源环境约束、制造业出口增长边际以及制造业出口增长速度之间的动态作用关系。

TVP-VAR 模型是在 VAR 模型的基础上加入系数的时变特征，这样会产生两种脉冲响应函数：一是等间隔脉冲响应函数，可以观察被解释变量对解释变量的单位冲击在不同固定时间间隔设定下脉冲响应的时变规律。本章设定提前 1 期、提前 4 期、提前 8 期，分别代表短期、中期和长期来分析模型系统对外生冲击的响应。二是时点脉冲响应函数，可以观察在不同时点上模型变量对结构冲击的响应状况。本书在对 TVP-VAR 模型估计过程中，选取的代表性时点为 2005 年第三季度、2009 年第一季度、2014 年第二季度和 2020 年第一季度。

本章的实证结果表明，能源环境约束、制造业出口增长边际和制造业出口增长速度之间的相互影响在方向及影响程度大小上具有一定的时变特征。

从能源环境约束对制造业出口增长边际和出口增长速度的影响来看：能源环境约束对制造业出口集约边际的负向影响，在 2011 年之后呈现出持续扩大的趋势；能源环境约束在短期内会使扩展边际下降，但会长期激励企业为弥补生产成本上升而进行技术创新，从而使扩展边际增长；能源环境约束对制造业出口价格边际的影响，在 2010 年之前主要表现为短期负向效应，在 2012 年之后主要表现为长期负向效应；能源环境约束对制造业出口数量边际的影响，在 2010 年之前主要表现为短期正向效应，在 2010 年之后主要表现为持续的长期负向效应；能源环境约束在短期内会成为制造业出口增长速度提升的“瓶颈”，但长期对企业技术创新和产品结构调整的“倒逼”反而有助于稳定和提高制造业出口增长速度。

从制造业出口增长边际和出口增长速度对能源环境约束的影响来看：当前中国制造业出口集约边际增长以低能耗、低污染、高技术的行业为主，从而使得集约边际增长在长期推动了能源效率的提高及环境状况的改善；当前中国制造业出口扩展边际增长以中低端产业为主，从而使得扩展边际增长并没有对能源效率提高及环境状况改善产生积极的影响；制造业出口价格边际对能源环境约束产生了持续的正向影响，且随着时间的推移不断扩大；制造业出口数量边际对能源环境约束产生了持续的负向影响，且随着时间的推移不断扩大；制造业出口增长速度对能源环境约束存在非对称性影响，其提升所产生的规模效应会给能源环境约束带来正反两方面的影响。

第八章　协同发展路径和政策建议

在稳定制造业出口增长、优化制造业出口增长结构的同时，减少制造业发展对能源的过度消耗、对环境的污染和破坏，将是目前以及未来很长一段时间我们面临并需要解决的问题。本章通过前文实证分析能源环境约束与制造业出口增长边际转型、出口增长速度的短期和长期动态效应特征，寻求中国制造业出口产品多样化、质量提升与能源环境效率提高的协同发展路径，从而为实现能源、环境与制造业出口增长的和谐统一提出相应的政策建议，最终实现制造业出口的可持续增长。可以说，节能环保与出口增长结构优化是中国制造业实现可持续发展的两个必要条件。

一、协同发展路径

路径，一般指的是事物在发展过程中实现某项目标的具体方式或运动轨迹。而本章所指的制造业出口增长边际转型路径，主要着眼于实现制造业出口由粗放型出口增长方式向集约高效低碳型出口增长方式转型的道路选择。在能源环境约束下，路径选择是要在能源、环境以及制造业出口可持续发展所要求的方向上推动生产投入要素和能源的优化配置、结构调整，最终实现制造业生产方式和出口增长边际的转变。具体来说，就是依据能源、生态环境和制造业发展的基本特征，通过制度创新、技术创新和政策调控来协调它们之间的关系，进一步改革与制造业可持续发展要求不相吻合的能源、环境以及管理制度，并依据制造业行业发展的不同特点寻求一条可行路径。综合文中所有理论分析和实证研究结论可以发现，突破能源环境约束，实现制造业出口可持续增长的路径已经逐渐清晰，即以社会经济和生态效益为目标，搭建能源、环境与制造业出口增长协同发展平台，实现制造业生产系统与能源系统、环境系统的互利共生，形成节能减排与制造业出口增长结构演进的良性互动机制以有效抑制制造业生产活动的负外部性，促进制造业出口增长源泉转变以加快实现制造业生产发展的创新型驱动。

制造业生产活动与能源、生态环境的融合是一个非常复杂的过程，尤其是生态环境和自然资源的公共属性会导致资源配置的低效和生态环境的恶化及生态环境修复的迟缓。因此，仅靠市场的力量和企业主体的自觉自发难以实现制造业生产活动与能源、生态环境的协同发展，需要政府、企业、市场、公众等多层次的配合和大量资金的支持。

能源、环境、制造业出口都是制造业发展中不可缺少的一部分，每一部分功能的不完善以及各部分之间相互协同作用关系的不合理都会影响制造业发展的进程。通过技术、结构、制度和政策保证，可以推动各部分之间达到最优的组合，从而实现制造业整体发展效应的优化并使其各部分的负效应最小。通过对能源环境约束与制造业出口增长边际的相互作用的实证分析可知，粗放型的制造业出口增长模式会增大能源消耗和环境污染，从而加剧能源环境约束，影响制造业出口增长的长期性和稳定性。因此，从目前中国制造业与能源环境的关系来看，加快能源消费结构调整、提高能源利用效率，促进制造业出口增长结构优化升级，才能在制造业发展的同时最大限度地兼顾能源节约与环境保护。这就需要遵循以下基本原则：

1. 经济效益与社会效益的协调

制造业生产规模的超速增长一方面引致了环境污染加重，另一方面拉动了能源消费总量的增长。节约能源、保护环境不一定要牺牲经济利益，但是必须改变制造业发展模式，改变能源消耗的结构。

2. 能源结构调整应与行业结构的调整挂钩

初始的能源供给结构是由能源需求结构决定的，但是能源供给结构一旦形成，就会形成路径依赖。要打破这种依赖需要政府政策调控、技术创新发展以及行业结构调整的带动。

3. 环境管理的政策设计与制度优化

在设计环境规制的政策手段时，需要寻求新的制度安排，通过制度创新来规范利益相关者的经济行为，构建广泛的社会参与机制，并最大限度地发挥市场机制的作用。

4. 能源和行业结构的合理化、高级化与技术创新相融合

知识的积累和技术创新会改变供给结构和需求结构，从而影响制造业发

展。在能源环境约束下，制造业出口增长源泉转换的主要“瓶颈”是技术水平与技术创新机制。只有大力推动技术创新，提高能源使用效率，才能走出一条创新驱动、内生增长的转型道路。

5. 传统制造业改造升级与新兴产业培育并举

传统制造业仍然有着明显的优势地位，其转型升级是制造业实现可持续发展和社会稳定的关键。要从传统制造业中挖掘新的增长点，并抓住新业态的发展机遇培育制造业新增长点，逐步建立低能耗、低物耗、环境友好型的制造业发展模式。

6. 内向型优化与外向型优化相融合

内向型优化可以引导内部市场需求，并增强行业互动和协调，形成产业集聚。外向型优化可以推动国内制造业更深入地参与国际分工和国际竞争，借助产业升级外向推动的传导机制，在更高层次上实现能源、环境与制造业的均衡协调发展。

总体来说，能源、环境、制造业出口之间负反馈作用增强的主要原因在于制造业出口的低质急速扩张，表现在制造业发展所处阶段固有特征的放大、行业结构与能耗结构演进的滞缓、能源系统的“从属、粗放”式发展以及应对能源环境问题的不当举措。因而，实现能源、环境、制造业出口协调发展的关键就在于优化制造业生产和出口结构，而其关键又在于转变制造业出口增长方式。当前，中国制造业出口增长方式转变的重要突破口是激发制造业出口增长内生动力，坚持以创新驱动、绿色发展理念为指导。

二、政策建议

（一）进一步增强公众的绿色可持续发展意识

绿色发展作为新发展理念的重要部分，已经成为指导中国经济社会发展的核心理念之一。促进绿色发展理念自上而下深入人心，对加快制造业出口增长边际转型、探索制造业绿色可持续发展具有重要意义。

1. 增强民众节能环保意识

民众是绿色发展中不可缺少的主体，促使民众对能源消费、循环经济、生态文明建设等形成系统的认知，可以改变消费者的需求，从而推动企业的生产结构和能源消费结构发生转变，客观上有利于促进国内节能环保目标的实现。对此，可以通过广播、电视、报纸等大众传播媒体，以及借助现代化信息平台，创新宣传手段，畅通传播渠道，加大节约资源和保护环境的基本国策和相关法律法规的宣传力度。同时，通过开展各式各样、内容丰富的宣传活动来吸引普通民众积极参与，引导民众树立绿色消费和绿色生活的观念，自觉形成节约能源、维护生态环境的责任意识和参与意识。

2. 融入学校和党政教育体系

在现有教育建制的基础上，从小学、中学到大学，开展节能、环保知识的教育，将绿色发展理念融入课程建设，从小培养正确的绿色发展理念。同时，要加强对党政部门的可持续发展意识的教育。党政机关是节能、环保政策的重要制定者和执行者，因而，在党政教育中融入可持续发展理念将直接影响能源、环境与经济的协调发展的效果。要不断开展学习实践科学发展观活动，强化党政部门人员的生态环保意识，以便更好地发挥党政机关的监管和引导作用。

3. 继续强化企业社会责任感

企业是制造业生产、能源消耗和环境污染的直接参与者，企业节能环保意识的增强直接影响绿色发展目标的实现。政府应该通过向企业宣传和培训国际环保公约、各国能源战略以及环境标准等，来增强其对绿色环保产品的重视程度，将降低能耗、减少环境污染纳入企业的经营决策中，推动低碳清洁技术在生产中的应用。政府在这一过程中要起到引导和监督的作用，加强全过程节约管理，鼓励企业以长远利益为出发点，增强企业的社会责任感，走可持续发展的道路。

（二）优化能源消费结构，构建清洁低碳、安全高效的现代能源体系

受技术水平和资源禀赋的制约，国内制造业无论是整体能源消费结构还是分行业能源消费结构，对煤炭、原油、焦炭等高污染化石能源的消费比例都过高，对天然气和可再生的水电、核电等清洁能源的消费比例则较低，能源消费结构极不平衡。能源消费结构是否合理直接关系着能源效率，也制约着中国制造业出口增长的可持续发展。在能源逐渐枯竭和环境恶化的背景下，必须以改善制造业能源效率为战略目标，推进制造业能源消费结构的转型升级，以逐渐实现制造业增长动能转换，推动制造业出口增长边际转型。

1. 实施能源替代战略

能源资源具有可耗竭性、稀缺性、不可逆性和可替代性的特点，前三个特点使得能源对制造业出口增长形成一种刚性约束，而可替代性使得这种刚性约束得以弱化。能源替代战略就是在可替代性这一弱化作用的基础上提出来的，主要体现在两个方面：

一是生产中各种投入品之间的相互替代，如用资本、劳动等要素来替代能源。这依赖于资本、劳动等生产要素的禀赋以及全要素能源效率的提高。在能源与环境约束下，更应该优化要素禀赋结构，提高劳动、资本等要素的使用效率，从而降低对能源的依赖。劳动、资本效率的提升不仅是指劳动、资本简单的规模扩展，还是指劳动、资本要素质量的提升。通过技术进步，增加高技能劳动人才的使用、提升人力资本存量等，可以优化资本和劳动的配置结构，有利于实现要素和技术的融合，降低能源消耗，提升全要素能源效率。

二是能源间的相互替代，如用可再生能源或新能源替代不可再生能源。这依赖于清洁能源的开发和利用。不可再生能源存量的减少和开发成本的增加以及不可再生能源消耗所带来的环境问题，逐渐成为一个国家制造业发展中的重要制约。由于煤炭、原油、焦炭等传统化石能源的枯竭不可逆转，只有开发和寻找更多的替代能源，才能从根本上缓解能源对制造业出口增长的制约问题，也是中国能源发展和能源结构调整的重要选择。开发可再生能源和新能源已成为当今世界的共识，中国也在能源规划中将可再生能源和新能源的开发与利用放在了重要位置，大力推动清洁能源产业发展，实施可再生能源替代行动。可再生能源主要是指太阳能、风能、水能、生物质能、海洋能和地热能等，其获取成本和环境破坏性较低，对于维持能源利用的可持续性具有重要意义。因此，很多国家将可再生能源作为一种相对于化石能源更优的选择，这也是中国建设资源节约型、环境友好型社会，实现可持续发展的重要路径。开发和推广可再生能源，需要建立必要的能源技术储备。这可以从两个角度来考虑：从国内角度，政府要加大可再生能源研发投入，并对新能源和可再生能源产业在财政税收、价格补贴和消费等方面给予支持，同时通过引入民间资本激活企业在新能源领域的自主创新，从而尽快实现中国新能源产业的规模化扩张与发展；从国外角度，要加强可再生能源开发技术的国际合作与交流，尽快突破可再生能源发展的技术限制，缩短新能源开发技术差距。

总之，可再生能源的开发和有效利用有助于改变中国传统化石能源储量不足、能源结构不合理以及资源分布不均的状况。政府采取立法和各种政策措施支持可再生能源的技术开发、推广和市场开拓，推动可再生能源产业化，可以使可再生能源特别是清洁能源在能源消费结构中的比重不断提高，从而实现制造业能源使用的多元化。

2. 建立合理的能源价格机制

很多研究表明，能源价格与能源效率之间存在长期的均衡关系，调整能源价格可以在一定程度上促使企业主动提高能源利用效率。目前，中国的能源价格管制导致了能源价格存在扭曲，使得经济主体行为与合意目标存在更大的偏离，从而加大了能源、环境的社会成本。要改变这一状况，必须充分发挥市场配置能源的核心作用，即依靠供需关系来调整能源价格，使市场价格能准确、真实地传递能源的价值和稀缺性等信息。为了充分发挥市场的引导作用，实现资源的合理配置和高效利用，政府应该加快推进能源价格的市场化改革，适度减少对能源市场的干预，逐步打破能源供给行业的行政化垄断，加强能源行业的竞争，以能源的稀缺性、可再生性、收益性、不可逆性等供求信息来确定价格。能源的稀缺性通过能源价格体现出来，会促使企业为进一步减少能源消耗而不断进行技术创新，提高现有能源的利用效率或寻找可再生能源进行替代，从而逐步实现能源消费结构的优化升级。

总之，从长期来看，煤炭、原油等化石能源的日益枯竭已经不可逆转，必须调整制造业生产中的能源消费结构，控制和减缓传统能源消费量的过快增长，开发和利用可再生能源，这才是实现中国能源、环境和制造业出口可持续发展的有效途径。

（三）实现环境规制的动态化发展，放大创新补偿效应

从前文的机理分析中可知，环境规制通过遵循成本效应可以制约制造业出口增长，而通过创新补偿效应可以推动制造业出口增长和制造业出口增长结构转型升级。但从实证分析结果中可知，目前国内环境规制措施所产生的创新补偿效应较小，从而没有形成环境约束与制造业出口增长边际之间的长期正相关关系。结合环境库兹涅茨曲线可知，在稳定制造业出口增长、实现制造业出口增长边际转型的同时，环境规制应该不断进行动态调整，使得所制定的环境规制标准与当前的经济发展状况相适应，以最终实现制造业出口

增长与环境的协调发展。

1. 实行行业差异化的环境规制标准

波特假说中提到，适度的环境规制有利于促进企业进行技术创新，从而提高能源环境效率。从整体发展来看，现阶段可以制定相对严格的环境规制政策，但政策不能单一，可以根据各行业能耗强度和污染程度实行差异化的环境规制标准，从而放大环境规制创新补偿效应的推动作用，促进出口产品质量和出口价格的提高。例如，对国内高能耗、高污染的制造业产品制定较高的环境规制标准，以增加其总成本、减少生产，从而引导其发展清洁技术、改变生产模式；对清洁产品和轻工业产品制定较低的环境规制标准，以降低其总成本、推动生产，从而使得行业有更多的资金进行技术改进和创新，推动行业整体生产效率的提升。

另外，制定和实施差异性的环境规制政策，不仅可以使行业的成本挤占效应和创新补偿效应发生变化，而且能够促使物质和人力资本等要素流向更为清洁的产品生产和出口，从而更有效地发挥波特假说，不断优化制造业出口增长结构。

2. 多样化环境规制手段

前文提到环境规制可以按照实施主体的不同，分为命令控制型、市场激励型和自愿型。命令控制型环境规制虽然在短期内能够迅速达成环境规制的目标，但成本相对较高且效率偏低，而市场激励型和自愿型环境规制更容易激发企业的主动性，推动技术创新。单一化的环境规制手段会限制环境规制政策的实施效果，因此，应充分借鉴发达国家的一些先进经验，实现规制手段的多元化，加强市场激励型环境规制的运用，鼓励企业开展自愿型环境规制。例如，对于污染密集型的生产行业，由于其具有较大的污染排放量，必须通过进行总量控制、规定清洁生产标准、征收排污费用等行政与市场相结合的环境规制手段才能降低污染。对于轻度污染或清洁生产型行业，由于其对环境破坏的程度较低，应重点使用市场激励型和自愿型环境规制手段，激励企业主动采用环保技术达到规制要求，尤其是要推进环境自愿协议、信息披露、环境认证等环境保护新手段的使用，使企业能通过自愿减排获益，最终实现在降低规制成本的同时达到减排和治污的目标。

另外，在政府可选择的经济管制手段如税收、排污费用、排污权交易权等实施中，还需要注意几个问题：一是根据环境资源的定价、产品对环境影响的程度等多种因素制定合理的环境税税率，并多样化环境保护的税种，以完善环境税制；二是应加快制定更加合理的排污费用制度，使对产生负外部效应的经济主体所征收的相关费用能够弥补治理环境污染的成本支出；三是大力推广排污权交易，由市场对企业环保行为进行激励和补偿。

3. 拓宽环境治理的融资渠道

企业生产技术的创新研发需要一定的时间和大量的资金投入，而严格的环境规制会在短期内大幅增加企业的生产成本，从而对企业技术创新产生成本挤占效应。在严格环境规制的同时，如果配套以资金支持，则有助于减轻环境规制的成本挤占效应给企业发展带来的压力，使企业有更多的资金进行研发创新，改进产品生产的工艺流程，从而提高出口产品技术含量，降低能耗和环境污染。这也是强化环境规制技术补偿效应、解决制造业出口增长与能源节约、环境保护之间矛盾的有效途径之一。利用资本市场，拓宽环保投入融资渠道可以从以下几个方面着手：

一是加大“绿色金融”的推广力度。金融部门可以通过推行绿色信贷制度，优先考虑向污染控制和清洁生产的企业提供贷款，引导更多资金流向资源节约型技术开发和生态保护产业，并抑制对高能耗、高污染产业的投资，从而实现淘汰落后产业、化解过剩产能的新目标。

二是鼓励外商投资环保产业。各地方政府在采取严格的环境规制时应配套相应的外资激励措施以鼓励外商投资环保产业。例如，给予优惠贷款，对绿色外贸导向型产品提供信贷和税收优惠，对外资企业环境投资项目在贷款利率、还款条件及折旧等方面提供优惠等。

三是推行 PPP 合作模式。政府可以通过财政资金或专项基金增加对环境保护基础设施的投入，同时为缓解政府财政压力，可以通过完善环保投入的利益补偿机制、推进环保设施的有偿使用，更多地吸引社会资本参与国内环保建设，允许其在法定范围内进行自主经营和自负盈亏。

最终在污染治理和环境保护领域，逐步建立起财政资金、外资和民间资本等共同参与的多元化融资机制，从而抑制短期内因为研发新技术和新产品带来的成本上升，激发环境规制的贸易创造效应和贸易技术效应。

4. 完善环境准入和准出制度

随着全球环境状况的不断恶化，较为严格的环境规制已经成为必然的趋势。政府部门要加强环境规制，还需要建立合理的环境准入和准出制度，以进一步推进环境成本的内部化。具体体现在：一是建立合理的环境准入标准，严格审查承接的国外产业项目。在引进国外投资项目进行全面评估时，需要加大环境评估的力度，并落实地方政府的环境责任，防止国外将高耗能、高污染的产业转移到国内，避免成为发达国家的“污染避难所”。二是建立合理的环境标准，从制度上保证产品出口品质。在未来的很长一段时间内，环境领域的技术法规和技术标准将成为发达国家最常用的贸易壁垒。因此，制定与国际接轨的环境规制标准，从制度上保证出口产品的绿色化水平提升，可以突破国外环境壁垒的限制，使出口产品顺利进入国际市场，从而有助于推进环境成本内部化进程，有效促进出口增长结构优化。

（四）推动技术进步，建立、健全技术创新机制

无论是从理论角度还是实证角度分析，技术创新都是缓解能源环境约束的最佳路径，同时技术创新也是解决制造业出口增长对能源消耗、环境产生负面影响的有效途径。出口企业通过技术进步，能够有效地提高能源的使用效率，缓解对某种特定能源特别是不可再生能源的过度依赖，从而有效防范风险、降低环境污染，保证制造业出口增长的可持续性。

1. 推动绿色技术发展

绿色技术创新是企业技术创新的一种，以节约能源、环境保护为目的，主要包括先进能源技术、环保技术、清洁生产技术等的创新。积极有效的绿色技术创新才是解决能源、环境与制造业出口增长冲突的根本手段。绿色技术主要是指：一是先进能源技术，可以从提高可利用能源流量、提高能源效率、找到能源的替代品三个方面催化能源消费结构优化升级。其中，新的能源技术不仅可以实现国内现有能源的科学开发和有效利用，而且可以推动能源工业企业到国外进行能源开发投资，从而提高可利用能源流量。而节能技术主要是根据用能情况、能源类型分析目前经济增长的能耗现状，找出能源浪费的原因及节能空间，然后采取相应的技术手段减少能源浪费和实现循环利用，达到能源消耗强度下降、提高能源效率的目的。新的能源技术有利于实现新能源和可再生能源的开采和加工，能够使更多替代能源进入生产领域，降低传统能源的比重。二是环保技术。环保技术是指对环境治理的技术，包括制造业生产中的废水、废物、废气等的处理技术和利用技术。创新和应用环保技术，不仅可以提高环境治理的能力和效率，降低生产中排放物对环境

的危害程度，而且可以推动循环经济的实现，使环境治理和能源的永续利用结合起来。发展循环经济要求制造业企业实施清洁生产，从源头上减少污染物的产生，这是保护环境标本兼治的方式。

要建立绿色技术创新机制，需要将绿色技术国内自主研发与国外引进相结合。具体措施包括：政府进行专项拨款，加大环保科学研发投入；以企业为主，联合企业、高校和科研机构，建立绿色技术研发中心；鼓励企业进行联合绿色技术创新，发挥规模效应；加大对相关领域科研人才的培养力度，健全科研创新激励机制，培养更多高素质的科研人才队伍；从发达国家引进先进的绿色环保技术与设备，改进和更新高耗能、高污染的生产设备与工艺流程；加强国际能源技术合作，积极参与清洁发展机制项目的国际合作；等等。最后，要提高企业的绿色技术创新研发转换率，确保绿色技术创新在实现环保效益的同时还能产生经济效益。

2. 推动非能源密集型产业的技术创新

技术创新不仅能够提高企业绿色全要素能源生产率，同时可以提高产品质量、创造出新的产品种类，从而推动制造业出口增长边际转型。因此，政府应加大力度实施非能源密集型产业的技术创新，既要保持较高的物质资本投入，也要培育相应的人力资本，在硬件和软件上不断提高制造业生产技术水平。具体来说，一方面政府应通过加大资金、金融扶持力度、完善信用担保体系等，加大对企业研发投入的政策支持；另一方面要加快国内创新制度和创新环境的培育，吸引优秀的留学人才回国创业，并鼓励企业重视对员工的技术培训、加大人才储备、进行校企合作等。除此之外，还应加大技术与设备引进，以借助外部力量吸收和创造技术的方式提高本国制造技术水平。总之，制造业企业只有提高自主创新水平和能力，拥有自主核心技术，才能提高产品附加值，打破全球价值链的低端锁定，实现出口增长从低价格的“以量取胜”转向高价格的“以质取胜”，从而避免低质量、高数量引起的能源效率低下和环境破坏。

3. 完善知识产权保护

企业的技术创新活动存在技术外溢效应，使得一些企业可以通过“搭便车”的行为获取技术外溢的好处而放弃自主研发，也使得从事自主研发的企业因无法弥补研发支出而出现损失。可以说，技术外溢已成为企业研发动力不足的影响因素之一。企业的技术创新投入若不能得到相应的经济效益，则会严重打击企业继续创新的积极性。因而，加强知识产权保护，不断完善知识产权保护法律体系，加大对知识产权侵权行为打击力度，为技术创新提供制度保障，不仅能够消除“搭便车”行为，也能够降低技术外溢给研发企业造成的损失，激励企业更多地开展研发活动。除此之外，若可以对技术外溢的企业给予适当的财政补贴，不仅可以维持并增强企业的创新活力，也能够逐渐实现创新成果在国内生产中的推广应用，最终产生知识积累效应，实现“中国制造”向“中国智造”的转型发展。

（五）优化制造业结构，打造环境友好型制造业生产模式

中国加入世界贸易组织后，已经进入工业化的加速发展时期，重工业和化学工业等高能耗的资本密集型产业发展迅速，不仅导致制造业行业结构发展不平衡，也使国内能源消耗居高不下。而制造业产业结构的优化调整已经不再是一般意义上的“补短”，而是高耗能、高污染行业比重的下降以及制造业内部行业的比例调整和结构升级。正如前文所提到的，能源、环境与制造业出口最终统一于制造业生产中，要实现能源节约与环境友好型制造业出口增长边际转型升级，路径优化，需要减少高耗能、高污染行业的产出规模，并增加低耗能、低污染行业的产出规模，调整制造业生产结构、实现能源消耗量最小或污染排放量最低的目标。要优化制造业的生产结构，促进其转型升级，由污染密集型产品的生产转向清洁型产品的生产，提升其在全球价值链中的地位，可以从以下几个方面着手。

1. 加快实现对传统制造业的技术改造

中国制造业的比较优势长期依赖于一些传统行业，这些传统行业虽然资源消耗相对较高、经济效益较低，但其能够创造大量的就业机会，从而推动国民经济发展。对传统制造业的改造升级不仅关系到中国经济的发展，还影响到社会的安全与稳定。同时，从长远角度来看，由于劳动力成本上升，投入产出不合理等因素的影响，传统制造业发展会受到更加明显的能源环境约束，从而影响制造业整体国际竞争力的提升。因此，对传统产业进行技术改造，加快传统优势产业的转型升级十分必要。对传统制造业的改造要以高科技为支撑，以信息化为引擎，推动其向高端、精品、低资源密集度、深加工等方向发展，逐步淘汰落后产能，引进先进的设备和管理模式，实现传统制造业的发展向高附加值、低能耗双重目标的转变，提高其竞争能力。

2. 推动能源密集型产业转型升级

能源密集型产业一般是指高耗能、高污染的行业，如制造业中的非金属矿物制品、石油、炼焦产品等，目前其在制造业中的比重仍然较高，这是造成国内制造业整体能源效率低下、环境质量降低的重要原因。因而，要在高耗能、高污染的能源密集型行业中全面推广节能技术，通过产业结构调整，降低高能耗行业比重。主要做到：一要围绕绿色、环保、安全等要求，对能源密集型企业的生产装备、生产工艺等进行技术改造、及时更新，并在生产活动中推进新技术、新工艺、新装备的使用，使能源浪费、污染排放得到最大限度的控制。二要完善相关行业的退出和准入机制，加速淘汰效益低下的落后产能行业，促进能源密集型产业之间的兼并与重组，形成规模优势，提高行业竞争力。

3. 大力推进高新技术产业发展

高新技术产业以技术密集型、知识密集型产业为主，其还具有能源消耗低、环境污染少等特点。因此，推动高新技术产业发展不仅能够改善制造业生产和出口结构，而且有利于实现能源节约、环境保护的目标。要在已有的高新技术产业的基础上，不断提高高新技术的研发能力，促进高新技术成果不断转化，推动高新技术产业规模化程度提升，从而辐射更多产业实现技术水平提升，打造高端化、现代化的制造业产业体系。同时，要突破技术创新“瓶颈”，结合中国经济与社会发展重大科技需求，重点培育一批战略性新兴产业，如电子信息、新型材料和新能源、智能机器与装备制造业、航空航天、生物制药等。这些新兴产业不仅可以减少能源消耗、降低环境污染，而且有助于推进中国制造业生产结构的调整和升级，为中国实现制造业强国战略奠定基础。在培育过程中，必须坚持政府引导与市场配置相结合，科技创新与实现产业化相结合，以企业为主体，把战略性新兴产业培育成为社会经济的先导产业和支柱产业。

总之，在现有的经济条件下，制造业要想获得更好的发展就要依靠创新驱动，坚持绿色发展的理念，从供给源头提升出口产品的核心竞争力和产品质量。未来制造业发展要想突破能源环境的约束，就要利用绿色技术逐步建立符合现代产业体系要求的低能耗、低物耗、低污染排放的发展模式，最后形成一个全方位、多层次、可持续发展的制造业行业结构。

（六）实施可持续发展的出口战略，转变出口增长方式

中国制造业出口规模已经在全球领先，但出口质量和出口效益仍然与世界平均水平存在较大差距，这与制造业的粗放式发展模式有关。因而，必须加快调整制造业出口产品结构，增加自主知识产权和高附加值产品的出口比重，不断改善贸易条件，并在巩固和发展已有市场的基础上努力开辟新兴市场，从而转变制造业出口增长方式。制造业出口增长方式的转变不仅有利于缓解能源环境对制造业出口稳定增长的约束，也有利于减少制造业出口对能源环境的负面冲击。

1. 调整制造业出口产品结构

在制造业出口对能源环境的影响中，规模效应可以说是造成能源环境约束增大的主要原因，而结构效应和技术效应需要进一步提升。因此，在制造业出口增长中，需要适度控制某些产品的出口规模，调整出口产品结构，具体建议如下：

一是改变过去以扩大出口规模为主要目标的出口思路，严格控制高能耗、高污染产品的出口。在不断减小该类产品生产规模的基础上，通过制定和完善绿色贸易清单，综合运用差别化的关税、出口退税等政策手段，进一步抑制“两高一资”型产品的出口。同时，适当扩大该类产品的进口，从而缩窄制造业贸易顺差的幅度。这不仅有利于协调本国与贸易伙伴之间的关系，还可以缓解贸易的规模效应对能源消耗、环境质量恶化造成的压力，为制造业出口创造良好的国内外环境。

二是逐渐增加清洁产品的出口比重和产品种类。随着全球环保意识的不断增强，对清洁产品的需求会越来越大，这类产品将逐渐成为中国制造业出口的新增长点。为此，政府应该制定清洁产业发展规划，重视绿色产品的开发，通过精细加工、深加工等方式增加出口产品的绿色技术含量，丰富绿色产品出口种类。同时，采用绿色环保营销理念，从绿色包装、绿色宣传、绿色认证等方面对出口产品进行升级。为了进一步促进中国制造业清洁产品的出口，还应该实行较为优惠的关税，实行出口退税、出口信贷等制度。

三是鼓励高新技术产品出口，提升制造业出口产品形象和出口收益。高新技术产品属于低耗能、低污染、高收益行业，扩大其出口不仅能改变原有对中国制造低价低质的认知、提高中国制造业在全球价值链中的地位，而且

有助于推动制造业出口增长结构转型升级。通过出口补贴、出口退税、出口信贷等财政和金融扶持政策，可逐渐实现以资源密集型、劳动密集型为主转向以技术密集型、知识密集型为主的高新技术产品出口。

总之，实行出口商品多元化战略，调整出口产品结构，使国内产品能够有更多种类符合国际市场的发展趋势，将有助于应对外部环境的不利冲击，从而在一定程度上减弱能源环境的约束，以及减轻出口对能源环境造成的压力。

2. 继续推动出口市场多元化

中国在 20 世纪 90 年代已经提出了市场多元化的战略，并取得了一定成效。但从目前的出口市场比重来看，尽管制造业出口市场集中度情况较之以前有所改善，但由于地缘、文化、经济发展程度等因素，中国制造业产品出口仍然集中于传统市场。要推动中国制造业出口增长结构优化升级不能依赖于传统的发达国家市场，而应该加大对发展中国家市场的出口，特别是对一些新兴国家或发展潜力较大的市场的出口。进入经济规模相对较小的发达国家市场或者发展中国家市场可能是更好的选择，特别是对于制造业新产品来说，要实现出口增长，进入经济规模较小的市场成功的可能性会更大。这不仅有助于增加扩展边际，同时有助于在面临外部冲击时，稳定制造业出口增长，改善贸易条件。

当然，要在巩固传统出口市场的基础上，深入实施市场多元化战略，加强同发展中国家和市场的经贸关系，需要政府在出口政策上给予适当的倾斜，包括提供优惠贷款、出口担保、出口退税等。同时，可以借助“一带一路”倡议的推行，加强经贸联系，不断实现贸易便利化，降低交易成本，使中国制造业企业有更多机会参与到高层次的竞争格局中，持续扩大中国制造业出口产品的影响力，保持制造业出口的稳定增长。

3. 积极推进贸易自由化进程

中国应该继续积极推进贸易自由化进程，从而降低贸易成本，减轻能源环境约束所带来的成本压力。降低双边贸易成本，推动双边贸易自由化进程，是促进中国制造业出口结构优化的有效途径。由于出口固定成本主要涵盖关税、非关税壁垒和国内的制度障碍，因此，降低的途径在于多边、双边之间经贸方面的友好合作。也就是说，国家通过签订多边贸易协定、双边贸易协定或建立自由贸易区，帮助企业获得市场准入、促进贸易简化等，能有效降低出口固定成本。同时，政府应当鼓励企业改变贸易方向，将产品优先向周边国家和地区出口或改善基础设施建设等，以减少运输成本费用所带来的可变贸易成本。最后，在中国未来推行的贸易自由化进程中，要想推动多边和双边合作的进行，需要政府加强内部制度的改革，以此获取相应贸易伙伴的让步，从而降低中国制造业出口所面临的各种贸易成本。

参考文献

[1]AGHION P, HOWITT P. Endogenous growth theory[M]. Boston: The MIT Press, 1998.

[2]AMITI M, FREUND C. The anatomy of China's export growth[R]. IMF: Paper Presented at the Trade Conference, 2007.

[3]AMURGO-PACHECO A, PIEROLA M D. Patterns of export diversification in developing countries: intensive and extensive margins[R]. Policy Research of World Bank Working Paper, 2008.

[4] ANDERSSON M. Entry costs and adjustments on the extensive: an analysis of how familiarity breeds exports[R]. CESIS Working Paper, 2007.

[5]ANTWEILER W, COPELAND B R, TAYLOR M S. Is free trade good for the environment? [J]. American Economic Review, 2001(9): 877-907.

[6]APERGIS N, PAYNE J E. Renewable energy, output, carbon dioxide emissions,and oil prices: evidence from South America[J]. Energy Sources, Part B: Economics, Planning and Policy, 2015, 10(3): 281-287.

[7] ARBEX M, PEROBELLI F S. Solow meets Leontief: economic growth and energy consumption[J]. Energy Economics, 2010, 32(1): 43-53.

[8]ARROW K J. The economic growth and the environment[J]. Review of Economic Studies, 1962, 29(6): 155-173.

[9] BALDWIN R. The euro's trade effects [R]. European Central Bank Working Paper, 2006.

[10]BERNARD A, JENSEN J, REDDING S, et al. The margins of U.S. trade[J]. American Economic Review, 2009, 99(2): 487-493.

[11]BERNARD A, REDDING S, SCHOTT P. Comparative advantage and heterogeneous firms[J]. Review of Economic Studies, 2007, 74(1): 31-66.

[12]BESEDES T, PRUSA T J. The role of extensive and intensive margins

and export growth[R]. NBER Working Paper, 2010.

[13]BRODA C, WEINSTEIN D E. Globalization and the gains from variety [J]. Quarterly Journal of Economics, 2006, 121(2): 541-585.

[14]CHANEY T. Distorted gravity: the intensive and extensive margins of international trade[J]. American Economic Review, 2008, 98(4): 1707-1721.

[15]CHRISTOPHER L W, MATTHEWS H S. Embodied environmental emissions in U. S. international trade, 1997—2004[J]. Environmental Science & Technology, 2007, 41(14): 4875-4881.

[16]CHUNG Y H, FÄRE R, GROSSKOPF S. Productivity and undesirable outputs: a directional distance function approach[J]. Journal of Environmental Management, 1997(51): 229-240.

[17]COPELAND B, TAYLOR S. North-South trade and the environment[J]. Quarterly Journal of Economics, 1994, 109(3): 755-787.

[18]CROZET M, KOENIG P. Structural gravity equations with intensive and extensive margins[J]. Canadian Journal of Economics, 2010, 43(1): 41-62.

[19]DEAN J M. Trade and the environment: a survey of the literature[J]. Policy Research Working Paper Series, 1992, 68(10): 103-116.

[20]DEAN J M. Does trade liberalization harm the environment? A new test [J]. Canadian Journal of Economics, 2002, 35(4): 819-842.

[21]DIETZENBACHER E, MUKHOPADHYAY K. An empirical examination of the pollution haven hypothesis for India: towards a Green Leontief Paradox? [J]. Environmental and Resource Economics, 2007, 36(4): 427-449.

[22]DIMARANAN B, IANCHOVICHINA E, MARTIN M. Competing with giants: who wins, who loses? [R]. World Bank and the Institute for Policy Studies, 2007.

[23]DINDA S. Environmental Kuznets Curve hypothesis: a survey[J]. Ecological Economics, 2004, 49(4): 431-455.

[24]DUTT P, MIHOV I, ZANDT T V. Does WTO matter for the extensive and the intensive margins of trade? [R]. CEPR Discussion Papers, 2011.

[25]EATON J, ESLAVA M, KUGLER M, et al. Export dynamics in Colombia: firm-level evidence[R]. NBER Working Paper, 2007.

[26]EATON J, KORTUM S, KRAMARZ F. An anatomy of international trade:

evidence from French firms[R]. New York University: Technical report, 2004.

[27]EATON J, KORTUM S. Technology, geography, and trade[J]. Econometrica, 2002, 70(5): 1741-1779.

[28]ELHIRAIKA A B, MBATE M M. Assessing the determinants of export diversification in Africa[J]. Applied Econometrics and International Development, 2014, 14(1): 147-160.

[29]FÄRE R, GROSSKOPF S, LINDGREN B, et al. Productivity changes in Swedish pharamacies 1980—1989: a non-parametric malmquist approach[J]. 1992, 3(1): 81-97.

[30]FEENSTRA R, KEE H L. Export variety and country productivity: estimating the monopolistic competition model with endogenous productivity[J]. Journal of International Economics, 2008, 74(2): 500-518.

[31]FEENSTRA R, KEE H L. On the measurement of product variety in trade[J]. American Economic Review, 2004, 94(2): 145-149.

[32]FELBERMAYR G J, KOHLER W. Exploring the intensive and extensive margins of world trade[J]. Review of World Economics, 2006, 142(4): 642-674.

[33]FLAM H, HELPMAN E. Vertical product differentiation and North-South trade[J]. American Economic Review, 1987, 77(5): 810-822.

[34]FREUND C, PIEROLA M D. Export surges: the power of a competitive currency[R]. Policy Research Working Paper of the World Bank, 2008.

[35]GALSTYAN V, LANE P R. External imbalances and the extensive margin of trade[J]. Economic Notes, 2008, 37(3): 241-257.

[36]GROSSMAN G M, KRUEGER A B. Economic growth and the environment[J]. Quarterly Journal of Economics, 1995, 110(2): 353-377.

[37]HALLAK J C, SIVADASAN J. Firms' exporting behavior under quality constraints[R]. Working Papers, 2009.

[38]HALLAK J C. Product quality and the direction of trade[J]. Journal of International Economics, 2006, 68(1): 238-265.

[39]HELPMAN E, MELITZ M, RUBINSTEIN Y. Estimating trade flows: trading partners and trading volumes[J]. Quarterly Journal of Economics, 2008, 123(2): 441-487.

[40]HESSE H. Export diversification and economic growth[R]. World Bank: Commission on Growth and Development Working Paper, 2008.

[41]HILLBERRY R H, MCDANIEL C A. A decomposition of North American trade growth since NAFTA[R]. Office of Economics Working Paper, 2002.

[42]HONDROYIANNIS G, LOLOS S, PAPAPETROU E. Energy consumption and economic growth: assessing the evidence from Greece[J]. Energy Economics, 2002, 24(4): 319-336.

[43]HÜBLER M, KLEPPER G, PETERSON S. Costs of climate change: the effects of rising temperatures on health and productivity[J]. Ecological Economics, 2008, 68(1-2): 381-393.

[44]HUMMELS D, KLENOW P J. The variety and quality of a nation's exports[J]. American Economic Review, 2005, 95(3): 704-723.

[45]IMTIAZ AHMAD, ZAFAR MAHMOOD. Firms' heterogeneity and margins of trade under uncertainty[J]. The Journal of International Trade & Economic Development, 2020, 29(3): 272-288.

[46]KAHRL F, ROLAND-HOLST D. Energy and exports in China[J]. China Economic Review, 2008, 19(4): 649-658.

[47]KANCS A. Trade growth in a heterogeneous firm model: evidence from South Eastern Europe[J]. World Economy, 2007, 30(7): 1139-1169.

[48]KEHOE, TIMOTHY J, RUHL, et al. How important is the new goods margin in international trade? [J]. Journal of Political Economy, 2013(10): 1-40.

[49]KRAFT J, KRAFT A. On the relationship between energy and GNP[J]. Journal of Energy Finance and Development, 1978, 3(2): 401-403.

[50]KRUGMAN P. Increasing returns, monopolistic competition, and international trade[J]. Journal of International Economics, 1979, 9(4): 469-479.

[51]KRUGMAN P. Scale economies, product differentiation, and the pattern of trade[J]. American Economic Review, 1980, 70(5): 950-959.

[52]KUMAR S, RUSSELL R. Technological change, technological catch-up, and capital deepening: relative contributions to growth and convergence[J]. American Economic Review, 2002, 92(3): 527-548.

[53]LAWLESS M. Deconstructing gravity: trade costs and extensive and in-

tensive margins[R]. MPRA Paper, 2008.

[54]LEE H, ROLAND-HOLST D. International trade and the transfer of environmental costs and benefits [J]. OECD Development Centre Working Papers, 1993, 18(30): 3241-3244.

[55]LI J L, LIN B Q. The sustainability of remarkable growth in emerging economies[J]. Resources, Conservation and Recycling, 2019(145): 349-358.

[56]LU W CH. The impacts of information and communication technology, energy consumption, financial development, and economic growth on carbon dioxide emissions in 12 Asian countries[J]. Mitigation and Adaptation Strategies for Global Change, 2018(2): 1-15.

[57]LUCAS R E. On the mechanics of economic development[J]. Journal of Monetary Economics, 1988, 22(1): 3-24.

[58]LUONG T A, CHEN W C. Extensive and intensive margins of exports and labor heterogeneity [J]. Review of Development Economics, 2016, 20(1): 201-213.

[59]MAHADEVAN R, ASAFU-ADJAYE J. Energy consumption, economic growth and prices: a reassessment using panel VECM for developed and developing countries[J]. Energy Policy, 2007, 35(4): 2481-2490.

[60]MANOJ ATOLIA, YOSHINORI KUROKAWA. The impact of trade margins on the skill premium: evidence from Mexico[J]. Journal of Policy Modeling, 2016, 38(5): 895-915.

[61]MANOVA K, ZHANG Z. Export prices and heterogeneous firm models [R]. NBER Working Paper, 2009.

[62]MARIANNE MATTHEE, MARIA SANTANA-GALLEGO. Identifying the determinants of South Africa's extensive and intensive trade margins: a gravity model approach[J]. South African Journal of Economic and Management Sciences, 2017, 20(1): e1-e13.

[63] MATÍAS B. Chilean export performance: the role of intensive and extensive margins[R]. Central Bank of Chile: Working Papers, 2011.

[64]MATHUR S K, SAHU S, THORAT I G, et al. Does domestic energy consumption affect GDP of a country? A panel data study[J]. Global Economy Journal, 2016, 16(2): 229-273.

[65]MEHRARA M. Energy consumption and economic growth: the case of oil exporting countries[J]. Energy Policy, 2007, 35(5): 2939-2945.

[66]MELITZ M. The impact of trade on intra-industry reallocations and aggregate industry productivity[J]. Econometrica, 2003, 71(6): 1695-1725.

[67]MINETTI R, ZHU S. Credit constraints and firm export: microeconomic evidence from Italy [J]. Journal of International Economics, 2011, 83 (2): 109-125.

[68]MOON Y S, SONN Y H. Productive energy consumption and economic growth: an endogenous growth model and its empirical application[J]. Resource & Energy Economics, 1996, 18(2): 189-200.

[69]MUÛLS M. Exporters and credit constraints: a firm-level approach[R]. National Bank of Belgium Working Paper Research, 2008.

[70]MUÛLS M. Exporters, importers and credit constraints[J]. Journal of International Economics, 2015, 95(2): 333-343.

[71]NORDHAUS W D, ROBERT N S, MARTIN L W. Lethal model 2: the limits to growth revisited[J]. Brookings Papers on Economic Activity, 1992(2): 1-59.

[72]O'BANNON C, CARR J, SEEKELL D A, et al. Globalization of agricultural pollution due to international trade[J]. Hydrology and Earth System Sciences Discussions, 2013, 10(8): 11221-11239.

[73]PORTER M E. America's green strategy[J]. Scientific American, 1991, 264(4): 1-5, 68.

[74]R ÁLVAREZ, S CLARO. The China price: evidence and some implications[J]. Estudios de Economia, 2006(33): 117-140.

[75]RASCHE R H, TATOM J A. The effects of the new energy regime on economic capacity, production, and prices[J]. Federal Reserve Bank of St. Louis Review, 1977, 59(5): 2-12.

[76] ROMER D. Advanced macroeconomics [M]. 2nd edition. Shanghai: Shanghai University of Finance & Economics Press, 2001.

[77]ROMER P M. Increasing returns and long-run growth[J]. Journal of Political Economy, 1986, 94(5): 1002-1037.

[78]ROSENBLATT M. Remarks on some nonparametric estimates of a density

function[J]. The Annals of Mathematical Statistics, 1956, 27(3): 832-837.

[79] RUHL K. Solving the elasticity puzzle in international economics[R]. University of Minnesota Working Paper, 2003.

[80] S GIL-PAREJA, R LLORCA-VIVERO, J Antonio Martínez-Serrano. A re-examination of the effect of GATT/WTO on trade[J]. Open Economies Review, 2016, 27(3): 561-584.

[81] SANG-WOOK CHO, JULIÁN P DÍAZ. The dynamics of trade margins: evidence from the European integration[J]. Economics Letters, 2018 (167): 90-96.

[82] SCHOU P. Polluting non-renewable resources and growth[J]. Environmental and Resource Economics, 2000(16): 211-227.

[83] SOYTAS U, SARI R. Energy consumption, economic growth, and carbon emissions: challenges faced by an EU candidate member[J]. Ecological Economics, 2009, 68(6): 1667-1675.

[84] STEFANO D'ADDONA, LILIA CAVALLARI. External shocks, trade margins, and macroeconomic dynamics[J]. Economies, 2020, 8(1): 6.

[85] STEVENS C. The environmental effects of trade[J]. World Economy, 1993, 16(4): 439-451.

[86] STERN D I. Energy and economic growth is the USA: a multivariate approach[J]. Energy Economics, 1993, 15(2): 137-150.

[87] SUN Z L, LI X D. The trade margins of Chinese agricultural exports to ASEAN and their determinants[J]. Journal of Integrative Agriculture, 2018, 17(10): 2356-2367.

[88] TIAN, D W, HU N, WANG X, et al. Trade margins, quality upgrading, and China's agri-food export growth[J]. China Agricultural Economic Review, 2016, 8(2): 277-298.

[89] WHEELER D. Racing to the bottom: foreign investment and air pollution in developing countries[J]. Policy Research Working Paper, 2001, 10(3): 225-245.

[90] YASMINE KAMAL, CHAHIR ZAKI. How do technical barriers to trade affect exports? Evidence from egyptian firm-level data[J]. Journal of Economic Integration, 2018, 33(4): 659-721.

[91]YU E S H，CHOI J Y. The causal relationship between energy and GNP：an international comparison[J]. Journal of Energy and Development，1985，10(2)：249-272.

[92]蔡海霞．能源约束、技术进步与中国经济增长可持续性[J]．资源科学，2014，36(5)：946-953.

[93]蔡勇，刘先忠．能源约束下的经济增长模型[J]．应用数学，2005(S1)：158-162.

[94]曹亮，袁德胜，何成杰，等．中国对东盟出口增长的三元边际研究[J]．统计与决策，2014(16)：110-113.

[95]陈刚，余燕春．能源约束对出口贸易结构影响的实证分析[J]．国际商务(对外经济贸易大学学报)，2009(3)：10-15.

[96]陈林生，李刚．资源禀赋、比较优势与区域经济增长[J]．财经问题研究，2004(4)：63-66.

[97]陈亚，张志强，周志翔，等．中国制造业全要素能源效率分析：基于地区和细分行业双重视角[J]．北京理工大学学报(社会科学版)，2019，21(2)：48-58.

[98]陈勇兵，陈宇媚，周世民．贸易成本、企业出口动态与出口增长的二元边际：基于中国出口企业微观数据2000—2005[J]．经济学，2012，11(4)：1477-1502.

[99]陈勇兵，王晓伟，谭桑．出口持续时间会促进新市场开拓吗：来自中国微观产品层面的证据[J]．财贸经济，2014(6)：79-89，99.

[100]陈钊，陈乔伊．中国企业能源利用效率：异质性、影响因素及政策含义[J]．中国工业经济，2019(12)：78-95.

[101]俞海峰，符建华．中国产品内贸易对环境的影响效应[J]．当代经济研究，2015(2)：62-66.

[102]董斌昌，杜希垚．中国能源消费与出口贸易之间关系的实证研究[J]．广西财经学院学报，2006(5)：98-100.

[103]高越，任永磊，冯志艳．贸易便利化与FDI对中国出口增长三元边际的影响[J]．经济经纬，2014，31(6)：46-51.

[104]关伟，金一．中国能源利用、经济增长演进对生态环境的脉冲响应[J]．经济地理，2020，40(2)：31-40.

[105]韩智勇，魏一鸣，范英．中国能源强度与经济结构变化特征研究[J].

数理统计与管理，2004(1)：1-6，52.

[106]何洁．国际贸易对环境的影响：中国各省的二氧化硫(SO_2)工业排放[J]．经济学(季刊)，2010，9(2)：415-446.

[107]黄慧微．能源经济效率、能源环境绩效与区域经济增长关系研究[J]．生态经济，2018，34(8)：86-91.

[108]黄永明，何剑峰．环境规制差异对出口升级的影响：基于我国省际面板数据的研究[J]．国际商务(对外经济贸易大学学报)，2017(1)：5-15.

[109]金碚．资源与环境约束下的中国工业发展[J]．中国工业经济，2005(4)：5-14.

[110]孔淑红，周甜甜．我国出口贸易对环境污染的影响及对策[J]．国际贸易问题，2012(8)：108-120.

[111]李冬，杨万平．面向经济高质量发展的中国全要素生产率演变：要素投入集约还是产出结构优化[J]．数量经济技术经济研究，2023，40(8)：46-68.

[112]李国璋，霍宗杰．中国能源消费、能源消费结构与经济增长：基于ARDL模型的实证研究[J]．当代经济科学，2010，32(3)：55-60，125-126.

[113]李坤望，孙玮．我国进出口贸易中的能源含量分析[J]．世界经济研究，2008(2)：3-7，86.

[114]李亮，马树才，徐腊梅．中国出口贸易增长的动力：种类、数量抑或价格：基于三元边际对中国机械运输设备出口增长的分析[J]．价格理论与实践，2019(11)：61-65.

[115]李鹏，王蕾．能源转型与工业经济增长动能转换[J]．兰州财经大学学报，2023，39(6)：82-96.

[116]李平，慕绣如．波特假说的滞后性和最优环境规制强度分析：基于系统GMM及门槛效果的检验[J]．产业经济研究，2013(4)：21-29.

[117]李平，丁世豪．进口技术溢出提升了制造业能源效率吗？[J]．中国软科学，2019(12)：137-149.

[118]李世祥，王楠，吴巧生，等．贫困地区能源与环境约束下经济增长尾效及其特征：基于中国21个省份2000—2017年面板数据的实证研究[J]．数量经济技术经济研究，2020，37(11)：42-60.

[119]李未无．中国外贸政策调整效果研究：基于2005—2008年对日出口产品种类变动的视角[J]．财贸经济，2010(3)：79-84.

[120]李显戈，孙林．中国对东盟出口增长的二元边际分析[J]．财经论丛，2012，167(5)：3-8.

[121]李影，沈坤荣．能源结构约束与中国经济增长：基于能源“尾效”的计量检验[J]．资源科学，2010，32(11)：2192-2199.

[122]李影．中国区域经济增长的能源约束研究[J]．统计与决策，2015(17)：122-124.

[123]李玉楠，李廷．环境规制、要素禀赋与出口贸易的动态关系：基于我国污染密集产业的动态面板数据[J]．国际经贸探索，2012，28(1)：34-42.

[124]林伯强，刘泓汛．对外贸易是否有利于提高能源环境效率：以中国工业行业为例[J]．经济研究，2015(9)：127-141.

[125]林僖，鲍晓华．区域服务贸易协定与服务出口二元边际：基于国际经验的实证分析[J]．经济学(季刊)，2019，18(4)：1311-1328.

[126]刘恩专，刘立军．东亚经济周期协动性的贸易传导：贸易三元边际视角的一个实证[J]．国际贸易问题，2014(3)：156-166.

[127]刘雪梅，董银果．数量、质量抑或性价比：中国农产品出口增长动力来源与转换研究[J]．国际贸易问题，2019(11)：100-115.

[128]刘叶．国际贸易会恶化全要素能源效率吗[J]．中国人口·资源与环境，2018，28(6)：20-29.

[129]鲁晓东，刘京军，王咏哲．贸易方式、所有权结构与中国企业出口扩展边际[J]．国际贸易问题，2016(3)：15-27.

[130]罗思平，王灿，陈吉宁．中国国际贸易中隐含能的分析[J]．清华大学学报(自然科学版)，2010，50(3)：477-480.

[131]米国芳，长青．能源结构和碳排放约束下中国经济增长“尾效”研究[J].干旱区资源与环境，2017，31(2)：50-55.

[132]牟勇，苗成林．基于SDM模型的经济、能源、环境协同分析[J]．安徽理工大学学报(自然科学版)，2019，39(2)：27-38.

[133]牛叔文，丁永霞，李怡欣，等．能源消耗、经济增长和碳排放之间的关联分析：基于亚太八国面板数据的实证研究[J]．中国软科学，2010(5)：12-19，80.

[134]潘苏楠，李北伟，聂洪光．能源约束视角下中国经济可持续发展路径探究[J]．经济问题探索，2020(2)：158-169.

[135]彭水军，刘安平．中国对外贸易的环境影响效应：基于环境投入—

产出模型的经验研究[J]. 世界经济，2010，33(5)：140-160.

[136]齐亚伟，陶长琪. 我国区域环境全要素生产率增长的测度与分解：基于 Global Malmquist-Luenberger 指数[J]. 上海经济研究，2012，24(10)：3-13，36.

[137]齐晔，李惠民，徐明. 中国进出口贸易中的隐含能估算[J]. 中国人口·资源与环境，2008(3)：69-75.

[138]钱学锋，熊平. 中国出口增长的二元边际及其因素决定[J]. 经济研究，2010(1)：65-79.

[139]钱学锋. 企业异质性、贸易成本与中国出口增长的二元边际[J]. 管理世界，2008(9)：48-56.

[140]曲晨瑶，李廉水，程中华. 中国制造业能源效率及其影响因素[J]. 科技管理研究，2016，36(15)：128-135.

[141]任力，黄崇杰. 国内外环境规制对中国出口贸易的影响[J]. 世界经济，2015，38(5)：59-80.

[142]盛斌，钱学锋，黄玖立，等. 入世十年转型：中国对外贸易发展的回顾与前瞻[J]. 国际经济评论，2011(5)：84-101.

[143]盛斌. 中国对外贸易政策的政治经济分析[M]. 上海：上海人民出版社，2002.

[144]师博，姚峰. 中国经济增长的能源尾效测算与分析：基于拥挤效应的实证研究[J]. 南京财经大学学报，2018(3)：23-31.

[145]施炳展. 中国外贸顺差的可持续性研究：基于价格、数量与广度的三元分解[J]. 经济评论，2010(3)：67-75.

[146]唐剑，周雪莲. 中国对外贸易的环境影响综合效应分析[J]. 中国人口·资源与环境，2017，27(4)：87-94.

[147]田聪颖，肖海峰. FTA 背景下中韩双边出口增长的三元边际特征及前景分析[J]. 世界经济研究，2018(4)：97-109，137.

[148]田晖，颜帅. 文化距离对中国文化产品出口的影响研究：基于三元边际的实证考察[J]. 经济经纬，2015，32(6)：71-77.

[149]王琛伟，石刚. 环境与能源双重约束下的经济增长可持续性分析[J]. 中国经贸导刊，2014(1)：53-57.

[150]王海建. 耗竭性资源管理与人力资本积累内生经济增长[J]. 管理工程学报，2000(3)：11-13.

[151]王建喜，屈小娥．资源、环境约束与制造业增长模式转变[J]．人文地理，2011，26(1)：88-93.

[152]王军．贸易和环境研究的现状与进展[J]．世界经济，2004(7)：67-80.

[153]王岚，李宏艳．中国制造业融入全球价值链路径研究：嵌入位置和增值能力的视角[J]．中国工业经济，2015(2)：76-88.

[154]王美昌，徐康宁．贸易开放、经济增长与中国二氧化碳排放的动态关系：基于全球向量自回归模型的实证研究[J]．中国人口·资源与环境，2015，25(11)：52-58.

[155]王庆晓，崔玉泉，张延港．环境和能源约束下的内生经济增长模型[J]．山东大学学报(理学版)，2009，44(2)：52-55.

[156]王孝松，施炳展，谢申祥，等．贸易壁垒如何影响了中国的出口边际：以反倾销为例的经验研究[J]．经济研究，2014，49(11)：58-71.

[157]王燕，谢蕊蕊．能源环境约束下中国区域工业效率分析[J]．中国人口·资源与环境，2012，22(5)：114-119.

[158]王玉婧．出口贸易增长与环境质量的实证分析：基于天津市的研究[J]．国际商务(对外经济贸易大学学报)，2010(4)：44-51.

[159]王昱，郭菊娥，席酉民．基于协整和脉冲响应的中国能源与经济增长动态关系测算研究[J]．中国人口·资源与环境，2008(4)：56-61.

[160]隗斌贤．经济增长的能源障碍分析与对策[J]．中国软科学，1996(6)：48-56.

[161]魏本勇，方修琦，王媛，等．基于投入产出分析的中国国际贸易碳排放研究[J]．北京师范大学学报(自然科学版)，2009，45(4)：413-419.

[162]文东伟，冼国明．中国制造业的垂直专业化与出口增长[J]．经济学，2009，9(2)：467-494.

[163]吴国兵．中国能源消费与出口贸易的协整分析[J]．金融经济，2008(6)：79-80.

[164]吴鸣然，赵敏．能源消费、环境污染与经济增长的动态关系：基于中国1990—2014年时间序列数据[J]．技术经济与管理研究，2016(12)：25-29.

[165]吴巧生，陈亮，张炎涛，等．中国能源消费与GDP关系的再检验：基于省际面板数据的实证分析[J]．数量经济技术经济研究，2008(6)：

27-40.

[166]武晓利，王丹，晁江锋．能源使用效率、经济增长与生态环境质量：基于包含碳排放的DSGE模型数值分析[J]．技术经济与管理研究，2022(10)：28-33.

[167]项松林．异质性企业、结构转型与稳定出口[J]．经济评论，2011(4)：104-113.

[168]项松林．结构转型与全球贸易增长的二元边际[J]．世界经济，2020，43(9)：97-121.

[169]肖晓军，杨志强，曾荷．环境规制视角下贸易出口对中国绿色全要素生产率的影响：基于省际面板数据的非线性实证检验[J]．软科学，2020，34(10)：18-24.

[170]谢品杰，穆卓文，王绵斌．中国省际能源尾效：测度、时空格局及影响因素[J]．北京理工大学学报(社会科学版)，2019，21(6)：51-62.

[171]许斌，韩高峰．汇率体制和出口边际[J]．东南大学学报(哲学社会科学版)，2011，13(6)：19-24，126.

[172]许光清，邓旭，陈晓玉．制造业转型升级与经济高质量发展：基于全要素能源效率的研究[J]．经济理论与经济管理，2020，4(12)：100-110.

[173]薛冰，卫平．贸易成本与中国出口产品二元边际[J]．经济与管理研究，2017，38(7)：14-25.

[174]杨逢珉，李文霞．中国对日本农产品出口的三元边际分析[J]．上海对外经贸大学学报，2015，22(5)：24-35.

[175]杨红亮，史丹．能效研究方法和中国各地区能源效率的比较[J]．经济理论与经济管理，2008，4(3)：12-20.

[176]杨连星，侯亚景．文化贸易持续期与出口二元边际[J]．世界经济研究，2016(12)：60-72，133.

[177]杨雪．资源环境约束下我国钢铁产业出口贸易研究[D]．青岛：中国海洋大学，2015.

[178]叶阿忠．非参数计量经济学[M]．天津：南开大学出版社，2003.

[179]尤宏兵，许立帆．资源、环境约束与中国制造业发展之路[J]．社会科学家，2014(10)：88-92.

[180]余子良，佟家栋，洪倩霖．贸易信贷、资金成本、金融危机冲击与企业出口集约边际[J]．世界经济研究，2015(4)：64-71，128.

[181]原毅军，谢荣辉．环境规制与工业绿色生产率增长：对“强波特假说”的再检验[J]．中国软科学，2016(7)：144-154.

[182]张彬，左晖．能源持续利用、环境治理和内生经济增长[J]．中国人口·资源与环境，2007(5)：27-32.

[183]张皓．出口贸易能否化解中国企业产能过剩：基于微观视角的考察[J]．山西财经大学学报，2018，40(1)：54-67.

[184]张纪录．中国出口贸易的隐含碳排放研究：基于改进的投入产出模型[J]．财经问题研究，2012(7)：112-117.

[185]张军，吴桂英，张吉鹏．中国省际物质资本存量估算 1952—2000[J]．经济研究，2004(10)：35-44.

[186]张少军，丁晓强．中国省际调出与出口增长的边际分解：基于贸易总额和市场份额的双重维度[J]．数量经济技术经济研究，2023，40(9)：5-26.

[187]张士杰．区域经济增长的能源尾效分析：以皖江城市带为例[J]．华东经济管理，2013，27(7)：58-61.

[188]张文城，盛斌．中国出口的环境成本：基于增加值出口污染强度的分析[J]．数量经济技术经济研究，2017，34(8)：105-119.

[189]张艳辉．资源节约型制造业的评价方法与实证分析：以上海市制造业为例[J]．中国软科学，2005(10)：147-153.

[190]张友国．中国贸易增长的能源环境代价[J]．数量经济技术经济研究，2009，26(1)：16-30.

[191]赵进文，范继涛．经济增长与能源消费内在依从关系的实证研究[J]．经济研究，2007(8)：31-42.

[192]赵磊．环境规制对我国制造业创新效率的影响研究[J]．上海经济，2018(2)：86-97.

[193]赵玉焕，刘月．基于投入产出法的中国出口产品隐含碳测算[J]．中国人口·资源与环境，2011，21(12)：8-14.

[194]朱启荣．我国出口贸易与工业污染、环境规制关系的实证分析[J]．世界经济研究，2007(8)：47-51，87.

[195]邹朋飞，谢国斌．基于环境与资源双重约束的我国区域经济增长效率研究[J]．湖南师范大学社会科学学报，2014，43(5)：121-129.

[196]左文鼎．基于能源约束的内生经济增长理论研究[J]．经济问题，2014(3)：32-36.

附　录

附录 1

行业划分及代码

代码	行业	HS 商品编码
C1	食品加工制造业	第 2 章；第 3 章（仅 03.03-05、0306.11-19）；第 4 章（不包括 04.09-10）；第 7 章（仅 07.10-12）；第 8 章（仅 08.11-12、08.14）；第 9 章（仅 09.01，但不包括 0901.11）；第 10 章（仅 10.06）；第 11 章；第 12 章（仅 12.08）；第 15 章（不包括 15.18、15.20）；第 16-17 章；第 18 章（不包括 18.01-02）；第 19-21 章；第 22 章（仅 22.09）；第 23 章
C2	饮料制造业	第 9 章（仅 09.02）；第 22 章（不包括 22.09）
C3	烟草制品业	第 24 章（仅 24.02-03）
C4	纺织业	第 50 章（不包括 50.01-03）；第 51 章（不包括 51.01-04）；第 52 章（不包括 52.01-02）；第 53 章；第 56-61 章；第 63 章
C5	纺织服装及其他纤维制品业	第 62 章；第 65 章
C6	皮革、毛皮、羽毛（绒）及其制品业	第 41 章（不包括 41.01-03）；第 42 章；第 43 章（不包括 43.01）；第 64 章；第 67 章（不包括 67.02）；第 94 章（仅 94.04）
C7	木材加工及木、竹、藤、棕、草制品业	第 44 章（不包括 44.01-03）；第 45 章（仅 45.03-04）；第 46 章
C8	家具制造业	第 94 章（仅 94.01-94.03）
C9	造纸及纸制品业	第 47 章；第 48 章（不包括 48.20）
C10	印刷业和记录媒介的复制业	第 49 章
C11	文教体育用品制造业	第 48 章（仅 48.20）；第 92 章；第 95 章；第 96 章（仅 96.08-12）
C12	石油加工及炼焦业	第 27 章（仅 27.04、27.06-08、27.10-13、27.15）

续表

代码	行业	HS 商品编码
C13	化学原料及化学制品业	第 15 章（仅 15.18、15.20）；第 28-29 章；第 31-38 章；第 39 章（不包括 39.02）；第 40 章（仅 40.02）
C14	医药制造业	第 30 章
C15	化学纤维制造业	第 54-55 章
C16	橡胶制品业	第 40 章（不包括 40.01-02）
C17	塑料制品业	第 39 章（仅 39.02）
C18	非金属矿物制品业	第 68-70 章；第 90 章（仅 90.03-04）
C19	黑色金属冶炼及压延加工业	第 26 章（仅 26.18-19）；第 72 章；第 81 章（仅 81.11）
C20	有色金属冶炼及压延加工业	第 74 章（仅 74.01-74.10）；第 75 章（仅 75.01-75.06）；第 76 章（仅 76.01-76.07）；第 78 章（仅 78.01-78.04）；第 79 章（仅 79.01-79.05）；第 80 章（仅 80.01-80.05）；第 81 章（不包括 81.11）
C21	金属制品业	第 66 章（仅 66.01）；第 73 章；第 74 章（仅 74.11-19）；第 75 章（仅 75.07-08）；第 76 章（仅 76.08-16）；第 78 章（仅 78.05-06）；第 79 章（仅 79.06-07）；第 80 章（仅 80.06-07）；第 82-83 章；第 94 章（仅 94.06）
C22	通用设备制造业	第 84 章（仅 84.01-14、84.16、84.18-20、84.52、84.56-68、84.80-85）
C23	专用设备制造业	第 84 章（仅 84.17、84.21-22、84.24-49、84.51、84.53-55、84.74-79）；第 90 章（仅 90.18-22）
C24	交通运输设备制造业	第 86-89 章
C25	电气机械及器材制造业	第 84 章（仅 84.15、84.50）；第 85 章（仅 85.01-16、85.30-39、85.44-48）；第 94 章（仅 94.05）
C26	通信设备、计算机及其他电子设备制造业	第 84 章（仅 84.70-71）；第 85 章（仅 85.17-29、85.40-43）
C27	仪器仪表及文化、办公用机械制造业	第 84 章（仅 84.23、84.69、84.72-73）；第 90 章（仅 90.01-02、90.05-17、90.23-33）；第 91 章

注：在本表中，沿用盛斌（2002）的分类方法，将农副食品加工业与食品制造业合并，称为食品加工制造业，并根据相关对应表整理而得。

附录2

基于技术分类的制造业行业对照表

行业类别	商品类别	HS 商品编码
低端制造业	食品加工制造业；饮料制造业；烟草制品业；纺织业；纺织服装及其他纤维制品业；皮革、毛皮、羽毛（绒）及其制品业；木材加工及木、竹、藤、棕、草制品业；家具制造业；造纸及纸制品业；印刷业和记录媒介的复制业；文教体育用品制造业	第2章；第3章（仅03.03-05、0306.11-19）；第4章（不包括04.09-10）；第7章（仅07.10-12）；第8章（仅08.11-12、08.14）；第9章（仅09.01，但不包括0901.11；仅09.02）；第10章（仅10.06）；第11章；第12章（仅12.08）；第15章（不包括15.18、15.20）；第16-17章；第18章（不包括18.01-02）；第19-23章；第24章（仅24.02-03）；第41章（不包括41.01-03）；第42章；第43章（不包括43.01）；第44章（不包括44.01-03）；第45章（仅45.03-04）；第46-49章；第50章（不包括50.01-03）；第51章（不包括51.01-04）；第52章（不包括52.01-02）；第53章；第56-65章；第67章（不包括67.02）；第92章；第94章（仅94.01-94.04）；第95章；第96章（仅96.08-12）
中低端制造业	石油加工及炼焦业；橡胶制品业；塑料制品业；非金属矿物制品业；黑色金属冶炼及压延加工业；有色金属冶炼及压延加工业；金属制品业；交通运输设备制造业（仅船舶及浮动装置制造）	第26章（仅26.18-19）；第27章（仅27.04、27.06-08、27.10-13、27.15）；第39章（仅39.02）；第40章（不包括40.01-02）；第66章（仅66.01）；第68-70章；第72-76章；第78-83章；第89章；第90章（仅90.03-04）；第94章（仅94.06）
中高端制造业	化学原料及化学制品业；化学纤维制造业；通用设备制造业；专用设备制造业（除医疗仪器设备及器械制造）；交通运输设备制造业（除航空航天器制造、船舶及浮动装置制造）；电气机械及器材制造业	第15章（仅15.18、15.20）；第28-29章；第31-38章；第39章（不包括39.02）；第40章（仅40.02）；第54-55章；第84章（仅84.01-22、84.24-68、84.74-85）；第85章（仅85.01-16、85.30-39、85.44-48）；第86-87章；第94章（仅94.05）
高端制造业	医药制造业；通信设备、计算机及其他电子设备制造业；仪器仪表及文化、办公用机械制造业；专用设备制造业（仅包括医疗仪器设备及器械制造）；交通运输设备制造业（仅包括航空航天器制造）	第30章；第84章（仅84.23、84.69-73）；第85章（仅85.17-29、85.40-43）；第88章；第90章（仅90.01-02、90.05-33）；第91章

注：本表参照文东伟和冼国明（2009）的制造业技术分类方式以及相关对应表整理而得。